家族企业的家族契约治理

以家族社会资本涉入为视角

吴炯 著

Familial Contract Governance of Family Business:
A Perspective on Family Social Capital Involvement

图书在版编目(CIP)数据

家族企业的家族契约治理:以家族社会资本涉入为视角/吴炯著. —北京:北京大学出版社,2016.1
ISBN 978-7-301-26600-7

Ⅰ. ①家… Ⅱ. ①吴… Ⅲ. ①家族—私营企业—企业管理—研究—中国 Ⅳ. ①F279.245

中国版本图书馆CIP数据核字(2015)第293164号

书　　　名	家族企业的家族契约治理——以家族社会资本涉入为视角 Jiazu Qiye de Jiazu Qiyue Zhili
著作责任者	吴　炯　著
责 任 编 辑	姚文海　杨丽明
标 准 书 号	ISBN 978-7-301-26600-7
出 版 发 行	北京大学出版社
地　　　址	北京市海淀区成府路205号　100871
网　　　址	http://www.pup.cn
电 子 信 箱	sdyy_2005@126.com
新 浪 微 博	@北京大学出版社
电　　　话	邮购部 62752015　发行部 62750672　编辑部 021-62071998
印 刷 者	北京大学印刷厂
经 销 者	新华书店
	965毫米×1300毫米　16开本　16.75印张　258千字 2016年1月第1版　2016年1月第1次印刷
定　　　价	49.00元

未经许可,不得以任何方式复制或抄袭本书之部分或全部内容。
版权所有,侵权必究
举报电话: 010-62752024　电子信箱: fd@pup.pku.edu.cn
图书如有印装质量问题,请与出版部联系,电话: 010-62756370

前　　言

　　本书是国家社会科学基金资助项目"中国家族性企业集团的分立治理模式：基于家族社会资本结构的研究"（项目批准号：11BGL012）的最终研究成果。该项目由东华大学旭日工商管理学院的吴炯教授负责。

　　项目选题初衷源于两个方面：首先，在项目的预研究中，已经论证出家族企业的核心制度特征是家族社会资本对企业的涉入，它不仅构成了家族企业的制度优势，其副作用也成为家族企业治理的重点。但是，家族企业制度的此类副作用及其治理，在已有文献中未见系统论证。其次，在项目的选题过程中，我们发现家族性企业集团由家族社会资本连接，其形态多样性反映了家族社会资本的网络结构和关系态势，于是提出了基于分立结构分析理论（discrete structural analysis）寻找家族性企业集团的权变治理原则的思路。不过，随着项目的进行，进一步发现家族社会资本涉入对家族企业形态的影响是全方位的，不必拘泥于集团性的家族企业。此外，研究还发现，家族社会资本对家族企业治理结构的影响，是借由家族契约产生作用的。家族契约是家族成员之间有关家族社会资本调集和使用的契约安排，而家族企业治理结构是家族契约的直接映射。于是，本项目的研究焦点是家族契约，而不是其他。于是，也就形成了本书的主题——家族社会资本涉入下家族企业的家族契约治理。

　　家族企业是家族系统与企业系统的统一体，本书重点考察家族系统的问题。家族系统由家族成员组成，他们之间会缔结不同的家族契约，形成不同的家族契约治理结构。这些家族契约治理结构映射到企业系统中，将决定家族企业治理结构的形成。在这样的先验假设下，本书重点回答两大问题，一是论证家族社会资本为什么是决定家族契约缔结的关键因素，二是揭示家族契约的分立治理结构是怎样由家族社会资本决定的。另外，在研究主题上有一点说明，本书所指的治理结构，是 governance structure，它不等同于 corporate governance，即所谓公司治理。治理结构的核心任务是"匹配"，是选择最优的经济组织制度来处理属性不同的交易活动，而公司治理的重点则在于进一步优化既定组织形式下的交易活动。前者基本属于"一阶节约（使基本配置适当）"，后者基本属于"二阶节约（调整边际）"（威廉姆森，中译本，2001）。

为回答以上两个问题，有必要在研究方法上有所突破。当前的家族企业治理问题研究存在着两种基本的研究范式，分别基于企业契约理论和社会经济学理论。基于企业契约理论的研究范式，把家族企业的制度特征处理为调节变量，嵌入在一般的委托—代理模型以及不完全契约模型之中，对家族企业本身的制度特殊性的关注并不充分。而基于经济社会学理论的研究范式，虽然从家族企业的本质制度特征入手，但其研究重点更偏于社会学层面，对家族企业的经济行为的分析相对薄弱。于是，本书还有着方法论层面的创新工作，即整合这两种研究思路。本书对此的突破点在于，紧紧抓住家族企业的家族社会资本涉入的本质特征。一方面，将家族及其成员的社会经济行为，归纳到家族社会资本的调集和使用活动中，即从社会资本涉入的角度把握家族企业和家族成员行为的独特性；另一方面，解读家族社会资本的一般资本属性，将社会资本应用到企业契约理论的平台上，其中重点是论证社会资本的专用性属性及其应用分立结构分析理论的可行性。

为什么说家族社会资本是决定家族契约缔结的关键因素呢？研究发现，家族企业是通过家族活动而涉入家族意愿、家族规则和家族权力的企业，而家族意愿、规则和权力正是家族社会资本各维度的映射。于是，家族企业不仅是一组规制经济资源交易的治理结构，也是有关家族社会资本契约的一组治理结构。家族社会资本的涉入，降低了与家族系统有关行为的交易成本，是家族企业制度的优势来源。但是，家族社会资本的专用性属性产生的外部性问题，也构成了家族企业的制度"缺口"。具体而言，包括家族—企业契约以及家族契约两方面。前者表现出家族—企业契约的锁定问题，以及企业经营目标的偏移问题。后者主要关于家族成员间有关家族社会资本的契约安排问题，这是本书的研究对象。家族契约问题产生于，当家庭边界与家族边界分离后，自利的家庭产权单元参与家族专用社会资本准租的团队生产活动中的机会主义倾向。而如何解决这类家族契约问题呢？这就需要对家族契约本身进行设计，它遵循治理结构理论的一般思路，即不同的家族社会资本的属性决定了不同治理结构的家族契约的缔结。

家族契约的治理结构是怎样由家族社会资本决定的呢？本书建构了一个完整的家族契约治理结构选择模型。在这个模型中，家族社会资本是自变量，家族权力成本是中介变量，家族契约治理结构是因变量。这个模型的自变量与因变量之间的关系，是分立治理结构理论框架在家族企业制度中的应用。当家族社会资本的专用性很强，且其相对重要程度也很高时，应采用统一治理结构的家庭科层企业形式。通过家族统一权威获得企业完整剩余权利，并以此进行等级制的集权管理。当家族社会资本的相对重要程度仍很高，但专用性减弱时，可以采用双边治理结构下的家族连带企业形式。这时，各家族成员企业以家族民主和双边权威的方式建立家族契约。当家族社会资本的专用性略弱，且相对重要程度也较低时，应采用第三方治理结构的家族仲裁企业形式。各家族成员企业之间的关联较少，以至于不需专门的机构处理家族冲突，偶发的矛盾通过第三方仲裁的形式解决即可。当家族社会资本的专用性变得很弱的时候，维持家族企业单一产权主体完整性的价值就很小了，彻底的去家族在所难免。本书还对影响家族契约分立治理结构选择的交易成本因素进行了进一步的讨论，我们将这类交易成本定义为家族权力成本，由家族权力配置成本和家族权力使用成本构成。前者是权力配置造成的不能通过交易行为和家族规则消除的交易成本损失，包括专用锁定成本、私人信息成本、规则破坏成本和权力动机系数等。后者则体现为家族权力行使中发生的监督成本、集体决策成本和风险承担成本等。

本书的理论创新价值体现在四个方面：首先，本书基于家族社会资本涉入的视角，重新界定了家族企业的内涵，也打开了研究家族企业制度的新路径。本书提出家族企业是涉入特定家族的社会资本的企业，从而引入家族社会资本的概念，一方面通过抓住社会资本的资本属性，可以为家族企业制度研究引入较为成熟的企业契约理论的工具平台，另一方面透过家族社会资本的专用性属性，便于发现家族企业的制度优势和制度缺陷。其次,本书通过对家族社会资本的副作用的研究,归纳了家族企业治理的任务全貌,即分别隶属于家族——企业契约和家族契约两方面的治理问题。再次,本书拓展了威廉姆森分立结构分析理论的应用范围,论证其在家族企业制度研究中的可行性。研究发现,基于家族社会资本的专用性特征,可以解释家族契约的统一治理结构、双边治理结构、第三方治理结构和市场治理结构的定位依据。最后,本书引入了家族权力成本的概念,这是对汉斯曼的企业所有权理论的发展。本书提出,家族权力成本的内涵属性是交易成本,由家族权力配置成本和家族权力使用成本构成。

目前,中国有740.2万家民营企业,其中85.4%可判定为家族企业,抽样显示企业主平均年龄为45.9岁,而50岁以上企业主中有41.7%正在考虑子女接班问题(中国家族企业发展报告,2011)。可见,家族企业传承将是中国在市场经济新阶段面临的重大挑战。从产权经济学的视角看,家族企业传承本质上就是一个权力结构调整问题。它涉及家族权力主体变更后,家族权力与非家族权力的再制衡问题、家族内部权力的再分配问题。而在交易成本经济学的视野里,一次权力结构的调适就是一次治理结构的重塑,是其响应相关交易成本约束的内生结果。在当前的家族企业传承活动中,家族企业是保持完整的科层式结构,还是彻底地市场化,抑或是在两者之间,依靠双边谈判或者第三方仲裁来处理家族冲突的组织结构?这类问题在目前学术界鲜见系统答案。而本研究的成果恰恰可以对该问题给出较为完整的解答,事实上,在研究过程中所选取的案例样本,有多个本身就发生在家族传承过程中。当然,现实世界里的兄弟阋墙、夫妻反目、父子成仇事件并不仅限于家族传承活动。随着家族企业的成长,这些都是潜在的直接决定其生死存亡的关键问题。指导对这类冲突的处理,也体现了本书的实践价值。

本书仅仅是我们对家族社会资本涉入和家族治理问题研究的阶段性成果,还有许多课题值得深入探讨,特别是中国当代社会文化情境下的特有问题还呼唤"中国式理论"的出现。当然,由于笔者自身学术水平和研究条件的限制,本书在认识上和表述上难免出现偏见和错误,敬请专家学者批评指正。

目 录

第1章 导论 001
  1.1 家族契约治理问题的提出 001
  1.2 几个概念的厘清 005
  1.3 文献回溯与评述 021
  1.4 研究目标与思路 042
  1.5 观点与创新点 047

第2章 家族社会资本涉入下的家族企业与家族性企业集团 052
  2.1 家族社会资本涉入下家族企业的契约性质 052
  2.2 家族社会资本契约联结的家族性企业集团 062
  本章小结 076

第3章 社会资本在家族治理中的作用 077
  3.1 社会资本的治理功能——论其对产权契约的替代效应 077
  3.2 社会资本的副作用——论社会资本的外部性与专用性 091
  3.3 一个实证检验——论独立董事的社会桥功能与结构 102
  本章小结 116

第4章 家族契约治理的任务 117
  4.1 公司治理的一般逻辑 117
  4.2 家族社会资本涉入下家族—企业契约的治理任务 124
  4.3 家族社会资本涉入下家族契约的治理任务 144
  本章小结 154

第5章 家族契约的分立治理结构 156
  5.1 家族契约分立治理结构的理论模型 156

5.2 家族性企业集团中的家族契约分立治理结构——来自
DDZ 集团的案例解析　　174

5.3 分家过程中的家族契约分立治理结构——来自希望集
团的案例解析　　184

本章小结　　194

第 6 章　家族社会资本对家族契约的影响机理——以家族权力成本为中介变量　　196

6.1 家族社会资本对家族契约治理结构变更的影响
——家族企业分家的多案例研究　　196

6.2 家族权力成本的内容构成与影响因素　　223

本章小结　　242

参考文献　　244

第1章 导　　论

1.1　家族契约治理问题的提出

据统计,截至 2012 年 7 月 15 日,中国沪深两市共有 2422 家 A 股上市公司,其中 1394 家为民营公司,超过总数的一半。而以存在血缘、姻缘关系为判断标准,其中又有 684 家为家族企业,占全部民营上市公司数量的 49%(福布斯 2012 年中国家族企业调查报告,2012)。而在民营企业比重更高的非上市公司中,同期一项依托全国工商联进行的调查发现,以 50% 的绝对控股为区分标志,全部样本中有 85.4% 的民营企业可判定为家族企业(2011 年中国家族企业发展报告,2011)。在世界范围内,家族企业也是各国经济的主要力量,即便在公众公司中,家族企业也普遍存在(La Porta et al.,1999;Claessens et al.,2000;Faccio and Lang,2002)。例如,在普遍认为股权最为分散、经营最为独立的美国,若从家族可以控制企业战略方向的广义定义看,家族企业数占到纳税企业的 89%,雇用了 62% 的劳动力,贡献了 64% 的 GDP(Astrachan and Shanker,2003)。

家族企业的旺盛生命力说明,古老的家族企业制度并不比其他企业制度形式差。大量的实证研究也支持这一点,如 Anderson 和 Reeb(2003)发现进入标准普尔 500 指数的美国上市公司中,1/3 的企业是家族企业,并且它们在统计上显示出优于非家族企业的绩效表现。但是,具体到每一家企业,家族企业的优势并非是绝对的,目前研究发现家族企业的制度优势依赖于权利契约关系的配置和行使。Villalonga 和 Amit(2006)的研究发现,当创业者担任 CEO 或董事长时,家族所有权才会创造价值,而若家族继承者任 CEO,企业价值将被侵蚀。Jara-Bertin 等(2008)发现,家族企业的第二大股东来自其他家族而不是机构投资者时,家业价值会下降,即家族股东的控股优势会增加企业价值。贺小刚等(2011)考察了企业所有权和管理权在家族成员内部的分布格局与企业绩效之间的关系,并得出家族成员内部权力集中度与经营绩效之间存在倒 U 型关系的结论。另一方面,家族企业特有的传承、分家等活动往往会干扰家族企业制度结构的平稳性,造成家族企业经营的波动性很大。如范博宏(2012)发现,家族内代际传承常常造成企业价值的大量"蒸发",平均值竟高达 60%。

以上这些观点集中起来,展现出一个优势和缺陷都十分明显的家族企业制度。如果用统计指标来刻画一种制度的优劣,可以认为家族企业制度的均值得分很高,但是方差也很大。这充分说明了家族企业治理的必要性和紧迫性。而家族企业治理的任务,来自家族企业治理的特殊性。家族企业,被认为是家族系统与企业系统的组合体。家族企业治理,由如图 1-1 所示的三部分任务组成。其一,对应着企业系统的是一般的公司治理活动,是各类企业制度普遍面临的经理代理问题、控制股东掏空问题等。其二,对应家族系统对企业系统的涉入,形成了若干家族企业特有的治理问题,既包括家族因素下代理问题和掏空问题的恶化,也包括家族涉入对企业经营逻辑、企业成长周期、企业资源环境等的干扰。这是目前家族企业治理研究的重点,本书称其为家族化下的公司治理。其三,对应着家族系统的家族治理活动,是有关家族成员间的权利义务关系的处置行为。"家族治理"作为一个专门术语被正式定义,来自郭萍和陈凌(2010)。他们认为:"家族治理是指家族企业为了家族和企业的长远发展,规范家族内、跨家族以及家族—企业之间的家族成员行为和利益协调的制度安排。"即家族治理是解构于家族企业治理的一个重要子系统,是特定于控股方家族成员关系的相应规制安排。①

家族治理的重要性体现在两方面:第一,家族治理的对象主要是家族冲突,而家族冲突是导致家族企业夭折的主要原因。现实世界里的家族企业"悲剧"似乎总与兄弟阋墙、夫妻反目、父子成仇有关。所以,家族治理本应是家族企业治理的核心课题。第二,家族企业的发展,特别是中国的家族企业的发展,都呈现出集团化经营的特征。企业集团的家族化,体

---

① 本书所指家族治理讨论的是企业家族化经营背景下有关控股方的家族关系规制问题,并不上升到一切环境下的家族的内部关系处理问题。

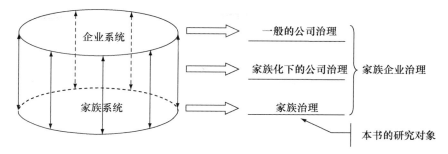

图 1-1　家族企业治理的任务范畴与本书研究对象

现在血缘、姻缘等的家族化联系上。进而家族性的企业集团的关系处置，本质上就是控制着不同集团成员企业的家族成员的关系治理。所以，家族性企业集团治理的主题是家族治理。然而，家族治理在目前的研究中仍比较薄弱，在已有的文献中多数提及家族治理的讨论，其实是把家族治理作为"家族企业治理""家族化下的公司治理"的简称，或者将其理解为家族对企业的控制和管理。对家族治理的相对忽视，与处于研究领先地位的西方国家的家族化（而非家庭化）现象不突出有关。所以，家族治理的研究需要更多的突破和创新。

家族治理是在企业的家族化经营背景下，有关家族成员关系的治理。那么，家族成员之间是一种什么样的关系呢？从本质上讲是一种契约关系。契约，又称合同、合约，是指一个合法的双边交易中双方就相互权利义务达成的协议。它是交易双方利益冲突与调和的产物，可以是口头的或文字的、明示的或隐含的、短期的或长期的。契约的价值不仅在于完成每一次的市场活动，更可以创造不同形式的经济组织和权利结构。Coase（1937）指出，企业这个长期契约替代市场上的一系列短期契约所产生的交易成本节约，是企业存在的原因。Alchain 和 Demsetz（1972）进一步指出，企业的本质是一系列契约的联结。而早在经济学家冥思苦想把企业参与者用契约联结在一起之前，家族关系的契约本质早已被发掘。启蒙思想家卢梭1762年在《社会契约论》一书中写到："在所有各种各样的社会中，最古老而又唯一自然形成的社会，是家庭。孩子只有在他们需要父亲养育他们的时候，才依附他们的父亲，而一旦没有这种需要了，他们之间的自然联系便宣告解体。孩子解除了他们对父亲应有的服从，而父亲也免除了他对孩子应有的关怀,双方都同样进入了独立状态。如果他们还继续联系在一起的话,那就不再是自然的,而是自愿的,这时,家庭本身便只有靠约定来维系"(卢梭,中文版,2011)。卢梭在这里所称维系家庭的"约定",就属于本书所讨论的"家族契约"。

　　家族成员间的契约与市场契约、企业契约,在形式上具有重大区别。家族契约更具长期性,甚至是无期限的,这决定了家族契约的关系契约性质,以应对更高的动态适应的要求;家族契约也基本是非明示的和非文字性的,这体现出家族契约的非正式制度特征,也强调了社会资本对家族治理的影响。社会资本指的是社会组织的某种特征,如信任、规范和网络,它们能够通过推动协调和行动来提高社会效率(Putnam,1993)。在家族群体中,家族规则决定了家族成员的互动模式,对应着社会资本中的信任、规范要素。家族关系更将家族成员凝聚为一个人际交互网络,对应着社会资本中的网络要素。所以,家族企业中家族对企业的涉入,本质上是家族社会资本对企业的涉入,这是家族企业的效率之源。[①] 而在企业的家族化经营背景下,家族契约的本质也就是关于家族社会资本的创造与调用的契约。

　　总之,家族企业治理的重点和难点是家族治理,家族治理的性质是家族契约的治理,而家族契约是有关家族社会资本的契约。于是,本书的研究对象是家族社会资本涉入下家族企业的家族契约治理,其中重点讨论的主题是:第一,进一步论证家族社会资本的高效调集和使用是家族企业的独特制度优势,并在此基础上明确家族契约治理的目标与任务。第二,说明家族契约的各种结构形态,包括一体化治理的家庭科层形态、双边治理的家族连带形态、第三方治理的家族仲裁形态,是处置家族社会资本交易的各种分立治理模式,也是家族性企业集团的基本形态。从家族社会资本的专用性角度论证家族契约分立治理模式的构建机理,是本书的创新之处。第三,家族契约分立治理模式的动态调整来自于家族社会资本属性的变化,而在两者之间还有一个中介变量,是家族权力成本。家族权力成本体现为不同家族契约在处理家族社会资本交易时发生的交易成

[①] 从家族社会资本涉入的视角来界定家族企业的本质,是本书的核心内容之一。在后续章节会对此进行充分解释和证明。

本。理解家族权力成本的内涵和构成,以及权力成本的中介变量的作用,是厘清家族治理的关键环节。

1.2 几个概念的厘清

在展开研究之前,需要对几个基本概念作出清晰的定义,或者对有待进一步界定的概念作出事先的说明。这可以保证作者与读者在统一的语境下进行讨论,也可以保证本书的研究思路与前人的分析脉络相贯通。

1.2.1 家族企业

尽管家族企业这个名词已经成为今天经济社会生活的常用术语,但是细究下来,无论在实践中还是理论上,家族企业一直是一个模糊的概念。这种模糊体现在两个维度上,一是指标维度,二是标准维度。前者解释的是,将家族企业与非家族企业区分开的特质是什么?是所有权、管理权,还是其他?抑或是各种因素不同权重的组合?后者关注的是,这些因素达到什么程度才能判定为家族企业。

图1-2的横坐标概括了目前文献中各种家族企业定义所涉及的常见指标。其中,"所有权",一般指的是特定家族所持有的企业股权份额。在考虑股权结构特殊性的情况下,比如出现金字塔结构、交叉持股、类别股份时,更清晰的概念应为"现金流权";"管理权",考察的是特定家族的成员获得企业管理职位的情况,包括职位的层级和职位的数量;"控制权",关注的是特定家族实际控制企业的能力,通过其掌握的投票权来衡

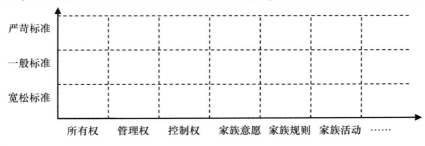

图1-2 家族企业的概念空间

量。在股权结构的简单形态中,控制权与所有权保持一致,但在现金流权与控制权发生分离的股权结构中,控制权比所有权更能反映特定家族对企业的控制力;"家族意愿",体现为家族目标对企业目标的修订,即企业发展以家族目标为方向,突出表现是家族对企业战略发展方向的实际控制;"家族规则",反映的是家族价值观对企业行为准则的渗透,表现出家长式的领导风格、亲疏有别的差序用人格局,等等;"家族活动",强调的是企业运行中嵌入的家族导向活动,这其中最为人所关注的是家族代际传承活动,也包括其他形式的家族成员入职、退职活动。

以上这些指标可以分为两类,所有权、管理权、控制权可称为家族权力因素指标,其他各项可称为家族行为因素指标。[①] 家族权力因素指标是一种显性的、易于测量的指标,因而也更多地被用于界定家族企业。但是,拥有权力与使用权力是不同的,出于主观、客观原因,权力的存而不发也很常见。于是,家族行为因素才是最能体现家族对企业涉入本质的指标,但是却难以界定与衡量,是一种隐性指标。当然,两类因素也有许多联系,行为因素的发挥必须以权力因素的拥有为前提,权力因素以发挥行为因素作用为目的。简言之,两者并无矛盾。因而,我们发现在家族企业研究的不同文献中,根据研究目标的差异,人们有选择地使用不同的家族企业界定方式。以下列举若干被广泛采纳的家族企业的概念:

在《看得见的手》中,钱德勒(中译本,1987)给出的家族企业定义是:"企业创始者及其最亲密的合伙人(家族)一直掌有大部分股权。他们与经理维持紧密的私人关系,且保留高阶层管理的主要决策权,特别是在有关财务政策、资源分配和高阶层人员的选拔方面。"钱德勒的定义强调了所有权作为界定家族企业特征的重要因素,这代表大批文献的意见。而在界定标准方面,钱德勒并未直接表述所有权的份额比重,使用的是"一直掌有"和"大部分"这样的限定词,可见这是一种较为严苛的标准。在控制权方面,钱德勒也强调其对家族企业的意义,强调了家族对企业重要决策的控制权,这大致是一种中度标准。

[①] 这里将家族企业的特质指标合并为两类,是基于表述的方便,也与目前一些文献(比如,李新春和任丽霞(2004))的表达基本一致。在第2章中,本书将详细讨论这些指标的系统性关系。

更早的来自 Donnelley(1964)的认识是:家族企业至少与家族的两代成员有密切关系,并且这种关系对企业政策和家族利益有共同影响。Donnelley 还对此给出了七项判别标准,当这些判别标准的其中之一或多项满足时,即可判定为家族企业:① 家族关系为决定继任管理权的主要因素;② 现任或前任首席高管的妻子或儿子成为董事;③ 正式、非正式场合中展现出的重要的企业价值观都被家族所决定;④ 即使家族成员不正式参与企业工作,其行为也会影响企业的信誉;⑤ 家族成员以超乎经济利益的理由,持有企业股票;⑥ 家族成员在企业的职务反映了他在家族中的地位;⑦ 家族成员借助他与家族企业的关系,决定个人一生的事业。与钱德勒有很大不同,唐纳利更多地从家族行为的角度来认识家族企业的特殊性,"家族意愿(第⑤项)、家族规则(第①③⑥项)、家族活动(第②项)都十分被强调。甚至 Donnelley 对家族行为的关注,突破了家族对企业涉入的单向影响,而考虑到双向的交互作用,即家族成员在家族或者企业中的独立行为对其企业或者家族生活产生影响(第④⑦项)。当然,在Donnelley 的定义中也表达了家族拥有所有权(第⑤项)、管理权(第②项)的必要性,但未作程度上的特别强调。

表 1-1 家族企业的权威定义及其界定原则

概念陈述	界定原则					
	所有权	管理权	控制权	家族意愿	家族规则	家族活动
企业创始者及其最亲密的合伙人(家族)一直掌有大部分股权。他们与经理维持紧密的私人关系,且保留高阶层管理的主要决策权,特别是在有关财务政策、资源分配和高阶层人员的选拔方面(钱德勒,中译本,1987)。	* * *	/	* *	/	/	/
Donnelley(1964)认为,家族企业至少与家族的两代成员有密切关系,并且这种关系对企业政策和家族利益、目标有共同影响。Donnelley 还对此给出了 7 项判别标准。	*	*	/	* * *	* * *	* * *

(续表)

概念陈述	界定原则					
	所有权	管理权	控制权	家族意愿	家族规则	家族活动
叶银华(1999)认为,具备以下三个条件就可认定为家族企业:① 家族的持股比率大于临界持股比率;② 家族成员或具二等亲以内之亲属担任董事长或总经理;③ 家族成员或具三等亲以内之亲属担任公司董事席位超过公司全部董事席位的一半以上。	***	***	/	/	/	/
Chua 等(1999)认为,家族企业是由一个或几个家族监控或管理的企业,目的在于通过强势主脑去塑造和追求家族的愿望,并潜意识里希望企业能稳定地代代相传。	*	*	*	***	/	***

注:"/"表示未采纳该指标;"*"表示在该指标上采用宽松标准;"**"表示在该指标上采用中度标准;"***"表示在该指标上采用严苛标准。

中国台湾地区叶银华(1999)则认为,具备以下三个条件就可认定为家族企业:① 家族的持股比率大于临界持股比率;② 家族成员或具二等亲以内之亲属担任董事长或总经理;③ 家族成员或具三等亲以内之亲属担任公司董事席位超过公司全部董事席位的一半以上。这个定义从所有权和管理权两个角度定义家族企业,且界定了较为严苛的判别标准。关于管理权的标准,该定义说明得很清楚,而关于所有权,该定义强调必须突破一个临界值。所有权的临界值如何选定,一直是家族企业研究的一个争论点。较多的文献认为存在绝对控股的个人或家族就可判定为家族企业。但在 Donckels 和 Fröhlich(1991)的研究中,当某家族拥有的企业所有权超过 60% 时,才认定为家族企业。但是,对于上市公司,这个临界值显然偏高,而且上市公司股权结构较复杂,现金流权与控制权的分离较明显。于是,采用控制权为判断指标,La Porta 等(1999)将控制权的临界值定为 20%,甚至 10%。

Chua 等(1999)对 250 篇家族企业研究文献进行了总结,归纳出 21 种定义,发现这些定义或多或少强调了所有权(含控制权)、管理权在界定家族企业性质上的意义。但是,这些因素在 Chua 等看来,只是属于操作性定义的范畴,它们提供了便于客观计量家族企业特点的指标,却并不能反映家族企业的本质属性。Chua 等认为家族企业的独特性在于其行为的独特性,从家族企业的独特行为上才能得出本质性的所谓理论化定义。而这个定义是:家族企业是由一个或几个家族监控或管理的企业,目的在于通过强势主脑去塑造和追求家族的愿望,并潜意识里希望企业能稳定地代代相传。可见,一代一代传承下去,借助企业实现家族美好未来的愿景,是 Chua 等认为的家族企业的本质特征。

以上分析了几种引用率较高的家族企业定义,除此之外有所差异的其他定义不胜枚举,但基本不会离开图 1-2 所刻画的概念空间。从中我们体会到两点:第一,目前研究关于家族企业界定的文献并无本质分歧,看似不同的定义其实源于学者们基于不同研究视角和不同研究目标的预先设定。比如,对于实证类研究,往往就选择各类的权力维度指标作为家族企业家族化程度的指代,而在分析家族企业独特属性的文献中往往会强调各种家族行为因素指标。第二,目前关于家族企业界定的思路普遍是,回答家族企业为什么不同于非家族企业。而本书希望得到另一个答案,即家族企业制度为什么在一定条件下会优于或者劣于非家族企业,进而把握家族企业的本质特征。基于这一思路的家族企业定义,有利于直接指导家族企业治理,详见本书第 2 章。

1.2.2 社会资本

企业制度的演进规律是,一种新的制度比以往制度更能吸纳资本。从个体业主制企业向合伙制企业的发展规律看,特别是现代公司制企业对古典自然人企业的替代规律看,无不在于新的制度更有利于吸纳物质资本以及人力资本。但是,今天在世界范围内,古典制度企业至少在数量上依然是主流,而其中多数是家族企业。即便在实行现代公司制的企业中,仍然存在大量的家族化经营的痕迹,即这些公司并不完全开放地吸纳外部资源。那么,是什么让家族企业固守原态并保持竞争力?答案是,社会资本。

一、社会资本的提出

一般认为,社会资本理论框架主要是由布迪厄、科尔曼和帕特南这三位著名学者建立起来的(周红云,2003)。20世纪60年代晚期和70年代早期,法国社会学家布迪厄对文化进行了一系列研究,在此过程中逐渐形成社会资本的概念。1980年,布迪厄发表了题为《社会资本随笔》的短文,正式提出将社会资本界定为:实际或潜在资源的集合,这些资源与由相互默认或承认的关系所组成的持久网络有关,而且这些关系或多或少是制度化的(李慧斌,2000)。在布迪厄的社会资本概念中,社会资本有两个特征:第一,它是一种与群体成员资格和社会网络联系在一起的资源;第二,它是以相互认识和认知为基础的(周红云,2003)。

如果说布迪厄提出了社会资本的概念,那么,社会资本的理论框架的初建者,就是科尔曼。科尔曼从社会资本的功能来定义社会资本,认为社会资本是行动者可以获得的某种社会结构性资源。它不是一个单独的实体,而是具有两个共同之处的多种实体,即,它们都包括社会结构的某些方面,而且有利于处于这一结构中的行动者(无论是个人还是集体行动者)的行动(Coleman,1988)。Coleman(1988)还强调:与其他形式的资本一样,社会资本是生产性的,拥有社会资本可以帮助行动者实现某个特定行动。同时,社会资本并非完全可被替代。为某种行动提供条件的社会资本,对其他行动可能无用,甚至有害。但是,不同于其他资本形式,社会资本存在于人际关系的结构中。

科尔曼的社会资本理论的缺陷是其基于功能的定义过于模糊,为人们将许多不同的、甚至完全矛盾的解释贴上社会资本的标签开了方便之门(Portes,1998)。鉴于此,帕特南的定义则清晰许多。Putnam(1993)认为,社会资本是社会组织的某种特征,包含信任、规范和网络,它们能够通过推动协调和行动来提高社会效率。在帕特南看来,一个充满信任、按照互惠规范合作的,且具有广泛密切人际网络的社会,是一个高效率的社会,有利于减少经济政治活动的机会主义行为。

二、社会资本的层次与构面划分

尽管帕特南的社会资本定义将科尔曼的概念外延有所收敛,但是社会资本仍是一个比较宽泛的概念,以至于不同的学者在讨论社会资本问题时,对社会资本的定义看似完全不同,最终给人以错觉:什么都是社会资本,同时社会资本又不是任何。事实上,社会资本的概念空间有多重层次与构面之分,只有清楚这些层次和构面的划分依据,才能了解和应用社会资本理论。

布朗(中译本,2000)以解决社会资本概念的含混不清为目的,对社会资本的各类研究文献作了充分分析。他采用系统主义的本体论方法,从要素、结构和环境三方面将社会资本划分为微观、中观、宏观三个分析层面。布朗把微观层面的社会资本分析称为嵌入自我的观点。这个层面上的社会资本关注个体自我通过社会网络调动资源的潜力。这里个体调动资源的行动包括情绪支持、信息交换、交易机会等,它关注的是个人的结果,但要在特定社会结构的情境中来考虑。布朗把中观层面的社会资本分析称为结构的观点。这个层面上的社会资本关注特定网络的结构化,该网络中的个体之间联系的定型,以及资源因其特殊结构而通过该网络流动的方式。这里强调网络结构化的过程及其分布的影响,而不是构成网络的个体自我。布朗把宏观层面的社会资本分析称为嵌入结构的观点。这个层面上的社会资本关注特定社会网络所处的外在政治经济体系、文化社会体系的情况,考察外在文化、政治和宏观经济对网络中的社会联系的性质的影响,对网络结构的影响,以及对网络构建、变化和转移的动力的影响。

罗家德(2008)同意布朗的微观、中观、宏观三层面划分原则,他总结道:微观层面讨论的是社会实体(个体、组织、团队)如何透过社会网络调动资源,中观层面探讨的是连带网络中社会实体之间的联系类型及其结构位置如何带来资源,而宏观层面则讨论外在文化、制度与社会因素等对社会网络中联系性质的影响。此外,Turner(1999)也曾表达了社会资本的微观、中观和宏观的分而治之的思想。在他那里,社会资本的三层面分别对应于个人、组织和社会三类社会形态。我们认为,布朗的三层面思路可以对应于任何一个或大或小的社会网络,是系统考察社会网络作用、动因、结构化的重要工具。所以,本书以布朗的观点为基本研究工具。

此外,社会资本还可以划分成不同的构面。这个"构面"对应的是 Coleman(1988)定义所含混指出的,社会资本是社会结构的某些"方面"。这个构面在 Putnam(1993)中被简化成信任、规范和网络三项要素。而在 Nahapiet 和 Ghoshal(1998)那里,阐释得更为全面,他们将社会资本刻画为结构、认知和关系三个构面。在结构构面上,Nahapiet 和 Ghoshal 认为社会资本是联结行动者的总体人际网络格局,包括网络连带(行动者间的连带)、网络构型(密度、连通性、层次等网络结构形态)、可利用组织(网络内部的互利组织);在认知构面上,社会资本是行为者共享的思维、表达和理解系统,包括共有的语言和语义编码系统,以及承载价值观的共同的故事;关系构面上,社会资本是有关增进行动者之间互动关系的因素,包括信任、规范、认同、义务等。

在这三个构面中,认知构面在较多的社会资本文献中并不多见。罗家德(2008)认为认知构面刻画的是整体组织的心理认同,本属于文化资本,可以纳入广义社会资本的范畴。它们基于共同的规范、价值观、态度与信仰,将人们通过共同的"品味"凝聚起来,进而引导人们走向共同受益的集体行为。不过,罗家德(2008)在随后分析中还是"忽视"了认知性社会资本的存在。但是,我们在研究家族企业时,这一构面下的社会资本是不可忽视的,因为"我们是一家人"的认知恰恰是家族社会资本的重要特点。

三、社会资本的概念空间

社会资本是一个宽泛的概念,不同的视角下其内涵与外延均有所差别,以至于令人感到困惑。但当我们将社会资本的层次与构面划分清楚后,就枚举出了观察社会资本的各个视角。而在每一个视角下,社会资本的理论含义是十分清晰的,对应的实际测量也会具有操作性。表1-2所列社会资本的概念空间,将社会资本从两个维度进行视角定位,一是层次维度,二是构面维度。

表1-2 社会资本的概念空间

		构面		
		结构	关系	认知
层次	微观（个体、群体、组织）	人际网络连带、网络结构位置等	两两信任、有待偿还的义务关系等	促进相互合作的共有语言、叙事、价值观等
	中观（作为整体的特定网络）	网络规模、密度、构成、中心性、小团体化等形态	信任、规范、认同等的程度和分布	集体主义、统一的愿景、价值观、信仰等
	宏观	政治、经济、文化等环境		

微观层面下的社会资本强调的是社会实体或称行动者，以自己为中心，获取资源的能力或潜力。这个行动者可以是某个社会网络中的个体，也可以是更大网络下的个体的组合，即某个群体或某个完整的组织。其中，微观结构性的社会资本，是目前文献较多研究的对象。边燕杰和丘海雄（2000）称："比较有代表性的社会资本概念，指的是个人通过社会联系涉取稀缺资源并由此获益的能力。这里指的稀缺资源包括权力、地位、财富、资金、学识、机会、信息等等。"即，某个行动者越能得到更多的资源，其拥有的社会资本越多。而在微观结构性视野下，这种社会资本是通过一定的社会联系完成的。第一种社会联系是人际网络连带，指行动者所能联系上的拥有权力、信息等资源的其他行动者的社会关系。现实世界里，"朋友多，吃遍天"的现象就是对这类社会资本功效的解读。Granovetter（1973）的弱联系理论是关于微观结构性社会资本的重要研究成果。所谓弱联系是相对于强联系而言的，而强联系往往是那些产生于同家里人、挚友、搭档等之间的频繁互动的联系。Granovetter发现，那些互动少、感情浅的弱联系，通过提供异质性的信息、知识等资源，反而会给行动者更多的帮助。第二种社会联系是网络结构位置。它关注的是在整个社会网络中，行动者因为所处的位置而有利于其获得资源的程度。一般而言，行动者处在这个网络结构的中心与边缘，其获得资源的能力是不同的，处在网络结构的高层与低层也会带来不同的社会资本。在这一领域，林南作出了大量研究，其开发的"社会桥"的概念是反映行动者借助网络位置获得社会资本的重要发现。所谓社会桥是用桥梁来形容社会网络中一个行

动者关系丛与另一个行动者关系丛之间的联系(林南,中译本,2004)。当某行动者处于社会桥位置,则可以联系上两个关系丛,也就获得两处资源。

微观关系性的社会资本也是目前研究者较为关注的领域。微观关系性社会资本关心行动者因为其与他人的关系态势而获得资源的情况,其中最为人们注意的关系因子是信任和义务。信任是社会资本的核心概念,福山(中译本,2001)在其名著《信任——社会美德与创造经济繁荣》中,关于社会资本的讨论几乎完全是对信任展开的。组织行为科学研究表明,一个被人信赖的人会得到更多的合作机会,甚至产生领导力而被追随,进而获得更多的资源;义务是人们行为互动的结果。人们之间的社会交换活动中,一方先有付出,而另一方的回报很有可能是延时的。这种延时的回报,就成为当事人承担的有待偿还的义务。从义务视角看,社会资本的"资本性"最明显,它要求行动先投资,即先付出,而后获得他人对自己的义务,最终在未来得到社会资本收益。义务与信任有很大的相关性,只有存在基本的信任才能建立延时的义务关系,而义务的切身履行才能促进信任的延续和发展。因而在微观层面,这种信任是两两当事人之间的相互信任。

微观认知性的社会资本促使人们认知到合作必要性、可行性的一类社会资本因素。在 Nahapiet 和 Ghoshal(1998)看来,包括共有的语言和语义编码系统(shared languages, shared codes),以及承载价值观的共同的故事(shared narratives)。微观的认知性社会资本不如结构性和关系性社会资本为人们所重视,但我们认为在研究中国文化下的家族企业时,这类微观认知性社会资本不可忽视。中国人强烈的家族观念造成的家族内强烈的彼此认同和相互凝聚,是产生家族内利他合作的基础,也是促进海内外华人企业兴盛的原因。这种家族观念不仅来自于共有语言、叙事所建立的合作渠道,也来自于中国文化观念里对家族合作、家族秩序的价值观判断。另外,中国人很强调缘分,同学、战友、同乡,甚至同一姓氏等都是中国人的资源渠道,而这种缘分就是产生合作的认知性社会资本。

中观层面的社会资本强调整体网络的各构面情况,讨论整体网络的某些特质而影响社会资本的形成和分配。虽然分析的结果仍然会归结到网络中的每个个体,但其讨论的起点不是组成网络的个体自我。首先,中观结构性社会资本从个体连带关系的角度,去观察网络结构。这方面的著名研究成果是伯特的结构洞理论。所谓结构洞指的是社会网络中个体之间存在的拥有互补资源或信息的空位(伯特,中译本,2008)。根据结构洞理论,网络中个体之间的相互联系是非冗余性的,意味着网络整体占据的资源就更多,而其中每个个体能联系到的资源也就更多,因而其拥有的社会资本也就更多。① 对于中观结构性社会资本,存在多个刻画网络结构形态的维度:一是网络规模,反映特定网络中行动者的数量;二是网络密度,反映网络中全体行动者彼此互动的程度;三是网络构成,反映网络中全体行动者占据资源的非冗余性程度;四是网络中心性,反映网络中全体行动者互动方向的集中化程度;五是小团体化,反映网络中存在小圈子的程度;六是网络层级,反映网络中阶层的划分情况。中观关系性社会资本将信任作为核心因素,但不同于微观层面下的信任,中观层面的信任是对整体信任结构的考察,而非仅对特定个体之间的两两信任关系的关注。对于一个社会网络而言,只有其全体行动者建立起互信关系,即面向全体的一般信任,才认定这个社会网络具有高的社会资本。福山(中译本,2001)将中国列为低信任国家,就是因为他认为中国人在人际交往中存在着的是个别人之间的特殊信任,而没有开放性的一般信任。当然,这种信任的特殊结构也是造成华人家族企业兴盛的原因。此外,作为构成信任前因的规范、认同、义务等因素,也是界定关系性社会资本的变量,不过在中观层面下,更关心这些因素的结构,包括其程度和分布情况。

中观认知性社会资本关注特定人际网络中全体行动者对其作为一个整体的认知情况。集体主义精神在全体行动者中的普遍存在,是这类社会资本的表现。集体主义精神,本身意味着集体成员对这个集体的归属,以及对成员间合作甚至奉献的认同。同时,促成集体主义精神的前因,也是中观认知性社会资本关注的内容。其中,愿景的统一性被充分认识。统一的愿景,以及相同的价值观、信仰等,让人们产生"我们"而不是"我"的认知,进而认识到合作会产生共赢的结局。

---

① 如果强调的是某个行动者占据特定网络中的结构洞位置,而获得非冗余的资源,则是社会资本的微观结构性视野。

宏观层面的社会资本,是影响社会网络中微观、中观社会资本的外在政治、经济、文化、社会等因素。目前关于这类社会资本的文献不多,即便有所研究,也不直接使用社会资本的概念(布朗,中译本,2000)。因此,在这一层面尚未形成完整的理论框架。但是,这些因素对微观、中观社会资本的影响确实很大。比如,对于本书所研究的中国家族企业问题,离开了中国传统的家文化特征、生育政策导致的家庭结构变化、市场经济重建的演进路径等背景,都无法得出正确的研究结论。

1.2.3 契约与治理结构

一、交易

经济活动包含两个层面的内容:一是人与自然之间的技术关系,称为生产活动;二是人与人之间的社会关系,称为交易活动。交易,完成了个人间的资源交换,促成了社会上的资源配置。作为专门研究资源调配的科学,经济学自然将交易作为核心研究对象。

最早使用交易概念并对它的功能及其分类加以分析的人是古希腊的亚里士多德(黄少安,1995)。他提出交易是三类致富手段之一,另两类是畜牧以及矿冶采伐。而交易又可分为三种,基本对应于今天所称的商业交易、金融交易和劳动力交易。将交易纳入经济学范畴的是康芒斯。1934年,康芒斯在《制度经济学》中将交易活动视为制度的基本单位,认为制度的实际运转是由无数次交易构成的,交易至此成为制度经济学的基本分析单位。康芒斯(中译本,2009)认为交易与生产是相对应的,前者反映了人与人之间的关系,后者反映了人与物之间的关系,二者构成了人类活动的全部内容。交易活动包括三种类型:一是买卖交易,是指人们之间转移财富所有权的议价行为;二被称为管理交易,是为了提高生产过程的技术效率而采用的上级对下级的命令活动;三被称为限额交易,是依赖于统治者的权威来分派财富创造的负担和利益的活动。在这些早期的研究中,交易的功能和形式被刻画出来,但是仍缺乏必要的工具来完成交易的比较和选择。到了新古典经济学阶段,在"阿罗—德布鲁范式"的一系列严格的假设条件下,价格机制的充分运行被证明可以实现资源配置的帕累托最优。在"无形的手"下,作为资源配置手段的交易似乎在经济研究中也"无形"可寻了。唤起人们对交易重新重视的是科斯,科斯关于"企业存在之谜"的解读,打开了从交易理解经济组织制度的大门。

在科斯之前的新古典经济学那里,企业只是市场中的最小交易单元,是一个使利润最大化的"黑匣子"。对此,Coase(1937)提出,"如果生产是由价格机制来调节的,那么生产就可以在没有任何组织机构存在的情况下进行,对此我们要问,为什么还会存在企业?"当时,理论界对"企业为何存在"问题的关注不足,人们感兴趣的是价格机制的各种课题,亚当·斯密有关企业的价值在于实现了基于劳动分工的专业化生产的观点,成了"标准答案"。于是,科斯的问题就有了挑战,既然价格机制可以调配资源,那么分工就可以在市场上完成,又为什么要存在企业? 对此,科斯的回答是:资源的配置有两种方式,除了企业外部的市场交易方式外,还可以通过企业内部的行政协调方式完成;在市场机制下,生产是由价格运动引导的,而价格运动引导生产是通过一系列市场交易来协调的。在企业内部,资源配置则通过权威和命令来进行;然而,制度的实施会发生成本。市场机制下的交易会发生市场交易成本,企业正是为了节约市场交易成本而存在。所以,企业是市场的替代物,权威机制是价格机制的替代物;当然,企业权威制度的运行也会发生组织协调成本,并显然企业规模越大,这种成本越高。于是,企业规模成长就停止在两种成本边际相等的位置。

需要注意的是,在科斯1937年的《企业的性质》一文中,企业外部的经济活动被称为交易,它会产生交易成本,而企业内部的资源配置手段被称为权威,它会产生组织协调成本。然而,至少应用康芒斯的概念会发现,企业的内部行为也是一种交易,是管理交易,其产生的组织协调成本也属于交易成本性质。按照菲吕伯顿与瑞切特(中译本,1998)的界定,交易成本包括利用市场进行交易的市场交易成本、在企业内部行使命令权利的管理性交易成本,以及一组与某一政治实体的制度结构的运作和调整相关的政治性交易成本。这些交易成本都是为了达成交易目的而发生的确定交易对象、谈判并签订合同、监督合同履行及违约纠纷处置等成本的总和。

于是,企业与市场的差别是交易方式的差别,也是交易成本的差别。

选择企业还是市场,或是其他资源调配形式,本质上就是交易方式的选择问题。而选择交易方式的原则,则在于这种交易方式产生的交易成本是否最低。

二、契约

无论企业与市场属于何种性质的调配资源的交易方式,只要是交易都要通过契约来完成。契约,又称合同、合约,是指一个合法的双边交易中双方就相互权利义务达成的协议。经济学中,契约泛指两个愿意交换产权的主体所达成的合意(柯武刚、史满飞,2000)。契约是交易双方利益冲突与调和的产物,通过契约可以创造不同形式的经济组织和权利结构。

当企业使用权威来替代价格进行资源配置时,交易成本被节约的主要原因在于,市场上的一系列短期契约被企业这个长期契约所替代。首先,在市场上 n 人之间的社会协作需要两两签约,最多签约数可达到 $n(n-1)/2$。而当企业存在时,企业或者某一生产要素的提供者就可以充当中心签约人,分别与每个人签约即可,签约数仅为 $n-1$。契约数量的减少直接节约了附着其上的交易成本。其次,企业里的契约与市场上的契约相比,一般执行期比较长。这避免了市场交易的不断签约活动,也直接减少了契约数量。而长期契约的好处更在于,能促进"双赢"的努力。在长期契约的长远利益的诱导下,一部分机会主义行为可以被避免,也有利于专用性资产的投入。

通过论证企业契约相对于市场契约的节约交易成本功能,科斯赋予企业契约本质。在科斯之后,企业的契约观被不断发展。Alchain 和 Demsetz(1972)指出,通过市场的交易与企业内部的交易别无二致。企业其实是一种专门收集、整理和出售信息的市场,企业的契约安排是一种能与处于中心的代理人进行再谈判的简单契约结构。在这里,他们明确提出,企业的本质是一系列契约的联结。张五常(1983)透过契约的长短期形式的表面,发现企业与市场的不同是生产要素契约替代了中间产品契约,是要素市场替代了产品市场。

可见,市场、企业等资源调配活动是通过不同的契约来完成交易的。于是,要理解不同契约在产生或节约交易成本上的功效,就需要理解契约本身的形式差异。首先,契约的一个特性必须得到重视,即契约的不完备性。世上的契约很难做到完备,人们无法准确描述与交易有关的所有未来可能出现的状态,以及每种状态下契约各方的权利和义务。因为在一个不确定性的世界里,要在签约时预测到未来所有可能出现的状态几乎是不可能的;即使预测到,要准确地描述每种状态也是很困难的(甚至可能找不到描述某种状态的语言);即使描述了,由于事后的信息不对称,当实际状态出现时,当事人也可能对为什么会是这样争论不休;即使当事人之间是信息对称的,法庭也可能不能证实;即使法庭能证实,执行起来也可能成本太高(张维迎,1997)。所以,由于个人的有限理性,外在环境的复杂性、不确定性,信息的不对称和不完整性,契约当事人或契约的仲裁者无法证实或观察一切,就造成契约条款是不完全的。这也要求设计不同的机制以对付契约条款的不完全性,并处理由不确定性事件引发的有关契约条款带来的问题。企业契约相较市场契约而言,不完备程度会更为严重,因为企业契约的长期性将导致其面临更多的不确定性。也由于企业契约的不完备程度较高,就产生一些在契约中无法说明其归属的剩余下来的决策权,这被称为剩余控制权。在 Grossman 和 Hart(1986)看来,剩余控制权等同于企业所有权。

面对契约的不完备性,所谓的关系契约,突破了对古典契约、新古典契约的认识而发展起来(Macneil, 1978)。古典契约强调契约的明晰完整,假定所有与交易有关的事项都能得到清晰的描述,包括违约事件的处理措施也能事先规定在契约条款内,并且交易成本忽略不计。这是一种对应于完备契约的契约形式,是对现实世界完美的假定。新古典契约则承认契约特别是长期契约的"缺口"的必然存在,因而契约缔结时会留有余地。为了弥补"缺口",新古典契约要求事先规定好解决冲突的程序和方法,而来自第三方的调停被认为最为有效。关系契约则更进一步,更加强调契约的不完备性。它认为既然契约不可能完备,交易各方也就不再追求契约内容的明晰化,不再对各方行为达成详细的规划,而是对总的目标、广泛的原则、意外处理的程序和准则以及冲突解决机制加以框定。关系契约并不排斥新古典契约的第三方机制,也不过于依赖初始协议,随着交易的展开,交易各方在初始规定的双边或层级关系下,在初始框架下,灵活地处理随时出现的问题。

三、治理结构

交易是通过契约完成的,契约治理了交易的全过程。当一种经济组织被理解为一系列治理交易的契约的联结的时候,这种经济组织就可以理解为一种治理结构。

在中国,治理结构是一个被时常误用的概念,常常与公司治理相混淆。公司治理对应的概念是 Corporate Governance,它在引入中国之初被更多地当成公司治理结构、法人治理结构。这与中国学者早期把 Corporate Governance 狭义地理解为一套组织结构有关。吴敬琏(1994)就曾指出:"所谓公司治理结构,是由所有者、董事会和高级执行人员即高级经理人员三者组成的一种组织结构"。

治理结构,对应于 governance structure,是威廉姆森交易成本理论的核心概念,他建构的企业理论体系可称为"作为治理结构的企业理论",所谓"the theory of the firm as governance structure"(Williamson,2002)。而这套关于企业本质的理论体系是通过对各种经济组织形式的分立比较挖掘出来的,即治理的对象不限于单一的企业形式,所谓"the Economics of Governance"(Williamson,2005)。在面对多种经济组织形式的分立比较中,威廉姆森(中译本,2002)强调"经济组织的问题其实就是一个为了达到某种特定目的而如何签订合同的问题"。不同的契约联结成不同的经济组织制度,不同的经济组织制度对属性各不相同的交易有着不同的交易成本节约功能。所以,治理结构就是配置于各种交易活动的备择组织制度,"关注的是各种形式的合约的鉴别、解释和缓解"(威廉姆森,中译本,2001)。

corporate governance 问题延展于伯利—米恩斯的"所有权与控制权分离"命题,针对的是现代公司的特有现象。但据 Ocasio 和 Joseph(2005)考证,直到 1976 年的一次美国参议院会议上,"corporate governance"一词才第一次被人们有意识地提出,而其含义也于同年第一次借用 democratic government 被系统阐释。在那时,人们开始建议用国家的民主治理方式来治理现代公司内部不被约束的行为。随后,公司治理成为学术热点,其内涵不断深化,公司治理被界定为保护投资者回报的一系列方法(Shleifer and Vishny,1997),或者认为公司治理是对公司准租事后谈判机制的一系列界定(Zingales,1998)。但是,无论其内涵如何变化,其研究逻辑均未曾改变,即都是针对某一既定的组织形式,通过种种治理手段去弥补当下组织制度的欠缺。所以,"公司治理是对公司制度的治理,是不断演进中的公司制度的自我保障机制"(吴炯,2006)。

所以,治理结构与公司治理是不同的概念。治理结构的核心任务是"匹配",是选择最优的经济组织制度来处理属性不同的交易活动;而公司治理的重点则在于进一步优化既定组织形式下的交易活动。前者基本属于"一阶节约(使基本配置适当)",后者基本属于二阶节约(调整边际)(威廉姆森,中译本,2001)。可见,治理结构与公司治理也存在着紧密的联系。在制度建立的路径上,治理结构与公司治理序贯相接,公司治理的开展以治理结构的形成为前提,而治理结构的问题由公司治理来处置。

1.3 文献回溯与评述

家族企业是世界最早出现的企业制度形式,也是如今最为普遍的企业制度形式,然而家族企业研究长期受到漠视。其中一个重要原因是人们存在一种误解,认为家族企业制度不过是现代公司制度发展路径中的一个阶段,家族企业制度被冠以过时的帽子。但是,一方面越来越多的实证研究发现,在包括发达国家在内的世界各国,家族企业普遍存在并且绩效优良。另一方面,越来越多的理论也发现,现代公司存在着种种制度缺陷及其产生的难以被根治的公司治理问题。进而,上世纪80年代后,家族企业研究逐渐进入经济学、管理学、社会学等学术研究的"中心球场"。

如今,有关家族企业的研究视野非常开阔。经济管理理论的重要领域都开辟出了针对家族企业的独立分支,包括家族企业契约制度、家族企业社会文化特质、家族企业治理、家族企业成长、家族企业社会责任、家族企业经营管理等。同时,针对家族企业的特有现象也形成了专门的研究主题,如家族企业的代际传承、家族内部的冲突管理、女性家族成员的地位作用等。随着相对独立的家族企业研究领域的确立,专业性的学术期刊陆续出现,具有代表性的有《家族企业评论》(Family Business Review)、

《创业理论与实践》(Entrepreneurship Theory and Practice)、《小企业管理杂志》(Journal of Small Business Management)、《企业风险投资杂志》(Journal of Business Venturing)、《家族企业杂志》(Family Business Magazine)、《创业与地区发展》(Entrepreneurship & Regional Development)等(周立新,2009;魏志华等,2013)。

在家族企业研究领域,家族企业治理一直是国内外研究的热点。由于企业治理所构建和完善的是企业各类活动运行的基础制度平台,其对家族企业的影响是深远而复杂的。所以,相关的研究成果也纷杂繁多,本书无法对其一一评述。鉴于本书重点讨论家族企业治理中的家族治理系统,所以也无需对其一一赘述。为支撑本书此后的研究,提供研究基础和厘清研究方向,我们将从与本书研究有紧密联系的三个方面对已有文献作简要梳理:一是从家族企业制度评价的相关文献中,提炼本书研究的目标所在;二是从家族企业治理的目标与路径的相关文献中,确定本书研究的理论理路;三是从社会资本视角下的家族企业治理的相关文献中,汲取与本书研究密切相关的研究成果。

1.3.1 家族企业制度辩证观

家族企业研究成为一个相对独立的研究领域后,家族企业制度评价首先成为一项重要的研究论题。经过多年的挖掘,学术界积累了大量的对家族企业制度的正面评价,与此同时,大量的负面认识也不断涌现。通过文献研究,我们无法确定家族企业制度是利大于弊,还是弊大于利。因为我们发现,家族企业制度中的几乎任何一项特征,同时具有着"是"的一面和"非"的一面。我们必须辩证地看待家族企业制度。

一、产权激励辩证观

如前所述,家族企业的一个重要评判指标是家族对企业所有权的控制,即所谓家族控股。家族控股这一现象引发了产权激励的辩证思考。产权激励,在一些场合下专指企业将其股权的一部分无偿或有偿转让给员工,从而将员工的个人利益与企业命运联系在一起,实现激励相容,达到长期激励目的。从其本质看,产权激励也泛指包含投资人在内的一切企业所有权的拥有者,由于获得了剩余索取权而产生的积极动力。

家族控股的产权激励的辩证思考包含两个层面的问题,其一是关于大股东治理的是与非的问题,其二是关于某一家族作为大股东的是与非的问题。对于后一问题,牵涉家族企业治理的方方面面,我们随后一并讨论,这里简单分析前一问题。

Berle 和 Mean(1932)在其开山之作中勾画出了公司治理问题的产生由来和研究前提:由于股权分散、恶化并显露出了所有权与控制权的分离,进而经理得以侵占公司利益。随后,Grossman 和 Hart(1980)将股权分散与两权分离之间的联系确定为搭便车,Jensen 和 Meckling(1978)将两权分离引致的损失定义为代理成本。如何解决这一问题呢?最直接的方法就是在源头上解决"股权分散",即股权向一个或几个股东身上集中。Shleifer 和 Vishny(1986)系统地提出,大股东能部分地解决集体选择问题,并有动力和能力部分地监管住经理,从此理论上将大股东治理确立为公司治理的基本手段之一。之所以有动力,是因为大股东不能采用小股东的搭便车方式,要保证自己的利益只有靠自己的积极行为。之所以有能力,是因为掌握着足够的投票权而拥有行动的主动权,并且对企业运营的长期关注而具有监管经理的充分信息(Anderson and Reeb,2003)。具体到家族企业制度,Fama 和 Jensen(1983)明确指出,家族所有权对减少代理问题是特别有效率的,没有决策管理和决策控制的分离问题,而且家族成员之间的紧密关系也有利于降低代理成本。

但是,问题的复杂性在于大股东治理本身存在缺陷:第一,容易诱发剥夺型公司治理问题。Barclay 和 Holderness(1989)通过大股东股权交易中普遍存在的溢价发现,大股东通过控制公司可获得额外的私人收益。反过来说,大股东凭借其控制权,会产生剥夺小股东的利益的意愿和条件。第二,会降低其他治理手段,特别是外部市场治理的力量。Holmström 和 Tirole(1993)指出,股票的信息价值依赖于股票市场的流动率,大股东的存在会导致股票流动性变差,进而降低市场监管的效用。第三,同样在股票流动性较弱的情况下,股东的分散风险的能力变弱(Demsetz and Lehn,1985)。

所以,辩证地看待家族企业制度中的产权激励机制,需要同时考虑多种效应。其正面的价值在于某一特定家族成为企业控股方,有利于提高监管经理的动力和能力,有利于解决代理型公司治理问题。但是其不利的一面是容易诱发家族对其他投资人的剥夺,而且外部治理力量也会减弱,同时也有违投资者的流动性偏好。此外更复杂的是,由某一特定家族来履行大股东治理职责所带来的其他各种问题的是非功过还有待于评价,涉及家族经营、利他主义、家族理性、信任机制等问题。

二、家族经营辩证观

家族控股不仅意味着控制股东的存在,控股之后形成的家族经营现象也是家族企业制度的最明显特征。在相关研究中,家族企业制度之所以时常为人们所诟病,就是因为一部分文献提出建立在家族关系和传统行为模式上的家族企业不符合现代企业制度的经营管理原则(储小平,2000)。然而随着研究的深入,家族经营的优劣被发现不能一概而论。

委托—代理理论的出现为对家族经营的"平反"提出了理论基础。Jensen和Meckling(1978)认为只要企业的经营者不是百分之百的所有者,则一定会出现代理成本,一定造成企业价值的下降。在家族经营模式下,企业所有权和控制权的高度统一从根本上缓解了这一问题(Fama and Jensen,1983)。根据委托—代理理论,代理问题的产生主要基于两项条件,一是委托人与代理人的目标不一致,二是两者间的信息不对称。但是,这项条件在家族经营下的家族企业中不再充分。一方面,Eisenhardt(1989)明确指出家族经营就意味着企业所有者与经营者的利益一致和目标趋同。这降低了监管的必要性,所谓的董事会制度、绩效激励制度等正式的规章制度不再需要。另一方面,Daily和Dollinger(1992)说明家族成员长期生活在一起,并且存在着各种非正式契约,这降低了彼此之间的信息不对称。所以,在家族经营的前提下,一般公司的公司治理活动就可以减少,也就避免了一笔不必要的支出。

在随后的研究中,人们开始进一步探究是什么因素导致家族代理问题的弱化,人们发现了社会关系因素、利他主义因素、家族理性因素等。然而,在对这些因素作深入挖掘后,又发现这些因素对家族企业经营具有双面性,继而家族经营的负面认知再次出现。对此,我们随后分析。

还有一些研究从家族经营所自然形成的家族封闭性方面对家族企业制度提出了辩证的思考。家族封闭性体现在两方面,一是经营资源的封闭性,即家族企业的财务资源,特别是关键岗位的人力资源由家族提供。二是企业治理的封闭性,反映为外部治理力量对家族企业的无能为力。首先,Habbershon 和 Williams(1999)基于资源调用的角度认识了家族企业制度的独特性,引发学界对家族企业研究的资源基础观。人们发现,由于信息不对称性、不确定性风险和交易成本的存在,企业家在创业阶段要从家族外部获得各种生产要素存在难以克服的困难。因此,利用现实存在的血缘关系、亲缘关系、姻缘关系和其他各种广泛存在的社会关系,企业家就能够获得创建企业的初始条件(朱卫平,2004)。但是,当企业度过了创业期,资源的封闭性问题开始出现。大多数家族企业在持续成长中将面临家族企业规模、资金、技术、人员等一系列条件的约束,导致其难以通过大规模的定制来获取市场份额或树立垄断地位来建立优势,这是家族企业发展过程中不容忽视的困境(李新春等,2008)。其次,家族对企业的控制有利于减少经营者的机会主义行为并发挥大股东治理的作用。但是,强大却封闭的内部治理机制同时弱化了经理市场、资本市场等外部治理机制的效率(Schulze et al.,2002)。在家族控制的企业中,企业信息的不透明和家族化色彩对高素质的职业经理的引入产生了阻碍。作为一种补偿,企业会提高经理报酬以吸引人才,但这无疑提高了企业的人工成本。另一种更常见的现象是,企业无法利用经理人市场的定价机制和信号机制,同时忍受着职业经理和家族经理的良莠不齐。此外,不同于一般公众公司在经营中面临的控制权市场的收购压力,家族企业的所有权和管理权的低流动性使得企业失去了外部更广泛和更专业的监督力量(谢宏,2011)。

三、社会关系辩证观

家族企业是家族系统涉入企业系统的结合体,家族系统内的特有社会关系对企业运行产生重要影响。一些文献从家族社会关系入手,挖掘出家族企业制度特殊性的源头。而在众多社会关系因素中,信任关系和权威关系两个因素最受关注。

福山(中文版,2001)对信任进行了国际比较研究,认为中国(准确说是华人社会)文化的社会中不能出现社会化大组织形态。按照李新春(2002)的定义,信任划分为社会信任和私人信任,而福山仅考虑了社会信任。李新春认为中国是社会信任缺乏而私人信任较发达的社会,对于家族或自己人表现出极高的信任,而对于外人则呈现出很低的信任或不信任。所以,从反过来的角度来理解福山的观点就可以得出结论,正是家族成员间的内部信任关系推动了家族企业的兴盛。

但是,家族信任关系是一把双刃剑,基于此李新春(2002)提出了"家族主义困境"的观点。他指出,虽然家族私人信任可以产生忠诚,可以解决家族成员之间的代理问题,但是却不能或难以解决随着组织规模或交易的复杂性增加而出现的代理能力不足问题。也就是说,家族企业的成长需要突破家族信任,建立社会信任。储小平和李怀祖(2003)也认为,制约家族企业成长的是信任资源。由于社会信任的不足,家族企业主难以从经理人市场吸纳管理资源。即便引入了职业经理,也由于社会信任的不足而不敢授权。马克斯·韦伯(中译本,1995)百年前的批判是深刻的,"儒家君子只顾表面的'自制',对别人普遍不信任,这种不信任阻碍了一切信贷和商业活动的发展"。

李新春(1998)早已提出"无权威,则家族难存。家族不存,则企业何能存"的理念。的确,家族权威的存在是家族企业这个特殊组织的一个极为重要的特征,家族企业内部家庭成员间的要素契约无须经历任何市场化交易所必须的给付—对价过程,而是在家长与子女之间的权威与服从的关系上完成资源配置(贺小刚等,2007)。权威的价值在科斯契约理论那里已经得到完全解释,企业的权威替代了市场交易和交易契约,因而节约了市场交易成本。家族涉入企业中,家族权威自然也成为企业的权威,是传统权威向法定权威的自然过渡,这为家族企业的创立降低了一道门槛。通过实证研究,周立新(2013)也提出建议,过于强调稀释家族所有权及引入非家族成员担任总经理的治理结构改革,对家族企业构建以自我为中心的、持久性网络关系是不利的,进而不利于家族企业成长。

同样,家族权威好比一把双刃剑,它虽然保护了企业的关键性资源,防止了"家产"中租值的耗散,减少了代理成本,提高了决策效率,但家族权威的负面影响也同样不可忽视,因为过于强化权威而不愿下放权限,这本身就是一种不信任,可能出现恶性循环的现象;杜绝外部投资者的加入,过于强调家族股份独大,则无法形成有效的治理机制。所以在家族企业发展过程中家族权威机制将陷入一个左右为难的困境(贺小刚等,2007)。杨光飞(2009)同样指出,在华人家族企业的创立和初始阶段,家长式权威往往扮演不可替代的角色,但家长式权威的过度集权、关系依赖性以及不可复制性并不一定有利于华人家族企业的代际传承和持续成长。

四、利他主义辩证观

综前所述,在家族企业中,委托—代理冲突并不严重,这也是家族企业的制度优势。然而,一些文献认为从委托—代理的假设体系之下来讨论家族企业是不对的,委托—代理关系无法解决家族成员之间广泛存在的协调一致行为。于是,从自我实现人假设出发的视经理人为投资者合作伙伴的管家理论出现了(Donaldson and Davis,1991),并被认为适合讨论家族企业问题(Davis et al.,1997)。而随着研究的深入,人们进一步从利他主义的视角来看待家族企业中的管家现象,以理解家族企业的制度特征。

利他主义明显不同于委托—代理理论的研究前提,反对主流经济学的理性经济人假设的简单化倾向,提出了利他行为的客观存在性。所谓利他,就是行为主体出于各种考虑,为提高他人福利而牺牲自己福利的行为。事实上,关于家族企业的研究中,许多文献应用或者借鉴了利他主义的研究思路,发现了家族企业制度优势的利他主义根源。比如,Schulze等(2003)认为,利他主义增强了家族成员之间的依赖关系,把家族成员的个人利益整合在一个共同的所有权下。Daily 和 Dollinger(1992)指出,利他主义增进了家族成员之间的沟通,降低了家族内部的信息不对称性。Gerisick 等(1997)认为,利他主义有助于隐性知识在家族成员之间传递。Zahra(2003)指出,利他主义有利于家族企业形成敢于承担风险的企业文化,进而推动国际化活动。

然而,对利他主义也要辩证地看待。虽然 Schulze 的研究团队发现了利他主义在家族企业中的正面意义,但其一系列研究也同时发现了利他主义的负面效应,甚至发现利他主义会使家族企业发生更高的代理成本(Schulze et al.,2001,2002,2003)。首先,家族企业主对家族成员的利他主义慷慨,会诱发家族成员的搭便车问题,偷懒的家族成员无需努力也可以坐享企业收益。其次。家族企业主对家族成员的利他主义仁慈,会降低对家族成员的监督、约束,不仅会强化家族成员的错误行为,还会破坏企业的公平氛围。最后,家族企业主对家族成员的利他主义偏爱,在信息不对称的前提下,无法对全部家族成员做到奖惩的公平公正,这会损害家族和睦,引发家族冲突。

可见,利他主义能够减少某些代理成本,却也会引发其他的代理问题,因此关于利他主义对家族企业的影响,应当辩证地来看。对此,Karra等(2006)建立了一个权变的观点。他认为在家族企业的初始阶段,利他主义有助于家族的团结和激励家族成员,进而减少代理成本。但当企业发展壮大到一定规模后,利他主义的负面效应又将增加代理成本。此外,他通过扩大家族的概念边界后发现,随着亲缘关系的变化,利他主义的表现形态还有所不同。Karra等(2006)的这项研究对华人文化下的家族企业的研究借鉴很大。因为在华人世界里,家本身就是一个极具弹性的概念。

与利他主义相关,但不完全同于利他主义的一项家族企业特征是所谓的家族理性。家族理性的概念来自李东(2004),指的是"以家族及其事业的整体荣誉、整体利益最大化和稳定发展为最高价值取向而支配人去思考、推理、判断、行事的心理认知结构"。家族理性同样是对主流经济学的基本假设在家族企业制度运行中的修订,不过其侧重点在于对"企业利润最大化"原则的修订。Karra等(2006)认为,家族企业的一个关键假设在于其不仅具有经济性目标,还具有非经济性目标。例如,为家庭成员提供工作机会以及构建家庭凝聚力等。Poutziouris(2001)称之为家族企业二元目标,即家族目标和增长目标。显然,在家族理性的二元目标下,家族利益得到了保障,但非该家族的企业参与者的利益被侵犯了,家族企业的经营风险变小了,却难免"小富即安"。

以上文献综述说明,不仅家族企业制度有其独具特色的一面,更关键的是这些制度特征发挥出的效果不一,学界对其褒贬也不一。我们以为,无需争论家族企业制度的是非优劣,应该建立辩证的、权变的理论体系。应该明确,不同的家族涉入情况、企业发展阶段、家族关系结构等因素,会造成家族企业制度表现出或优或劣的特征。对此,家族企业研究的逻辑是,首先判断在这些不同的因素影响下,家族企业会出现哪些不同的制度缺陷,随后根据这些不同的制度缺陷,思考如何建立有针对性的家族企业治理体系。这也是本书所遵循的研究理路。

1.3.2 家族企业治理研究脉络的交汇与分野

家族企业是一个复杂的经济生态系统,不同学科背景的研究揭示了家族企业制度特征的不同部分。进而,这些发现引发了不同的研究视角和理论发展方向。于是,Sharma(2004)提出必须将家族企业研究的不同思路融汇在一起形成一个完整的理论分析框架,才能刻画家族企业制度的本质特征。他认为,研究家族企业必须首先认识到家族企业是家族系统与企业系统的联合体,其次是必须重新分别审视家族系统研究和企业系统研究针对家族企业问题探索的有效性,最后将过滤出的有效的理论融合在一起才能建立家族企业理论。图1-3是Sharma(2004)观点的反映,也说明了家族企业的两个基本研究视角——基于组织理论的研究视角和基于社会经济学的研究视角。虽然Sharma(2004)认为这两个研究视角需要相互融合,但是我们对此并不表示乐观,我们认为目前的研究仍然是分野远远大于交汇。

图1-3 家族企业理论的构建路径

资料来源:Sharma, P. An Overview of the Field of Family Business Studies: Current Status and Directions for the Future [J]. Family Business Review, 2004, 17, (1):1—36.

Sharma(2004)的观点说明,研究家族企业必须共同重视企业研究的成果和家族研究的成果,并加以融通。然而,目前的科学进展尚未达到这一高度。在家族企业治理问题上,目前的主流研究脉络大致分为两条:一是遵循企业契约理论的研究范式,在一般公司治理理论已知成果的基础上,考虑到家族企业的具体情况,加以修订而获得家族企业治理的有关知识;二是采用经济社会学的研究思路,在家族涉入家族企业的背景下,挖掘家族企业治理的独有特质。

首先,基于企业契约理论分析范式的家族企业治理研究脉络的特点是,遵循一般公司治理理论的研究思路和方法,将企业的家族经营作为调节变量,或者一个权变因素。该研究的一个基本的假定前提是认为一般公司治理理论的研究结果对于所有经济组织具有普适的指导意义,具体到某一类企业,包括家族企业,仅仅作一些边际的调整或侧重点的转移即可。图1-4是这种研究思路的刻画。

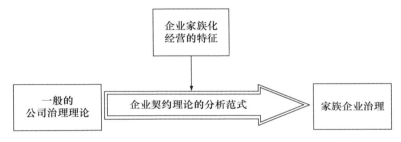

图1-4 企业契约理论分析范式下的家族企业治理研究脉络

在这条脉络下,建立在委托—代理理论上的研究的影响最深远。在早期研究中,重点讨论一般公司治理的监督与激励机制,如何沿用到家族企业中、会遇到什么问题以及如何解决。此类研究基本隐含这样的逻辑,即以"现代企业制度"的治理结构和机制为标准和发展方向,并以家族企业治理落后为预设前提,在此基础上分析家族企业"如何走向现代化治理"。这种情况在中国的研究中更为突出(谢宏,2011)。当然,随着大股东治理机制的系统提出(Shleifer and Vishny,1986),人们发现即便在委托—代理理论的分析框架下,也得不出家族企业制度落后的结论。Fama和Jensen(1983)曾指出,家族所有权对减少代理问题是特别有效率的,没有决策管理和决策控制的分离问题,而且家族成员之间的紧密关系也有利于降低代理成本。总之,无论是褒是贬,委托—代理理论分析范式下,家族企业的特征仅仅是作为一个调节变量或者权变因素而已,缺乏挖掘家族化特质的工具,尚无法构建Sharma(2004)所说的家族企业理论。

在不完全契约理论范畴,对家族企业的研究相对薄弱一些。借鉴交易成本理论的知识,目前的研究成果仅仅是论证家族企业制度是否具有较低的交易成本的优势。朱卫平(2004)说明,家族企业中家族成员之间目标较为一致,事后的信息不对称程度也较低,加之长期共处,使得家族企业相对非家族企业具有更低的契约调整成本、监督成本和毁约成本。Gedajlovic 和 Carney(2010)定义了家族企业中存在着的称为 GNTs(Generic Non-Tradeables)的资产。这类资产具有家族专用性和广泛应用性,比如特定社会关系、家族声誉等,它们仅在家族边界之内起作用,但可以推进各类家族企业活动。他们认为这是解释家族企业可以节约交易成本的原因。

在产权理论的分析框架下,较多的研究仍然讨论如何通过产权契约更替,以及产权契约与隐性关系契约的协同,完成公司治理模式的"优化"(马丽波、付文京,2006)。同样,随着研究的深入,人们发现对家族企业治理提出规范化对策还为时过早,一些更细化的研究逐渐展开。有研究发现,家族权威的不同配置影响了家族企业治理的效率(贺小刚、连燕玲,2009;连燕玲等,2011),也有研究从剩余控制权和剩余索取权配置的角度探索家族成员的冲突治理(朱沆等,2011)。可见,当我们不仅把企业的家族化当作一个调节变量,而且直接从家族行为本身的独有特质上寻找线索,将有利于解释揭示家族企业治理更多的知识。但显然这方面的文献还远远不够。

其次,基于经济社会学研究思路的家族企业治理研究脉络,则呈现出另一番特点。该类研究应用经济社会学的理论方法,近年来特别突出对社会资本理论的应用,直接从家族以及家族成员的社会、经济活动中寻找家族企业治理的新线索。目前该类研究中对家族的关注远远大于对企业的关注,家族对企业的涉入现象仅仅成为一个研究背景。图 1-5 是这种研究思路的刻画。

某种程度上,这一研究思路是在对基于契约理论的家族企业研究框架的反思中出现的。Lansberg(1999)认为家族企业治理是企业治理和家族治理的统一体,而以往的研究仅仅讨论家族企业中的企业治理问题(正如本书以上说明的),家族治理的研究几乎是空白。因此,这类研究讨论的基本是家族治理问题。根据郭萍和陈凌(2010)的定义,"家族治理是

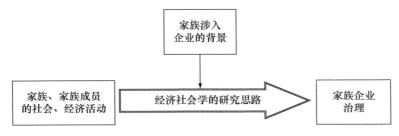

图 1-5　经济社会学分析范式下的家族企业治理研究脉络

指家族企业为了家族和企业的长远发展,规范家族内、跨家族以及家族—企业之间的家族成员行为和利益协调的制度安排"。这类研究呈现出三个特点:第一,特别强调家族企业与一般企业的不同,从家族以及家族成员的社会、经济活动中把握家族企业制度的本质特征。这是此类研究越来越被学界关注和接受的原因。第二,使用经济社会学的理论概念来概括家族企业的本质特征。目前的研究不再单纯地从社会学角度看待家族特有的信任、权威、互助、互惠等因素,而是将其概括在具有更明显经济学含义的社会资本、关系契约等概念之下。第三,企业的家族经营在该范式下,仅仅构成一个研究背景,企业行为在这里被忽视。严格地说,这类研究仅仅分解讨论了家族企业治理的一个子课题,所谓家族治理问题。

家族企业的关系治理是这一研究脉络下的典型课题,关于关系治理的理论研究历程可以清晰地说明该研究脉络的特点。关系治理的缘起与家族企业的独有特征被人们重视有关。比如,Zaheer 和 Venkatraman(1995)发现信任关系是家族企业运行中极其重要的因素,但在传统的企业契约理论模型中却被忽视,进而造成传统治理模式在家族企业应用上的低效率。除了信任,李新春和陈灿(2005)针对中国家族企业的特点,还概括了集权程度、特异性知识、家族参与、社会交往和依赖性等因素。这些因素更多的是社会、文化上的,而非经济因素,是无法用书面的正式契约加以刻画的。于是寻找"文化—经济"的解释视角成为一道难题(杨光飞,2009)。

关系契约概念的出现,提供解决该问题的思路。Macneil(1978)解释在契约的不完备程度较高的前提下,交易各方不会再追求契约条款的明晰化,而是对总的目标、广泛的原则、意外处理的程序和准则以及冲突解决机制加以框定,由此建立的契约就是关系契约。关系契约从社会学概念转向经济学应用的重要推动者是威廉姆森,他的治理结构理论就是建立在关系契约的假定前提之上。Granovetter(1985)认为关系契约不仅仅在契约形式上体现了对事后关系的规定,同时强调关系契约也受到事前缔约主体间的社会关系的影响。关系契约概念的破解,揭示了家族企业不仅是正式契约的联结,也是关系契约的联结。关系契约是有关家族网络、规范、信任、权威等因素的约定。

随后,基于关系契约的认识,家族企业的关系治理的概念被理论化。关系治理就是基于关系契约的非正式治理机制的总称(朱沆、何轩,2007)。在后续研究中,Zaheer 和 Venkatraman(1995)构建了包含信任变量的关系治理模型,并发现它比传统正式治理模型更有利于解释家族企业治理效率。李新春和陈灿(2005)证明了关系治理与正式治理之间的互补关系。然而除了这类研究主题之外,令人尴尬的是家族企业的关系治理没有取得更大的能对家族企业治理进行实践指导的研究进展。

这一尴尬反映出的正是家族企业研究中的瓶颈问题。按照经济社会学的研究思路,虽然碰触到了家族企业治理的本质特征,但其对经济行为分析能力的相对薄弱,使得其对家族企业治理的细节问题的解释常常仅能处在理念揭示的层面。而企业契约理论的研究前提过于简单,忽视了家族企业的具体问题。所以,如何取长补短将两种研究脉络融汇在一致,是家族企业研究目标必须攻克的难题。图1-6反映了本书所遵循的研究脉络。

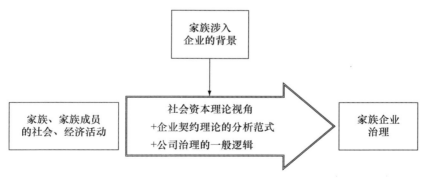

图1-6　本研究所遵循的研究脉络

本书的研究脉络从整体结构上看,与上述第二种研究脉络相似。不可否认,也主要研究家族治理问题,家族对企业的涉入仅作为研究展开的情境条件。事实上,科学分析首先就是要把整体分解为各个部分来认识,之后才是综合,而我们目前对家族企业的认识还没有到理论综合这一步。但是,我们的研究相较目前的两种研究脉络,还是向前走了一大步,主要体现在研究方法的综合上。首先,在整个研究过程中,要遵循的是公司治理的一般逻辑,即先找到家族企业的制度缺口,然后再补缺完善。其次,应用社会资本理论的相关概念来理解家族企业的本质特征,重点是从中挖掘家族企业的制度缺口。社会资本理论是近年来家族企业在经济社会学研究思路下的重点发展领域,以下将专门对其进行文献述评。最后,抓住社会资本的资本属性,将其纳入企业契约理论的分析范式中。我们认为,威廉姆森的治理结构理论其实就是在吸纳了关系契约的概念后发展起来的,本身具有社会学与经济学相融合的特点。遗憾的是,威廉姆森并未关注过家族企业,未考虑社会资本在其理论框架上的应用。

1.3.3　社会资本视角下的家族企业治理研究现状

一、社会资本多元视角下的家族企业治理研究

社会资本是一个宽泛的概念,不同的视角下其内涵与外延有所差别。在表1-2中,我们从层次和构面两个维度刻画了社会资本的完整的概念空间,包含了社会资本的七个认识视角。基于社会资本理论的家族企业研究往往会选择不同的视角,不完整地讨论社会资本的各个侧面。甚至一些文献虽然研究了社会资本概念空间的一部分,但却没有使用"社会资本"一词。

微观结构性的社会资本刻画了微观个体基于其在社会网络中的位置而获取资源的能力。进一步又可细分为两个维度,一是从个体可关联到的社会网络关系上计量其获取资源的能力;二是从个体所处的社会网络的具体位置而判断其利用网络资源的能力。在家族企业研究中,可以发现同样有一些文献从这两个维度展开分析。首先,关于家族企业或者其企业主的社会网络连带关系的研究十分丰富。储小平(2003)根据实地调研和文献研究,认为华人家族企业主所拥有的社会关系资本状况对其创业以及企业的可持续发展有着至关重要的影响。但是随着人们对社会

网络认识的深入,结论变得复杂。Li等(2008)发现,社会网络的利用与国内企业的绩效正相关,与外资企业的绩效却呈倒U型关系。李新春和刘莉(2009)将社会网络连带关系区分为"嵌入性"和"市场性"关系网络(前者以社会关系、非经济交易合约为基础,后者则以市场谈判的合约为基础)后,发现家族企业生存年限越长、规模越大,嵌入性关系网络的使用在相对减少,而市场性关系网络的使用在相对增加,然而随着企业生存年限增加,虽然嵌入性关系网络对家族企业绩效一直有着显著影响,但市场性关系网络对家族企业绩效的影响则呈现强化特征。其次,一些研究涉及家族企业嵌入在家族网络或其他社会网络中的位置,而获得家族资源或其他社会资源的问题。不过,这方面研究并不丰富,一些文献从家族经理或家族股东在家族网络中的位置的角度展开讨论。连燕玲等(2011)发现将家族资产所有权、管理权配置给远亲显著地不利于治理效率的改进。魏明海等(2013)也发现家族关联大股东的所有权、管理权越大,家族企业的关联交易行为越严重。家族关联大股东指的是在第二至十大股东中与第一大股东存在产权关联、亲缘关联、任职关联或一致行动人协议的股东。

中观结构性的社会资本从社会网络的整体结构特征方面,界定这个社会网络的社会资本存量和分布,从而评价这个社会网络对其间个体的资源支持能力。常常用到的结构指标包括网络规模、网络密度、网络构成、网络中心性、小团体化、网络层级等等。基于这一研究视角,是目前家族企业中研究的热点之一。Niemelä(2004)、周立新(2009,2013)讨论了家族企业处在一个更大的企业网络中的情况,论证了这个企业网络的网络中心度、网络范围、网络关系强度、网络关系持久度、网络开放度等对家族企业成长的影响,或者反过来家族权力等因素对家族企业网络的影响。李新春和檀宏斌(2010)、朱沆等(2011)从所有权与控制权分离以及剩余索取权与控制权分离的角度,讨论了家族内部网络基于权力的结构变形对家族企业传承的影响。这类研究关于家族网络的刻画指标很少,仅与网络中心性、小团体化等有关,但揭示的家族传承问题却是家族企业成长的重要瓶颈。贺小刚研究团队近年来的成果精深而丰硕,他们专注于家族权威的配置结构对家族企业经营和治理的影响。比如,贺小刚等

(2011)证明,我国家族上市公司的家族成员内部权力集中度与经营绩效之间呈现倒 U 型关系。而后,还发现了经营期望等因素对这种家族内部权威配置的影响机理(贺小刚等,2013)。贺小刚等(2010)还从家族经营团队的组合的角度来反映家族网络结构,也发现了不同家族网络形态导致企业治理效率的差异。所以,家族网络结构是解释家族企业行为的重要因素,按照 Anderson 等(2005)的观点,家族企业的结构形态本身就建立在家族的网络结构形态之上。Arregle 等(2009)提出的命题具有总结性,基于制度的强制、模仿和规范,家族企业社会资本与家族社会资本具有同构性。

微观关系性社会资本指的是个体凭借与他人的关系态势而获得资源的能力。它与微观结构性社会资本的不同在于,它不是关心个体是否与他人存在连带,或者连带的结构性指标如何,而是关心既已存在的连带之下的关系质量如何。其中,最为人关注的关系因子是信任和义务。对于信任因子,储小平和李怀祖(2003)曾指出家族企业成长瓶颈的实质是信任资源约束,同时概括了华人社会三种信任资源产生的机制,并分析其对华人家族企业成长的影响。对于义务因子,其在家族关系中的直接表现就是利他主义行为,利他就是个体对增进他人福利所承担的义务。如前所述,利他主义在 Schulze et al. (2001, 2002, 2003)等学者的引领下成为家族企业研究的重要课题。此外,家族企业中还有一些特殊的微观关系性社会资本为人们所关注。其中,权威关系被认为是影响家族企业发展的重要因素,李新春(1998)提出:"无权威,则家族难存。家族不存,则企业何能存?"但是,周燕和葛建华(2011)认为在家族企业中,员工的组织认同被领导认同所替代,而领导认同支持和强化了领导权威,依赖于领导权威在家族企业的持续成长中有局限和弊端。

中观关系性社会资本以整个社会网络为考察对象,研究信任以及构成信任前因的规范、认同、义务等因素的结构性特征,以判断这个社会网络对其间个体的资源支持能力。首先,信任结构和信任属性本身就是社会资本的核心要素,鉴于中国文化重私人信任、轻社会信任的特殊性,更成为中国家族企业研究的重点。杨光飞(2009)定义了关系信任的概念,指的是基于既定特殊关系而形成的"特质基础"的信任,并认为正是关系信任决定了中国家族企业差序式治理模式的出现,这是特定制度环境下的理性选择而非简单地来自传统文化的影响结果。其次,杨光飞(2010)还讨论了家族伦理对华人家族企业内部治理行为的影响,解释了两者之间的对应关系,即基于纵向有序伦理的家长式权威治理以及基于横向差序有别伦理的关系治理。这里的家族伦理反映了一种社会规则,规则也是中观关系性社会资本的重要构成因素。此外,在利他主义问题的研究中发现,家族义务和认同的非对称分布将引发"撒马利亚人困境",即父辈溺爱导致的卸责甚至掏空家族利益的行为,这是家族内部代理问题产生的基本根源(Schulze et al.,2001,2002,2003)。

微观认知性的社会资本与促进人们相互合作的共有语言、叙事、价值观等有关,有利于人们的相互合作。李新春(2010)指出,家族企业是家族文化与商业文明的有效结合,私营企业只有建立家族的使命和精神,才能被称为家族企业。在《家族企业正名》①一文中,李新春认为家族传承是界定家族企业的严格却很有价值的标准,因为家族企业重要的使命就在于传承家族的文化和价值观,实现家族和企业的持续发展。由此可见,价值观的统一是家族企业的制度优势所在。在实证方面,周立新和陈凌(2009)发现,当家族企业以家族自身的目标为导向而非追求企业利润时,有利于亲友间的借贷融资。此外,在家族传承问题上,Barach 和 Ganitsky(1995)发现子辈对父辈创业企业的认同和接班意愿很重要,这样的认知有利于接班人的工作责任感、满意度、积极性和忠诚度的提高。

中观认知性社会资本刻画了一个群体关于自身整体性的认识,统一的愿景、价值观、信仰等所导致的集体主义精神是提高群体行动效率的社会资本要素。家业长青是多数家族企业的终极目标,而实现家业长青的重点在于各代家族成员是否保持共同的梦想、共同的愿景,这个关于企业和家族未来的共同梦想是驱动家族传承和延续的根本,它能让家族成员紧密团结在一起而共同努力(Lansberg,1999)。在一项关于家族创业的研究中,潘安成(2011)提出具有亲情或血缘关系的家族创业者之间强调奉献和关爱的利他行为,形成了所谓的家族性社会认知,即家族创业成员

---

① "家族企业正名",是该文作者在文章摘要中突出说明的。

所共享的群体性假设和社会性学习能力。家族性社会认知是家族企业创建过程中所拥有的独特性内生社会资本,为家族创业提供了持久动力,有利于家族创业机会识别和把握、资源能力改进和创业组织形式动态演变。

　　社会资本概念空间的最后一块是宏观层面的社会资本,它是影响微观、中观社会资本的外在政治、经济、文化、社会等环境因素。显然,讨论中国家族企业问题,离不开中国传统的家文化特征、生育政策导致的家庭结构变化、市场经济重建的演进路径等背景。正如冯果和李安安(2011)所说,附于熟人社会、束缚于商道伦理、沉溺于关系契约构成了家族企业制度变迁与结构转型的路径依赖。鉴于宏观层面的社会资本不是本书研究重点,尽管相关文献很多,也不再赘述。

　　从以上文献评述中可以发现,社会资本多元视角下的家族企业治理研究呈现出三方面特点:首先,社会资本理论是打开家族企业制度"黑匣子"的一把钥匙,是目前的研究热点,其所揭示的科学规律是单纯依赖企业契约理论无法达到的。同时,基于社会资本的家族企业研究还刚刚起步,大量的研究仅处于发现现象这一步骤,还难以对企业实践提供系统的指导。沿着社会资本理论提供的研究方向,还有大量的研究课题有待完成。其次,严格说来,目前的社会资本理论对家族企业研究起到的主要帮助在于提供了更多的研究变量——认知、关系和结构,微观、中观和宏观。这也反映了社会资本的概念宽泛性的特点。其好处在于,我们的视野宽了,对家族企业的认识全面了,也客观了。但其问题在于,我们对家族企业的认识还处于表面,不如企业契约理论能直接抽象出企业的本质。最后,同样囿于社会资本理论的重社会学而轻经济学的特点,缺乏一个完整的经济分析框架。社会资本变量与家族企业制度之间的交互过程仍然在理论上是一个"黑匣子"。针对后两个问题,现在的出路有两条:一是继续进行社会资本的基础理论研究,二是将社会资本理论与契约理论挂钩。本书主要选择后一条研究思路,强调社会资本的资本属性。一方面,挖掘社会资本的资产专用性属性,以此在交易成本理论的理论平台上研究社会资本对家族企业制度选择和治理的影响。另一方面,赋予社会资本契约属性,直接从家族社会资本的契约结构和契约变更中理解家族企业制度的特殊性。

二、社会资本的资本属性——家族企业治理研究新视野

强调社会资本的两项资本属性——资产专用性和契约属性,由此打开理解家族企业制度的新窗口,这是本书研究的创新之处,类似文献目前还很少,但是有关社会资本的这两项属性的研究还是有一定基础的。

资产专用性是威廉姆森的治理结构理论的构建基础。资产专用性指的是某项资产能够被重新配置于其他替代用途或是被他人使用而不损失其生产价值的程度(Williamson,1979)。资产专用性是一个程度的概念,许多资产都具有程度不一的专用性,而社会资本被冠以"资本"这个帽子后,是否也具有专用性的属性呢?事实上,在社会资本的经典文献中,可以发现大量的有关社会资本特征的表述与资产专用性相似或相容。封闭性(closure)被Coleman(1988)认为是社会资本形成的基础,只有当一个群体构成封闭的社会网络后,群体内部才利于形成义务和期望,惩罚或奖赏规范也才利于被执行。显然,这个封闭性使得社会资本形式成为某个群体的专用资产,具有不可转让性。排他性(exclusive)反映了社会资本的私人物品属性,是Portes(1998)从社会资本的消极作用中得出的判断。这里的排他性刻画的是某些社会资本不能被他人使用的程度,它与资产专用性的概念具有相似的含义。与之类似,Anheier等(1995)将较低的流动性(liquidity)和较低的可转换性(convertibility)作为社会资本与其他类型资本的区别之处,它们同样反映了社会资本难以为他人使用的程度。这些类似的描述都刻画了社会资本的资产专用性属性。

如今,也有一些文献直接使用社会资本专用性的概念开展研究。杨黛(2006)分析了社会资本专用性对产业集群的影响。她从社会资本的形成途径、实质、类别和内容论证了专用性是社会资本的内生性特征,并认为产业集群内的社会资本具有准公共物品性质,社会资本专用性对产业集群的发展具有促进与限制双重影响。在家族企业的研究中,Gedajlovic和Carney(2010)定义了被称为GNTs(Generic Non-Tradeables)的资产,并以此解释家族企业存在着节约交易成本的原因。GNTs具有家族专用性(firm-specific),对应的就是我们的资产专用性属性。略有不同的是,GNTs除了家族社会资本,还包括人力资本。Gedajlovic和Carney(2010)的研究值得借鉴之处在于,他们并不是单纯赋予社会资本经济学

属性,而是在此基础上立足于交易成本理论平台展开讨论。这正是本书将采用的研究思路。

在经济学中,资源的配置通过契约完成,市场交易对应有市场契约,企业制度对应有企业契约。那么,社会资本的获取、使用、投入等活动是否也是依靠契约完成的呢?即社会资本是否具有契约属性呢?相关文献给出"是"的答案。

首先,契约本身具有宽泛的外延。在经济学中,契约指的是交易活动中各方有关权利义务的协议。虽然将契约绑定于交易行为,但是在制度经济学里交易包含广泛的内容,不仅包括买卖交易,也包括管理交易和限额交易。人类活动中除了人与物之间的生产活动之外,人与人之间的活动也都可以用交易来表达(康芒斯,中译本,2009)。在这种逻辑下,家族活动自然也依靠契约完成。在社会学的范畴里,契约更是直接指向人与人之间的社会关系。在《社会契约论》中,卢梭(中文版,2011)指出,当人类不能依靠个体力量生存的时候,人类将走到一起形成各种形式的社会,而连接人们的形式是订立一个契约,以契约来约束人们的活动。在卢梭看来,契约是界定人们权利义务的产物,是人类社会产生的标志。而在所有社会中,最古老而又唯一自然形成的社会是家庭,家庭本身就是依靠契约来维系的。

其次,在家族或家庭关系中契约的标的物与社会资本有关。当然,我们并不否认将婚姻契约、赡养契约、遗产契约等与社会资本联系起来,多多少少有些牵强。但是,除此之外的大量的,并且具有隐性的、非正式特征的契约基本与社会资本有关。① 第一,从结构面社会资本看,它规划了家族的人际网络格局。比如,费孝通(2007)把中国文化下的社会结构解释为以家为中心的差序格局。差序格局不仅刻画了家族生活中人和人之间的社会距离,更是资源的配置格局。这种资源的配置就是通过家族契约完成的。第二,从关系面社会资本看,更是通过家族契约完成了家族关系的治理。关系面社会资本的重要因素包括信任、规范、权威等。杨光飞

---

① 在以下行文中将这些家族活动中隐性的、非正式的,特别是不涉及物质性标的物的契约称为家族契约。

(2009)论证道,华人家族企业中资源分配、权力分配、决策模式、用人制度上显示出的差序性,与家族的关系信任密切相关。这些活动是通过家族契约而非正式契约完成的。"在汉代以降的两千多年的历史上,礼治一直充当着治理国家、管理社会的重要手段"(白奚,2006)。礼治在家族治理中的重要体现就是家族规范,即家规。家规就是家族关系中权利义务的规定,是家族契约的直接体现。在科斯理论中,权威是企业运转的基础。家族企业中则强调家族权威的重要性(1998),而家族权威是通过关系式的家族契约构建的(杨光飞,2009)。第三,从认知面社会资本看,家族企业的制度优势来自家族成员之间的统一的家族愿景。甚至家族企业的界定标准就是有无这个家族愿景(Chua et al., 1999)。统一的家族愿景有利于激发利他主义和集体主义精神,降低企业运行的交易成本。家族愿景的统一在于家族成员是否达成共识,而共识就是家族契约的结果。

可见,家族社会资本具有契约属性,社会资本的配置、调集、使用通过家族契约完成。更重要的是,家族契约不仅刻画了家族成员的关系,这种关系继而体现了家族对家族企业的治理结构。比如,一方面,杨光飞(2009)将华人家族企业的治理结构描述为差序式治理,资源分配、权力分配、决策模式、用人制度等方面都显示出差序性。另一方面,费孝通(2007)认为中国的家族结构也构成差序格局。这说明,差序式的家族契约映射出差序式的家族企业治理结构。也就是说,家族企业的治理结构是家族契约的直接映射。再以家族企业的分拆为例。宋丽红等(2012)通过多家家族企业的案例研究发现,当家族内部小团体利益的出现打破整体格局时,当家族委员会、家族宪法等制度缺乏或无能为力时,家族企业的分家不失为一种替代家族整体治理的战略举措,以解决家族冲突。所以正如人们日常所见,家族企业的分家以家族关系的分家为先导。而家族关系的分家是以一体化的家族契约难以维系为前提,宋丽红等(2012)所称的家族委员会、家族宪法等制度就是一种强调家族一体化的家族契约安排。这也说明家族企业的治理结构是家族契约的直接映射。此外,李新春和檀宏斌(2010)对香港利丰集团一百年来的演进历程的研究发现,企业的所有权、控制权经历了集权和分权、分离和统一的多次变更,企业形式也经历了上市、退市、再上市的过程,而这些治理结构演变的根源是家族结构和家族成员关系的变化。这再次说明,家族企业的治理结构是家族契约的直接映射。所以,研究家族企业治理问题的关键不是企业系统,而是家族系统。家族契约的内容、结构和属性是破解家族企业治理的根本,家族治理是家族企业治理的核心内容,也是本书的研究对象。

现在的问题是,家族契约的研究还相当薄弱。相当一部分文献将家族契约排除在契约之外,以至于所谓"家族企业治理应该走向契约治理的模式"成为主流意见。这其实忽视了家族契约的客观存在性,甚至磨灭了家族契约在推动家族企业创立和发展中的突出作用。当然,也有一部分文献认识到了家族契约的存在,这些文献多数从关系契约的角度展开分析。有关关系契约的含义及其理论演进之前已有说明,这里不再赘述。我们不满意一些关系契约研究的原因在于,许多文献直接从家族契约的关系契约性质之处直接得出关系治理的概念,甚至将一般公司治理理论中的治理行为定义为契约治理,与之对立。而我们以为,公司治理的逻辑是一样的,而且事实上公司治理契约的本质也是关系契约(费方域,1996)。我们的任务不是从家族契约的关系契约性质中得出新的理论体系,而是要在既已认定的理论范式下,充分考虑家族契约中的社会资本内容及其属性,通过变量的变更,而不是理论体系的推翻,得出创新结论。

1.4　研究目标与思路

1.4.1　研究目标

图1-7反映了我们对家族企业治理结构建构路径的思考,显然本书的研究并不考虑家族之外的因素,在这方面威廉姆森的治理结构理论已经从资产专用性的角度给出过经典的判断,当然威廉姆森的资产专用性所指的资产并不包括社会资本。本书从威廉姆森所忽视的因素展开讨论,即家族系统的因素。我们认为,家族系统是由若干家族成员组成的,他们之间会缔结不同的家族契约,形成不同的家族契约治理结构,包括存在绝对家族权威的契约治理结构、家族成员相互协调的契约治理结构、由

家族仲裁处理冲突的契约治理结构。而这些家族契约治理结构映射到家族企业中,就形成了不同的家族企业治理结构,至少作为一个重要因素影响了家族企业治理结构的形成。特别在家族性企业集团中,这种映射关系格外明显。

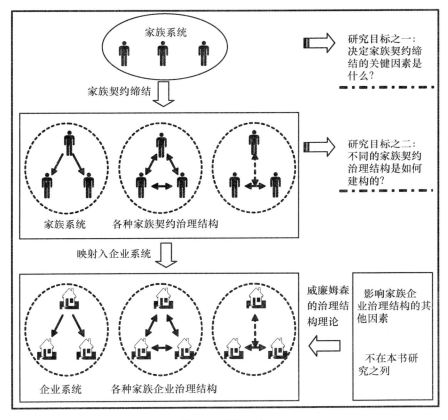

图1-7 研究目标

在这条家族企业治理结构建构路径上,存在着两大问题,而这正是本书的核心研究目标:第一个问题是,决定家族契约缔结的关键因素是什么?我们的答案是,家族社会资本。如何得到这一答案呢?这里包含着一系列本书研究需要破解的问题,其重点是:理解家族社会资本对于家族企业的重要性;解释家族契约的本质就是有关家族社会资本的契约;说明不同的家族契约形态就是实现属性不同的家族社会资本的交易成本最小化的治理结构;证明资产专用性也是家族社会资本的基本属性,等等。第二个问题是,不同的家族契约治理结构是如何建构的?这里包含三个基本的问题:其一,家族契约治理结构是如何分类的?其二,家族契约是按照怎样的规则选择治理结构的?其三,家族契约治理结构建构的内在动力是什么?

1.4.2 研究思路与方法

以上两大研究目标相互关联,第二个目标的实现必须以第一个目标的解答为前提。第一个目标中包含着解决第二个目标的研究脉络、研究工具和研究任务。

首先,在研究准备阶段完成三项工作,即进行研究部署、厘清基本概念、评述相关文献。其中,厘清基本概念是一项重要工作,因为本书所涉及的三个关键词——家族、社会资本、治理结构,甚至在学术界都不是十分清晰。厘清这些概念,不仅为了消除作者与读者之间的理解障碍,也是下一步研究的重要起点。事实上,本书论证的主体部分正是从家族企业的定义和家族企业制度的社会资本优势开始的。在文献评述部分,除了解释本书的研究起点和研究背景,更通过对目前相关研究思路的辨析,整理出本书的基本研究理路。即以家族对企业的涉入作为研究背景,以家族、家族成员的社会、经济活动为解释变量,讨论家族企业治理中的家族治理问题。分析过程中所用的研究方法是本书的创新之处:遵循的是公司治理的一般逻辑,应用社会资本理论理解家族企业的本质特征,将社会资本的资本属性纳入企业契约理论的分析范式中。

其次,将论证家族社会资本涉入视角下的家族契约治理的研究脉络、研究工具和研究任务,从而将家族社会资本确定为决定家族契约缔结的关键因素。我们将重新界定家族企业的定义,从回答为什么家族企业制度具有强大生命力出发,将家族企业界定为涉入家族社会资本的企业,它除了是一个经济活动的治理结构,也是一个家族契约的治理结构。而后,在经济学研究范式内,进一步挖掘家族社会资本的正面价值和负面影响,最终得出家族社会资本对家族治理起到重要影响的结论。在此过程中,可以发现抓住了社会资本的资本属性,企业契约理论的研究工具完全可以用来对社会资本进行分析。而社会资本的资本属性中最重要的一点是其专用性特征,它是造成家族企业制度缺陷的重要原因,其影响是两方面的,一是对家族—企业契约的影响,二是对家族契约本身的影响。后者正是本书的研究对象。

最后,当家族社会资本及其专用性被证明是家族契约治理的决定性因素后,将建构一个完整的家族契约治理结构选择模型。在这个模型中,家族社会资本是自变量,家族权力成本是中介变量,家族契约治理结构是因变量。我们将证明家族社会资本的专用性、调用程度等变量与家族契约的统一治理结构、双边治理结构、第三方治理结构和市场治理结构的对应关系,将证明权力成本在影响各种治理结构选择中的作用机理,以及权力成本本身的性质和构成。

社会资本理论是基于经济社会学视角理解中国家族企业社会文化环境的重要工具,将其纳入资产专用性理论、团队生产理论、产权理论的研究平台上,则是本书研究在方法论上的创新。在具体到家族契约治理结构选择模型的建构中时,将采用分立治理结构分析范式的比较制度研究思路。governance structure(治理结构)不同于 corporate governance(公司治理),前者属于"一阶节约"(定位配置),后者属于"二阶节约"(边际优化)。本书的研究偏重于前者,并将以分立结构分析模型为重要工具。此外,本书特别重视以案例研究为主的质性研究方法的使用。课题的社会科学性质及科学探索目的决定质性研究方法将广泛使用。特别是在家族契约治理结构选择模型的建构中将连续使用四次案例研究方法。这里既包括多案例的横向比较研究,也包括长时期的纵向案例追踪研究,既有来自一手调研的数据研究,也有针对新闻报告、企业家传记等的文本内容分析。另外,也进行了一些以上市公司面板数据为基础的经济计量,比如对董事社会桥功能的实证研究,用以证明家族社会资本的存在价值。不过鉴于本研究属于理论探索性质,这类实证研究方法应用得并不广泛。

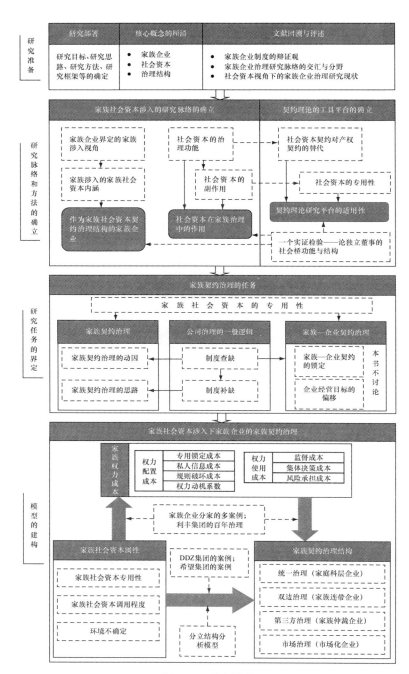

图 1-8 研究思路

1.5 观点与创新点

1.5.1 本书的结构与主要观点

根据以上研究目标与思路,本书各章节的内容安排是:

第1章,导论。主要引出本书所研究的问题及研究意义,并阐述相应的研究目标、思路和方法,本书的结构和特色。此外,本章完成了另外两项重要工作:首先,厘清了几个基本概念。事实上,本书的研究所涉及的三个关键词——家族、社会资本、治理结构,并不是已达成共识的概念,不是其概念边界过于模糊,就是其概念内涵存在歧义。通过对这三个概念的事先界定,可以保证作者与读者在统一的语境下进行讨论,也可以保证本书的研究起点与前人的分析脉络相贯通。其次,对相关研究文献进行了回溯与评述,论证了家族企业制度的辩证观,解释了家族企业治理研究脉络的交汇与分野,并说明了本书研究所遵从的研究理路,同时评价了社会资本视角下的家族企业治理研究现状。

第2章,家族社会资本涉入下的家族企业与家族性企业集团。本章是关于本书研究脉络的界定,说明基于家族社会资本涉入的视角是解读家族企业制度本质的关键。首先,基于家族企业的概念空间,将家族企业理解为通过家族活动而涉入家族意愿、家族规则、家族权力的企业。其次,论证家族涉入企业的意愿、规则和权力均是家族社会资本各维度的映射,而家族社会资本的高效调集和使用正是家族企业的独特制度特征,家族社会资本的涉入活动是产生或解释家族企业独特现象的根源。最后,证明家族企业不仅是一组规制经济资源交易的治理结构,也是有关家族社会资本契约的一组治理结构。由此可见,家族契约治理结构的定位,是家族企业研究的先导性课题,也是本书的研究对象。以上这一理论逻辑,在家族性企业集团中反映得十分直接。

第3章,社会资本在家族治理中的作用。本章在同一研究线索之下完成了两项基本工作,一方面解释了有关家族社会资本的家族契约的治理是家族企业治理的核心任务,另一方面说明企业契约理论的分析思路和研究工具完全适用于对家族社会资本及其契约的研究。首先本章证明了社会资本契约对社会关系的治理是替代产权契约的另一条治理途径,随后论证了社会资本同样具有资产专用性属性,其产生的外部性问题就是家族社会资本的副作用。所以,"成也萧何,败也萧何",治理好家族社会资本契约就是家族企业治理的核心任务。同时,这里关于交易成本理论和治理结构理论的应用,以及对资产专用性概念的引入,充分说明对社会资本及其契约的研究完全可以使用企业契约理论的分析思路和研究工具。本章最后关于独立董事社会桥功能的实证研究,证明了以上观点。

第 4 章,家族契约治理的任务。家族企业治理不能照搬一般的公司治理,但是所有企业制度的基本治理逻辑是一致的。本章首先界定了公司治理的一般逻辑,即"查缺"和"补缺"。随后指出,家族企业制度的缺口来自于家族专用的社会资本产生的副作用。该副作用表现在家族—企业契约以及家族契约两方面。前者包括家族—企业契约的锁定问题,以及企业经营目标的偏移问题,这是家族企业的重大治理任务,不过这不是本书的讨论重点。后者主要关于家族成员间有关家族社会资本的契约安排问题,这是本书的研究对象。对此,本章挖掘出了家族契约治理的动因和思路。其动因是,当家庭边界与家族边界分离后,自利的家庭产权单元参与家族专用社会资本准租的团队生产活动中的机会主义倾向。而家族契约治理的基本解决思路是树立打破团队生产边界的家族权威。

第 5 章,家族契约的分立治理结构。在此前章节的基础上,本章的研究目标是通过建立家族社会资本专用性属性与家族契约治理结构的动态关联,说明家族契约治理的形态差异和选择依据。研究发现,当家族社会资本的专用性很强,且其相对重要程度也很高时,应采用统一治理结构的家庭科层企业形式。通过家族统一权威获得企业完整剩余权利,并以此进行等级制的集权管理;当家族社会资本的相对重要程度仍很高,但专用性减弱时,可以双边治理结构下的家族连带企业形式。这时,各家族成员企业以家族民主和双边权威的方式建立家族契约;当家族社会资本的专用性略弱,且相对重要程度也较低时,应采用第三方治理结构的家族仲裁企业形式。各家族成员企业之间的关联较少,以至于不需专门的机构处理家族冲突,偶发的矛盾通过第三方仲裁的形式解决即可;当家族社会资本的专用性变得很弱的时候,维持家族企业单一产权主体完整性的价值就很小了,彻底地去家族化在所难免。本章使用案例研究方法,而分析思路上是对威廉姆森理论的分立结构分析模型进行拓展和应用。

第6章,家族社会资本对家族契约的影响机理——以家族权力成本为中介变量。上一章研究发现,家族专用社会资本决定了家族契约治理结构的选择。按照威廉姆森的治理结构理论,治理结构的选择建立在交易成本的分立比较上。那么,影响家族契约的交易成本是什么呢?本章提出该交易成本是家族权力成本,由家族权力配置成本和家族权力使用成本构成。前者是权力配置造成的不能通过交易行为和家族规则消除的交易成本损失,包括专用锁定成本、私人信息成本、规则破坏成本和权力动机系数等。后者则体现为家族权力行使中发生的监督成本、集体决策成本和风险承担成本等。家族权力成本的发现来自我们对利丰集团冯氏家族的案例分析。分析中还发现,家族权力成本最低化是家族权力配置的目标,而家族权力成本的大小与包括家族社会资本在内的家族、企业、环境等多项因素有关。在研究方法上,本章同样使用了案例研究方法,包括基于家族企业分家的一组多案例横向比较研究,以及一家有百年发展历程的家族企业的纵向追踪研究。

至此,一个理论模型的全部路径均得以证明。在这个模型中,家族社会资本是自变量,家族权力成本是中介变量,家族契约治理结构是因变量。该模型说明,家族企业的多种形态来自家族系统的映射,家族系统可看作是具有多种形式的家族契约治理结构。家族契约治理结构是优化家族契约的适应性结果,而家族契约就是关于家族社会资本的契约。在这个优化适应过程中,是家族权力成本起到了中介作用,家族权力成本的最小化是优化适应的目标所指。

1.5.2 创新点

本书的创新之处主要在于以下几方面:

(1)本书基于家族社会资本的存在性及其作用机理,重新界定了家族企业的内涵,也就此打开了研究家族企业制度的新路径。综合已有文献的观点,可以宽泛地认定,家族企业是通过家族活动而涉入了家族意愿、家族规则和家族权力的企业。而这个家族意愿、家族规则和家族权力恰恰对应的是家族社会资本的各个维度。所以，从制度本质上说，家族企业是涉入特定家族的社会资本的企业。引入家族社会资本的概念，可以带来两点好处：一是抓住社会资本的资本属性，可以为家族企业制度研究引入较为成熟的工具平台，即企业契约理论平台；二是通过辩证地看待家族社会资本的作用功效，不仅可以明晰地认识家族企业的制度优势，更可以直接发现家族企业的制度缺陷，这也就是家族企业治理的任务所在。

（2）本书基于家族社会资本的专用性属性，归纳了家族企业治理的基本任务。首先，本研究发现家族社会资本具有显著的专用性特征，而这个专用性影响了家族企业的契约结构。其次，如果说企业是一系列契约的联结，那么家族企业不同于一般企业之处是存在两类新的契约，一是家族系统与企业系统之间的家族—企业契约，二是家族系统内部的家族契约。在专用的家族社会资本的影响下，家族—企业契约遇到的第一个问题是契约关系被"锁定"，企业难以得到外部资源的支持。而其第二个问题是利益关系被"绑架"，企业经营目标发生偏移。在家族契约体系下，专用的家族社会资本所创造的是难以被市场定价的可占用准租。当家庭边界与家族边界分离后，自利的家庭产权单元之间的冲突就会围绕着这个准租而发生。而如何建立相应的家族契约治理结构以降低这类冲突的危害，则是本书研究的重点内容。

（3）本书建立了基本家族社会资本的家族契约分立治理结构模型。通过引入威廉姆森理论的分立结构分析模型，在案例研究的基础上，建立了家族社会资本专用性属性与家族契约治理结构的动态关联，说明了家族契约治理的形态差异和选择依据。本书研究发现，家族契约具有统一治理结构、双边治理结构、第三方治理结构和市场治理结构四种模式，或者称为家庭科层企业、家族连带企业、家族仲裁企业和市场化企业，而这四种治理结构的选择与家族社会资本的专用性程度，以及家族社会资本的调用程度等因素有关。

（4）本书引入了家族权力成本的概念，并建立了家族契约治理结构的形成模型。在这个模型中，家族社会资本是自变量，家族权力成本是中介变量，家族契约治理结构是因变量。本书通过案例分析得出家族权力成本的内涵属性是交易成本,由家族权力配置成本和家族权力使用成本构成。前者是权力配置造成的不能通过交易行为和家族规则消除的交易成本损失,包括专用锁定成本、私人信息成本、规则破坏成本和权力动机系数等。后者则体现为家族权力行使中发生的监督成本、集体决策成本和风险承担成本等。家族权力成本的全面界定,有利于更深入地了解家族企业制度的形成过程。

第 2 章 家族社会资本涉入下的家族企业与家族性企业集团

家族企业是一种特殊的企业制度,按照一般公司治理的理论思想来治理家族企业,存在着若干盲点。比如,家族股东对非经济目标的追求、家族股东间的冲突,以及传承、分家等家族活动,在一般企业中是没有的。所以,作为研究一般企业的制度本质、组织方式和产权关系等问题的企业契约理论,对家族企业的研究没有直接帮助。于是,目前家族企业治理问题研究的瓶颈是缺乏成熟的理论平台。本章和下一章的研究目的就是搭建家族企业制度研究的理论平台。本章证明家族企业的核心特征是涉入了家族社会资本,它是产生或解释家族企业独特现象的根源。

2.1 家族社会资本涉入下家族企业的契约性质

2.1.1 家族企业界定的家族涉入视角

在第 1 章,我们试图对家族企业作一个清晰的界定。但解析了相关经典文献后发现:第一,目前没有形成一个公认的家族企业定义;第二,家族企业的概念边界基本确定,各种家族企业定义均包含在图 1-2 所示的概念空间内;第三,看似不同的家族企业定义,源于学者基于不同研究视角和不同研究目标的预先设定;第四,虽然这些概念设定对家族企业的要素特点有不同侧重,但没有文献否认这些要素的关联性。

基于这样的认知,本书在展开家族企业研究之前,也需要根据研究目标对家族企业作一个基本的界定。我们的界定对这些经典定义既有继承,也有突破。继承的方面是,接纳已有文献所概括的家族企业概念空间,全面考察家族企业的各个要素特征,争取理解这些要素特征之间的逻辑关联;突破的方面是,转换看待家族企业的视角。目前关于家族企业界定的思路普遍是回答家族企业为什么不同于非家族企业,而我们希望知道家族企业制度为什么会优于(或者会劣于)非家族企业。当我们在家族企业的已有概念空间内寻找这一答案时,就会透过家族企业的表面现象,抓住家族企业的本质属性。进一步说,这一本质属性就是区分出家族企业治理与一般公司治理的差别所在,从而对家族企业治理产生直接指导。

为此,我们需要重新审视家族企业概念空间内的各个要素特征。根据图1-2的归纳,界定家族企业的常用指标有所有权、管理权、控制权(这三个指标可统称为家族权力因素指标),以及家族意愿、家族规则、家族活动等。这些要素的内涵在此前已经表述清楚,现在我们需要进一步辨识它们之间的关联。李新春和任丽霞(2004)曾经系统地讨论过这个课题,他们分析的家族特质指标有所有权、管理权、控制权、家族继任、家族意图。其中,他们所称家族意图即为本书的家族意愿,他们所称家族继任是本书家族活动中的一项最重要的内容。所不同的是,本书所归纳的家族规则在李新春和任丽霞(2004)那里没有被特别重视,仅仅在论及家族意图时,将家族价值作为家族意图的一项子维度。不过,他们的研究是开创性的,建立了界定家族企业的家族意图——治理行为模型,证明了家族意图对家族权力(包括所有权、管理权、控制权)以及家族继任的决定作为,说明了家族涉及企业的多维性质。

在李新春和任丽霞(2004)的基础上,本书补增一个家族涉入维度——家族规则,反映为家族价值观对企业行为准则的渗透。同时,将继任等家族活动单列出来,将其作为实现家族涉入的载体,从而形成图2-1所示的展现家族企业特性的家族涉入三维模型。

首先,家族对企业的涉入体现在三个维度上:一是家族意愿涉入,体现的是企业在经营中对家族愿景的追求,李新春和任丽霞(2004)又称其为家族意图。Chua 等(1999)关于家族企业的定义,特别强调了家族意愿的重要性。Chua 等(1999)认为家族对企业所有权、管理权的掌控,可以用于观测家族化程度,但并不能概括家族化的本质特征。他们认为家族企业之所以是家族企业,是因为其独特的行为,而这一独特行为来自家族

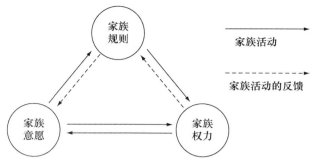

图 2-1 家族涉入三维模型

化的意愿,即对家族愿景的追求。所以,他们指出家族企业是由一个或几个家族监控或管理的企业,目的在于通过强势主脑去塑造和追求家族的愿望,并潜意识里希望企业能稳定地代代相传。二是家族权力涉入,体现为家族对企业所有权、控制权、管理权的掌握。对所有权的拥有达到控股地位,是将家族企业从公众企业中区分出的重要指标。在大量有关家族企业的实证类文献中,直接用控股权作为家族企业鉴别标准。在一些考虑细致的文献中,鉴于特殊股权结构造成的现金流权与控制权分离现象,会改用控制权来计量家族化程度。但是,所有权和控制权只能提供企业被个别股东控制而非分散持有的情况,只能作为界定家族企业的必要条件,而不是充分条件。所以,家族对企业管理权的涉入成为另一项被研究关注的指标。Daily 和 Dollinger(1993)认为家族企业的特点是,企业控制人的亲属会担任企业总经理或者占据其他核心职位。李新春和任丽霞(2004)也发现有文献强调,家族企业所有资产必须为私人拥有,并且所有重要的管理职位都必须为家族成员占据。家族管理权涉入与所有权、控制权涉入不同的一点是,特别强调管理权力在家族网络内的广泛分布。三是家族规则涉入,体现为家族价值观对企业行为准则的渗透。这导致家族企业不单单是交易契约的联结,甚至不单单是一个经济实体,而成为"家族规则与企业规则的结合体"(储小平、李怀祖,2003)。家族规则的涉入体现在两方面:一方面是进入家族企业的家族成员依然以家族规则来处理相互关系,如 Donnelley(1964)所称"家族关系为决定继任管理权的主要因素""家族成员在企业的职务反映了他在家族中的地位";另一方面,家族规则改变了企业运行逻辑,表现为"正式、非正式场合中展现出的重要的企业价值观都被家族所决定"（Donnelley,1964），甚至"家族对如何办企业有一定的家训，成文的或不成文的，在经营上有较为明确的办企业原则或指导思想，并且代代相传"（晓亮，2002）。同时，中国传统文化中的家文化现象非常突出，这使得家族规则涉入对中国家族企业的影响更加显著。储小平（2004）发现："凡是家族企业，必定都有一些家文化的特征。如：企业主的家长权威和家长式的领导风格、重视营造企业中类似家庭的亲情和谐的氛围、用人亲疏有别的差序格局等。"

其次，家族对企业涉入的形成、保持和加强，是通过家族活动来完成的。家族活动指的是企业运行中嵌入的家族导向活动，包括最为人们所注意的家族继任过程中的各环节活动，也包括其他满足家族或家族成员自身偏好的一切行为，比如安排家族成员任职、影响企业运行节拍的家族婚丧嫁娶大事的举办、吸纳企业骨干进入泛家族群体，等等。家族活动在两个方面影响家族对企业的涉入：一方面，为了实现家族活动，家族必须加强对企业的涉入程度，以便使企业接受家族活动。其中，明显的是要加强家族对企业所有权、控制权、管理权的巩固，隐含的是对家族意愿的强调，以及家族规则向企业规范的渗透。比如，代际传承中既要在实质上保证家族的控股率，也要意识形态上提高家族二代经营的合理性。另一方面，通过完成家族活动中，家族意愿、家族规则、家族权力得以增强。比如，让家族成员，甚至是未成年成员列席董事会，就充分传递了这是家族企业的信号。

在各种家族活动中，家族代际传承最为人们所重视，甚至一些文献将代际传承的发生与否作为界定家族企业的标准。Donnelley（1964）就认为，家族企业至少与家族的两代成员有密切关系，并且这种关系对企业政策和家族利益、目标有共同影响。Daily 和 Dollinger（1993）也要求，至少发生过一次代际传承的企业才是家族企业。对此我们的观点是：代际传承等家族活动的确是家族企业特有的事件，也可以作为界定家族企业的充分条件。但是，它不是必要条件，即某些特定家族活动没有发生的企业也可以是家族企业。所以，家族活动不是家族企业的本质，家族活动是家族对企业的意愿涉入、规范涉入、权力涉入的载体。家族活动发生的实质，其实是家族涉入企业的体现。

最后，以家族活动为载体，家族对企业涉入有一定的路径方向，即以家族意愿为起点，以家族规则为媒介，以家族权力为结果。在此前的文献述评中发现，家族企业的定义各不相同，有的仅关注其中一个维度，甚至一个子维度，而有的定义则包含的内涵较为丰富。事实上，这三个维度并不矛盾，反而具有密切的关联。基于不同的研究目的，可以选择不同的侧重。但是，全面地考察这三个维度及其关联，有助于把握家族企业的制度本质。

我们认为，家族意愿是家族涉入企业的起点，也是界定家族企业的充要条件。在这一点上，Chua 等（1999）的研究已经很充分了。但是，家族意愿的发挥必须有一定的权力基础，因此具有家族意愿的家族会通过一定的家族活动或者经济行为而获取必要的家族权力。同时，家族权力的掌控又反过来激发家族意愿的加强。所以，在一些大样本的实证研究中，直接将家族权力作为家族涉入的结果，而用以计量家族化程度，这完全可以接受。但是，具体到每一家企业，问题就复杂了。不同的环境下，家族权力下的哪个子维度权力是家族所必须掌握的？掌握的程度又是多少？家族成员间的权力配置格局如何？不同的企业给出不同的答案。

在家族意愿导致家族权力的家族活动路径上，很多情况下是以家族规则为中介变量来完成的。家族规则是家族意愿的外显，有时是潜移默化的文化外露，有时也会是有意为之。例如，中国家族企业在用人时形成的差序格局更多的是一种文化现象，而经营过程中形成的"家训"则目的性更明确些。当家族意愿显示成家族规则，一方面成为家族内部有关家族权力活动的基本准则。比如，代际传承中是长子继任还是诸子均分？是集权化经营还是分家后各自经营？均要以家族规则为准则。另一方面，家族规则也对家族与企业间的权力关系产生作用。当家族价值观对企业行为准则的影响变大，当家族之外的成员也遵从家族规则并构成泛家族关系后，家族权力的掌控标准并不需要十分严苛。

通过重新审视家族企业概念空间内的各个要素特征，我们发现家族企业是通过家族活动，而涉入了家族意愿、家族规则、家族权力的企业。这三个维度的家族涉入具有一定的关联性，而它们更大的相关性在于它们都反映了家族社会资本的涉入。

2.1.2 家族涉入的家族社会资本内涵

家族企业是涉入了特定家族的家族意愿、规则和权力的企业。而从形式和功能两方面看,这里的家族意愿、规则和权力都来源于同一个事物——家族社会资本。

根据第 1 章对社会资本概念的梳理,社会资本的形态表现是多构面的。在认知构面上,社会资本是行为者对所属网络的心理认同;在关系构面上,社会资本是增进行动者之间互动关系的各类因素;在结构构面上,社会资本是联结行动者的网络格局(Nahapiet and Ghoshal, 1998)。将社会资本的这三层构面与家族涉入企业的意愿、规则和权力相比,可以发现一一对应的映射关系,如图 2-2 所示:

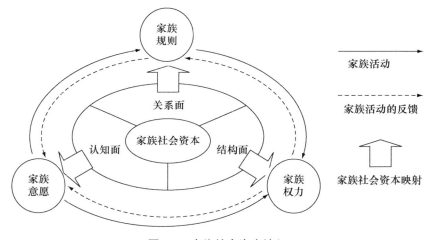

图 2-2 家族社会资本涉入

首先,家族意愿对企业的涉入体现的是企业在经营中对家族愿景的追求,而一个社会网络群体是否具有统一的愿景,正是认知构面社会资本所关心的重点。当一个家族具有丰富的认知性社会资本时,家族成员或成员集合无论是否涉入企业经营活动中,无碍的沟通条件使他们都分享着同样的价值观,产生着强烈的归属感,进而表现出统一的希望家族越来越好的愿景。这一愿景,产生出家族内部的利他主义和集体主义精神,从而使社会资本具有提高社会效率的属性。同时,这一愿景映射到家族所涉入的企业中,就产生出了企业经营中的家族意愿。

其次,家族规则涉入企业后,企业的家族成员之间以及家族成员与其他员工之间的关系处理,并非完全遵循着企业式的经营逻辑和管理准则。企业中的家族规则意味着,经营者地位的获取、巩固和传续并非以其能力或者掌握的资源为标准,企业运行也表现出权力高度集中、管理行为主观性强、任人唯亲等家长制风格。而诸如此类的家族规则正是家族关系面社会资本的映射。被家族群体普遍信任和认同的,或在家族文化中被认为理应承担家族义务的家族成员,自然是家族经营团队的核心。随着家族关系社会资本在分布上越来越趋向于中心后,处于这个中心的家族成员的家长制作风会越强。

最后,家族权力对企业的涉入,一方面在整体上体现了家族对企业的控制程度,另一方面,家族权力的形态结构差异也导致了企业组织特征的不同。这两方面都反映了家族结构面社会资本在企业中的映射,而后一方面更为直接。家族结构面社会资本刻画了家族涉入的规模、密度、构成、中心性、小团体化、层级等。举例来说,当企业中涉入的家族网络规模较大、互动密度频繁时,显然就提高了家族在企业中的权力。而当这个家族网络中心性不强,特别是存在小团体化现象时,更分权的组织结构就会出现,甚至导致分家事件的发生。

在微观层次上,家族社会资本指的是特定家族作为一个单独的行动者,在企业和更大家族两个社会网络中所能调动的资源。即林南(中译本,2004)所称,社会资本是行动者在行动中获取和使用的嵌入在社会网络中的资源。涉入家族企业中的家族单元,在大的家族网络中,仅仅是一个群体成员。① 这个家族单元,能否得到大的家族网络的人力、物力、财力支持,在于其所拥有的家族社会资本的丰富程度。当这个家族单元在经营企业时遵从了大家族的家族意愿,当这个家族单元的企业经营管理行为符合家族规则,特别是承担了应尽的家族义务,以及当这个家族单元处于大家族的权力中心或者受到家族权力的充分控制的时候,家族企业

---

① 特别在中国文化中,家族更是一个具有弹性的社会网络。与家族企业有直接关联的家族单元,无论是一个紧密的核心家庭,还是具有多等亲缘关系的复杂家族,一般情况下,也仅仅是嵌在更大家族网络中的一个行动者。

对家族意愿、家族规则、家族权力的接受程度就越高,也就越会得到家族社会资本的有力支持,进而可以广泛调集家族人力资源、财务资源、文化资源、品牌资源、信息资源、关系资源等。能够广泛调集家族资源,正是家族企业的优势之一。不过,当家族企业过分依赖家族资源后,家族社会资本的副作用就会出现。使用家族社会资本的外部性损失是,在以企业为中心的社会网络中,家族企业面向外部社会的社会资本会降低,企业难以吸引高水平经理人并难以与之密切合作,难以获取广泛的经营信息和商业情报,难以得到大量金融资源和人力资源支持。这是家族社会资本涉入的副作用,也正是家族企业的制度缺陷,是家族企业治理的关键问题。

在中观层次上,把涉入企业中的家族作为一个完整网络,这时的家族社会资本关注的是这个网络的结构化情况如何有利于使用网络资源。当家族成员具有统一的愿景、相同的价值观时,有利于形成"我们是一家人""我的就是你的"的认知,进而有利于调用家族网络上所附的资源。更直接的是,当家族成员普遍信任,具有一致的认同和规范,使用家族资源的交易成本将极大降低。此外,家族权威分布决定了家族群体中是否存在调用家族资源的绝对权威,或者处置家族冲突的治理结构,这也影响了家族资源使用的交易成本。所以,从社会资本的降低交易成本的经济功能看(Fukuyama,1999),家族企业通过家族意愿、规则、权力的涉入,有利于降低家族群体内交往的交易成本。总之,家族社会资本的高效调集和使用是家族企业的独特制度特征(吴炯,2010)。

2.1.3　作为家族社会资本契约治理结构的家族企业

家族社会资本的涉入是家族企业区别于一般企业的独特之处,也是家族企业制度能屹立长青的关键所在。但是,家族企业的"富不过三代"等问题的存在也说明,如何长久持续地调集和使用好家族社会资本并不是"车到山前必有路",而是要经过一番精心的制度设计。

如果说,企业是一系列契约的联结(Alchain and Demsetz,1972),那么,家族企业必然包含有关家族社会资本的契约。这类契约反映为两个层面,一是家族作为一个整体并成为交易一方与企业的契约安排,二是家族内部各成员间有关家族社会资本的契约安排。后者不仅更加复杂,也更加重要。因为在现实世界里,家族对企业支持的不利导致的是家族企业的衰退,而家族内部的冲突将造成家族企业的轰然崩溃。另外,在普遍存在的家族企业的集团化经营模式下,集团成员企业的关系对应的就是家族成员之间的关系。鉴于此,本书重点研究的是家族成员之间有关家族社会资本的契约安排,包括家族意愿的统一、家族规则的设定、家族权力的配置三个维度,本书称之为家族契约。

家族契约在性质上属于关系契约的范畴。关系契约不同于古典契约强调初始契约完备设定,也不同于新古典契约即便承认契约的不完备性却也强调事先安排的第三方机制可以弥补契约的缺口。关系契约认为既然契约不可能完备,交易各方也就不再追求契约内容的明晰化,不再对各方行为达成详细的规划,而是对总的目标、广泛的原则、意外处理的程序和准则,以及冲突解决机制加以框定。也就是说,关系契约的"关系"二字意味着,关系契约在事前重点规定的不是交易双方的具体权利义务,而是对双方关系作出提前梳理,明确未预料事件发生后的处理原则、程序和方法。此外,关系契约的"关系"还意味着,交易嵌入在复杂人际关系之中,交易双方缔约前的关系对契约的订立和履行产生影响。这种影响是两方面的:一是在路径依赖下,契约理性的规划难以完全摆脱事前关系的预设;二是契约未涉及之处沿用原有的社会过程和关系规范来规制。后者使得关系契约的一部分表现出非正式制度的特点。人们相互之间的信任、互惠、认同在既定的社会结构下,完成了对交易的治理。

家族契约的关系契约性质给我们两点启示:首先,家族契约不仅是有关家族社会资本调集和使用的契约,也受到现有家族社会资本的规制。Macneil(1978)指出,关系契约除了通过正式缔约过程建立交易规则,也借助于已有关系对交易行为作出适应性处置,后者称为关系治理。关系治理又由两类因素组成:一类是结构规定因素,另一类是关系性规则。在李新春和陈灿(2005)对中国家族企业的研究中,前者包括集权程度、特异性知识和家族参与,后者包括信任、社会交往和依赖性。显而易见,根据第1章对社会资本概念空间的梳理,这里的结构规定及其所含要素对应着结构面社会资本,而关系性规则与关系面社会资本的内涵、外延的重合度很高。刘仁军(2006)也认为,关系契约的形成途径之一就是基于个人社会资本的关系锁定。所以,如同一般的物质资本配置的契约,比如威廉姆森的资产专用性与治理结构理论,是以物质资产特性为依据的关于物质资产的交易安排,家族契约一样是以家族社会资本的特性为依据的关于家族社会资本调集和使用的安排。

其次,关系契约的这种复杂性提高了家族企业的治理结构设计的重要性。事实上,威廉姆森开发出的治理结构理论,正是出于对关系契约的重视。在威廉姆森之前大量研究围绕着企业、市场的替代关系展开,企业与市场之间的中间性组织形式,如合资企业、战略联盟、企业集群等被忽略了。而威廉姆森认为,这种忽视造成企业契约理论的重大空白,不仅大量问题无法解释,也不能充分解释企业和市场的本质。威廉姆森受到关系契约的启发,认识到了中间性组织的关系契约的特性。进而,在一个统一的理论框架下,展开了以科层企业、竞争市场为两端的经济组织形态的完整图谱的研究。这个理论框架就是治理结构理论。威廉姆森认为各种经济组织都是一种治理结构,是关于契约,也是关于交易的治理结构。威廉姆森(中译本,2002)强调,"经济组织的问题其实就是一个为了达到某种特定目的而如何签订合同的问题"。也就是说,一项资源调配的交易,可以通过各种契约完成,但是不同契约治理交易的成本是不一样的。所以,完成一项交易的首要任务是发现交易成本最低的契约形态。当选择完成后,各种契约就联结成不同的经济组织,而这些经济组织的本质是治理契约的治理结构。从治理结构角度理解,各种经济组织是采用不同的契约形式来规制交易关系和交易行为的制度安排。

企业是一种治理结构,作为企业形态之一的家族企业自然也是一种治理结构。然而,更深入的问题是,把家族企业的家族系统单独分离出来,它是治理结构吗?事实上,陈凌(1998)早已明确指出,家族也是一种治理结构,由家族成员之间的长期契约所构成,实现了家族内部的有机团结。这个契约就是本书所指的家族契约,是关于家族社会资本调集和使用的契约。它包含两层内容,一是家族系统与企业系统之间关于家族社会资本交易的契约,二是家族系统内部关于家族社会资本交易的契约,特别是关于其受益分享、成本分担的契约。后者是前者的基础,也是本书的研究重点。

之所以要从治理结构的角度理解家族契约,必要性还在于家族契约也具有多样性,不同的家族契约联结成的家族企业是不同的。对此,陈凌(1998)曾提出:"作为一种治理结构的家族,是一种特殊的组织形式或韦伯式的理想型模式","理想型模式最能反映现实经济组织的实质性特征","没有一个社会或组织能精确地对应于这样的极端化的理想型模式","但所有社会都可置于这些极端的连线或相交面上"。从中我们可以看出陈凌未及表达的观点:家族企业不仅是治理结构,而且是一组治理结构的集合。虽然家族企业作为一组治理结构的观点,比较少地被人明确提及,但是,家族企业的多样性却是被全方位地表述过。比较有影响力的观点包括,Astrachan 和 Shanker(1996)根据家族参与企业的程度,从广义、中义、狭义三个层面将家族企业分为三种类型,并概括为牛眼模型;Gerisick 等(1997)建立了三环交叠模型,通过家族成员、股东和公司雇员间相互交叠的网络关系,提出家族企业会在四类区域出现;而 Astrachan 等(2002)建立的家族影响企业程度度量模型(F-PEC),更是从权利、文化、经历三大维度对家族企业作出连续评价。简言之,家族企业的多样性是不容回避的,家族企业不仅作为治理结构而存在,更是一组治理结构的集合。

2.2 家族社会资本契约联结的家族性企业集团

家族企业是对家族社会资本涉入的企业。这个"企业"是一个较宽泛的概念,既包括官僚科层式的企业,也包括具有企业契约性质的各类中间性组织。事实上,在家族社会资本和家族契约的联结下,家族企业的集团化经营模式十分普及。

2.2.1 企业集团和家族性企业集团的界定

一、企业集团的界定

在讨论家族性企业集团的问题之前,有必要统一对企业集团的认识。企业集团的概念范畴并不清晰,一般性的认识是:企业集团是一种多企业联合的组织。这里的"多企业"强调了企业集团不同于科层企业的最显著区别,即企业集团是一族企业,而不是一个企业,这一族企业中的每个成员都具有独立的法律地位和经济利益,但它们联合起来的企业集团并不是企业法人。国家工商行政管理局制定的《企业集团登记管理暂行规定》(1998)将企业集团定义为:以资本为主要联结纽带的母子公司为主体,以集团章程为共同行为规范的母公司、子公司、参股公司及其他成员企业或机构共同组成的具有一定规模的企业法人联合体。企业集团不具有企业法人资格。但是,概念中的"联合"容易引起分歧。第一,依靠什么联合?第二,如何判断是否联合?第三,联合的边界在哪里?不同的研究对此的解释并不一致。

第一,关于企业集团依靠什么联合的问题,目前存在着狭义和广义两种解释。狭义上,把成员企业之间的联合纽带限定为股权,认为控股或参股关系是判断企业集团的标志。鉴于股权关系易于识别,这类解释更易为国家管理机构所接受。比如,《企业集团登记管理暂行规定》就强调了"以资本为主要联结纽带的母子公司为主体"。更明确的定义来自韩国交易与贸易委员会,它认为企业集团是"由公司组成的集团,其中超过30%的股份由某些个人或者这些个人控制的公司所有,因此整体管理,如任命执行官受到极大的影响"(吕源等,2005)。而广义上,则认为除了股权关系外,企业集团成员之间还可以依靠多种形式的联结纽带。Encarbatuibm(1989)在分析印度的企业集团时,强调成员企业间的多种形式的纽带:每一个集团,有强大的多种社会纽带,例如,家族、等级制度(印度的世袭阶级)、语言、种族和地区等,这些纽带加强了成员企业间的财务和组织上的关系。① Khanna 和 Rivkin (2001), Khanna 和 Yafeh(2007)发现企业集团在新兴市场无所不用,这些企业集团是一组具有独立法人地位的企业,它们通过正式的股权关系,也包括家族关系等非正式的纽带联合起来,并一致行为。那么,企业集团究竟取其狭义还是广义的定义呢?正如家族企业的界定中使用狭义的所有权视角和广义的其他各类视角一样,各种定义并无本质冲突之处,不同的研究和实践可以取其不同的定义。对于本书研究所讨论的家族性的企业集团,显然超越股权关系的视角会

---

① 转引自蓝海林:《经济转型中国有企业集团行为的研究》,经济科学出版社2004年版,第14页。

比较适合。事实上,企业集团依靠什么联合不是关键问题,关键是如何判断是否联合。

第二,关于如何判断成员企业是否联合成一个企业集团,凭借联结纽带的存在与否这个显性标志是一个方法,但是联结纽带只能判断企业集团的"形似"却不能判断其"神似"。在企业集团的研究中,不同的文献从多个视角把握企业集团的"神"。第一个视角是行动的视角,强调成员企业的一致行动。Chung(2001)认为,企业集团是一组法律上独立的企业,它们一致行为,如同一个整体。Khanna 和 Rivkin(2001)的定义中也强调成员企业的一致行为。第二个视角是认知的视角,强调成员企业间具有很强的集体认同感和整体意识。一般认为企业集团这种经济组织形式最为普及的地区是日本,而日本文化中的集体主义精神恰恰构成了企业集团组建的文化基础。Leff(1978)在定义企业集团时,也强调成员企业间的信任关系以及相近的认知背景。这些文化、认知因素促成了成员企业对企业集团的归属感。第三个视角是规范的视角。这一点在中国的《企业集团登记管理暂行规定》中解释得很充分,它明确要求企业集团"以集团章程为共同行为规范"。没有规矩不成方圆,只有成员企业遵守统一的规范才能构成有机的整体。第四个视角是权力的视角,强调在成员企业间的秩序安排和等级划分。在较多的文献中,企业集团的权力分配强调核心企业的存在并赋予其一定的权威,这也反映了企业集团所具有的部分企业科层秩序的属性。Granovetter(1994)在经济社会学手册中对企业集团的定义是,企业集团是通过各种法律、社会关系纽带联结的企业联合体,它在一个核心的或占优势企业的控制之下,进入几个市场运作。此外,几乎所有强调母子企业关系的企业集团定义,均强调母公司的权威。

以上几项将成员企业联结为一个集团的特征属性,具有一定内在联系,可以归纳为图2-3所示情况。首先,成员企业是由居于图中心的"联结纽带"所联结。这个联结纽带可以是股权关系,也可以是家族关系等社会因素。其次,在这个纽带的联结下,成员企业在集团认知、集团规范、集团权力三个维度上,表现出程度不同的集体归属认知、统一的行为规范、有序的权力分配。最后,三维度上各自的取值点合围成一个范畴,该范畴基本反映了企业集团的行动一致性程度。

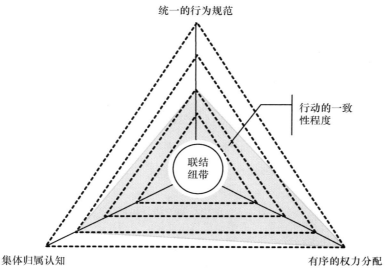

图 2-3　企业集团的联结力雷达图

第三,关于企业集团的边界问题,许多文献进行了探讨。图 2-4 展示了王凤彬(2003)在这个问题上的观点。王凤彬将企业集团的边界分为四层,分别是母公司内边界、母公司外边界、企业集团内边界和企业集团外边界。这些边界依次隔断了母公司、控股公司、参股公司和契约协作企业。基于类似原则,王昶(2008)也有相近的三边界划分。

这类研究形象地刻画了企业集团内部亲疏有别的成员关系,对研究具有差序格局社会特征的中国家族性企业集团很有启发。但是,这类研究显然将企业集团的联结纽带狭义化了,股权之外的社会文化联系被基本忽略。另外,控股、参股也并非是一个明晰的概念,没有一个明确答案判定控股、参股的阈值在哪里。所以,判别两企业是否处于同一层集团边界内,简单根据是否存在股权关系或正式契约是不准确的,也是不全面的。更进一步,联结纽带的存在,包括经济上的和社会文化上的,仅是企业集团形成的必要条件。企业集团的根本属性是,成员企业能够一致行动,并具有一致行动的基础——集团认知、集团规范和集团权力。所以,企业集团的边界所在就是基于某种纽带的集团认知、集团规范和集团权力延伸之处。

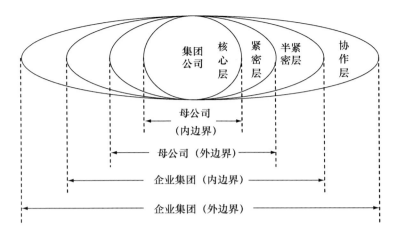

图 2-4　企业集团的边界范围

资料来源:王凤彬编著:《集团公司与企业集团组织——理论·经验·案例》,中国人民大学出版社 2003 年版,第 18 页。

二、家族性企业集团的内涵界定

当然,以上所述关于集团边界的判断原则比较抽象。然而,提炼于事物本质的因素必然是抽象化的,而抽象的理论又提供了进一步研究的前提。一方面,如何操作性地刻画企业集团的边界正是本书全部内容所要讨论的问题之一。本书研究认为,成员企业间不同的集团认知、集团规范和集团权力,将导致不同的正式、非正式契约关系的订立,而不同的契约关系构成不同的治理结构,于是所谓的各层集团边界,其实分割的是不同的治理结构。另一方面,这个抽象的概念,也有助于认识家族性企业集团的特性。图 2-5 说明了家族性企业集团是如何联结而来的。

所谓家族性企业集团指的是依靠家族亲缘联结的多企业联合体。尽管现实中家族性企业集团的成员企业之间时常会有股权关系相连带,但最终将大家结合在一起的是家族关系。虽然家族关系看起来不像股权关系那么正式,但家族关系一旦可以发挥作用,则更易产生企业集团所必需的行为一致性。正如此前定义家族企业是涉入了家族社会资本的企业,家族性企业集团同样也是涉入了家族社会资本的企业集团,因为联结成员企业的家族关系的本质就是家族企业资本。所以,家族性企业集团是通过家族社会资本而联结的多企业联合体。

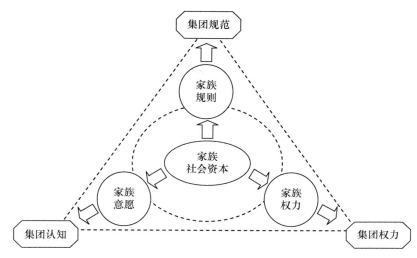

图 2-5 家族性企业集团的联结

家族社会资本的涉入表现在三方面,家族意愿的涉入、家族规则的涉入和家族权力的涉入。家族意愿反映为企业经营目标里的家族愿景,来自"我们是一家人"的认知。这个认知在家族性企业集团中产生了强烈的集体认同感和整体意识,转化为集体认知,尤其在企业存在困境状态下,这是解释企业集团内部各种互助、利他行为的原因;家族规则是家族价值观对企业行为准则的渗透,是家文化传统下家族"礼治"秩序的反映。家族规则涉入企业集团后,形成了不同于一般企业运行逻辑但依然井井有条的集团规范;家族权力不仅强调家族对企业的控制力,更刻画了家族成员之间的权力结构,回答了谁是家族权力的中心、各自处于权力层级的哪层位置、有无权力小集团等。这种家族权力结构叠加到企业集团上,将导致集团结构与家族结构的同质化。

可见,家族企业发展成为家族性企业集团是存在制度优势的。作为家族企业制度建构基石的家族社会资本,也是联结成员企业的天然纽带。在形成企业集团时,家族社会资本会自然地产生出集体归属认知、统一的行为规范、有序的权力分配。于是,这个家族社会资本的延伸之处就是家族性企业集团的边界所在。而至于家族社会资本如何影响企业集团形成的种种细节问题,则是本书之后讨论的重点。

2.2.2 家族性企业集团的性质

一、家族性企业集团的形态

笼统地讲,任何有家族因素涉入的企业集团都可以称为家族企业集团。但是,若要清晰地了解家族因素对家族企业的影响,必须将家族性企业集团在形态上与其他类似经济形态划分开。图2-6所示的现实世界的企业、家族二维治理结构,有助于理解家族性企业集团的形态空间。

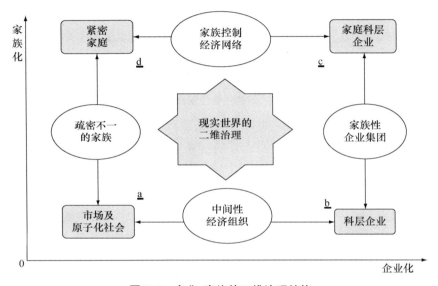

图2-6 企业、家族的二维治理结构

在企业契约理论的传统研究主题中,相关的分析围绕着企业、市场的替代关系展开。在威廉姆森提出治理结构理论后,企业与市场之间的中间性经济组织或称混合型组织,加入到企业契约理论的研究范畴之中。这一研究范畴就是图2-6中a-b轴所代表的研究空间。在a-b轴上,最左端是符合完全竞争假设的纯粹的市场,最右端是由权力序列引导的完全集权管理的科层企业,之间则是各种形式的中间性经济组织。这些中间性经济组织包括合资企业、战略联盟、企业集群等,也可以笼统地概括为企业集团。显然这类企业集团与家族企业无关,不在本书的讨论范畴之内。事实上,在传统的企业契约理论中,没有家族与家族企业的元素。

图 2-6 中 a-d 轴代表的是各种形式的家族形态。在 a-d 轴上,最下端是所谓的原子化社会,即任何形态的中间社会组织都缺失的完全由独立个体组成的社会治理结构。最上端的理想形态,称为"紧密家族",或者更准确的称呼是"紧密家庭"。它可看作是无法再细分的产权单位,家族成员在家族规则下,形成边界分明、关系紧密的团体,团体的利益高于个体的利益。此时的家族边界与家庭边界完全融合,边界之内没有任何具有私利的更小的产权家庭的概念。在这两种理想治理结构之间则是疏密状况不一的各种家族形态。图 2-6 说明,市场和原子化社会是同一种治理结构,只是相对于不同的社会发展方向,称呼不同而已。

图 2-6 中,a-b 轴的发展方向是企业化的发展方向。当市场上的个体被企业化后,逐渐汇聚成具有企业特征的组织,最终构成一个紧密的科层企业;a-d 轴的发展方向是家族化的发展方向。当原子化社会中个体被家族化后,人们逐渐具有家的概念,最终构成了一个紧密的家庭。若当一个社会同时沿着两个轴向发展后,社会网络中就出现了第四种理想形态的治理结构,我们称其为"家庭科层企业"。它无论在企业维度上还是家族维度上,都是不可再分的产权主体。一方面,它具有鲜明的科层企业特征,依赖内部管控组织经济活动,治理交易关系。另一方面,这是一个紧密的家庭,其结构边界之内不能再细分出具有私利的更小产权单位。这时,企业管控规则与家族规则完全重合,依靠集权化的家族权威运转企业,同时企业重要的资产交易关系均发生在家族之内。图 2-6 与过往文献不同的一点在于,它清晰地刻画了两条新的研究标尺,b-c 轴和 d-c 轴。显然,所有的四条研究标尺之上的各种治理结构都是理想化的,用于指导实践而不是复制现实,真实的治理结构大多是二维的,处于四条标尺包围的企业、家族二维空间之内。

a-b 轴与 d-c 轴是一种对应关系。各自展开的基础都是企业治理的逻辑,决定着科层企业的边界范围以及中间性组织的性质。不同的是,在 a-b 轴上,参与社会经济活动的是许许多多的原子化的个人。而在 d-c 轴上,参与社会经济活动的是一个紧密家庭中的各个家族成员。在 d-c 轴上涉及的问题是,紧密家庭中的各个家族成员是分散地从事经济活动,还是合并成一个科层企业,或者是选择处于两者之间,这里称之为家族控制经济网络。家族控制经济网络包括两类情况。第一种情况是一部分家族成员进入家族企业,另一部分家族成员并不属于家族企业而从事其他经济活动。在这里,家族企业边界外的成员不进入家族企业完全是出于经济上的考量,比如家族企业规模不足以吸纳全体成员,或者家族企业需要某些渠道获取外部资源,等等。显然,本书研究完全将家族假设为一个经济组织,而事实上存在的家族里的未成年、已休养、提供家族生活服务、追求个人人生理想等的家族成员,在本书的研究中不予考虑。即本书研究的一个重要假设是所谓的家族成员是那些从事和可以从事家族企业经济活动的家族组成者。第二种家族控制经济网络是全体家族成员均直接贡献于家族企业的经营目标,但是他们并不属于同一个科层企业,而是分属于几个独立企业,这几个企业构成一个企业集团,这是家族控制下的企业集团。特别需要注意的是,这种企业集团并不是本研究所指的家族性企业集团。在本书的研究中,家族性企业集团强调集团成员企业的联结纽带是家族关系。而家族控制经济网络下的企业集团的形成逻辑与家族因素无关,它们仅仅是出于经济因素的原因而没有构成更大规模的科层企业。换言之,家族控制经济网络下的企业集团与传统企业理论中的中间性经济组织的形成逻辑完全一样,唯一的差别仅仅是前者是来自一个同一个紧密家族的多个成员。

最后,可以明确 b-c 轴所代表的研究标尺代表经济形态的就是本书研究所指的家族性企业集团。b-c 轴与 a-d 轴是一种对应关系,它们沿着相同的逻辑展开治理结构的变迁。前者针对不同疏密状况的家族关系,关于如何治理家族事务,后者则面对着同样的家族关系疏密差异,关于如何建立家族企业的治理结构。在 b-c 轴上,当家族关系紧密后,家族成员无疑会具有更为强烈的集体归属认知、更为统一的行为规范、更加有序的权力分配。达到极致后,一个紧密的家庭科层企业得以出现。而随着家族关系的逐渐疏离,家族意愿、家族规则和家族权力对家族成员的约束变弱,相对松散的家族性企业集团成为最优选择。若是完全没有家族纽带,则家族企业无需存在。若此时利益又要求大家彼此合作,则一个纯粹的科层企业是最终的选择。

图 2-6 是对现实世界的刻画，大量的家族企业处在矩形 abcd 所包围的空间内，这些家族企业同时具有企业化和家族化的特性。然而，科学研究需要我们对客观现实进行解剖，分别研究各类因素的作用机理。鉴于企业化这一维度的研究在企业理论的传统课题中已有较充分讨论，所以本书的研究仅关注家族化这一维度。同时为了避免企业化因素的干扰，我们把企业化因素假定为一个常量，即将高度企业化的科层企业作为讨论基点。也就是说，本书的研究基本在图 2-6 所示的 b－c 轴上展开分析。事实上，我们也并不否认企业化和家族化存在着相互作用，甚至认为家族企业并不是平均分布在矩形 abcd 之中，而是相对集中于从 c 点向 a 点发展（而不是从 a 点向 c 点发展）的一条曲线上。所以，b－c 轴是完成课题研究的一种假定的理论状态和实验环境，是对现实世界的抽象而不是复制，仅仅解释家族因素对家族企业的影响。

二、家族企业的成长与家族性企业集团的形成

图 2-6 的 b－c 轴假设家族企业包含着各种家族性企业集团形态，它们在现实世界里是否存在呢？在目前关于家族企业的理论研究中，家族企业的成长路径是研究主题之一，已有文献可以清晰地反映，许多家族企业的成长过程就是集团性形态的形成过程。

Gerisick 等（1997）的一项研究，从三个维度（或称三个轴）解释了家族企业的生命周期。一个维度是所有权配置维度，刻画了家族企业的所有权从创业者向其子弟传递的发展过程。在此维度上，家族企业一般依次经历创业者控制、兄弟合伙和表亲联盟等阶段。另一个维度是家族涉入维度，刻画了家族成员在企业中的位置。在此维度上，家族企业中首先出现的是结构简单的年轻家庭，然后家族第二代进入企业，再与家族长辈紧密合作，最后家族长辈传递企业经营权并退出企业。还有一个维度是企业发展维度，刻画了家族企业发展中经历的创业期、扩展期及成熟期三个阶段。

在 Gerisick 等（1997）研究的基础上，国内一些学者基于公司治理的视角进行了理论发展。王志明和顾海英（2004）建立了一个三轴变迁模型，沿用了 Gerisick 等（1997）模型的所有权轴、家庭轴和企业轴的名称。在所有权轴上，家族企业从创业时期的业主制企业或家族一股独大逐步向股权分散、最终家族只拥有临界控制持股比例转变；在家庭轴上，随着

家庭的扩展,正式的家族治理机构从核心家庭会议向家族会议、最终向家族委员会变迁;在企业轴上,家族企业从创始人独自管理企业向家族管理、泛家族管理、职业管理方向转变。王宣喻和储小平(2002)未直接引用 Gerisick 等(1997)的模型,但他们建立的私营企业内部治理结构的三纬度演变模式,与 Gerisick 等(1997)的观点非常接近,这三个纬度是:控制权纬度——企业控制权随企业成长依次分配给业主或合伙人、家庭成员、家族成员、干亲姻亲、朋友/同学/相亲、外来中层经理、职业经理;管理岗位纬度——随着企业成长,企业管理权配置情况依次是业主或合伙人垄断、家庭成员垄断、家族成员垄断、部分非关键岗位对外开放、部分关键岗位对外开放、全部岗位对外开放;企业形态纬度——业主或合伙制、家庭式企业、纯家族企业、准家族企业、混合家族企业、公众公司。

在以上三个模型中,可以发现其具有一致性特点。所谓的所有权配置维度、所有权轴或控制权纬度,都表现出随着家族企业的成长,越来越多的家族成员加入到家族企业之中;所谓的家族涉入维度、家庭轴或管理岗位纬度,都说明随着家族企业的成长,家族成员之间的社会距离越来越疏远;而最后一类所谓的企业发展维度、企业轴或企业形态纬度,其实是前两类因素沿时间轴发展后组合出来的家族企业总体表现形态。也就是说,用前两个维度其实就可以基本概括家族企业的成长规律。于是,我们形成图 2-7 所示的家族企业的成长规律。

图 2-7 与之前综述三个模型的最大差别在于,未关注家族企业的职业化发展阶段,仅在家族企业的概念边界内讨论问题。在图 2-7 中,横坐标反映的是随着家族企业的发展,家族成员人数越来越多的情况。当然,人数变多的主要原因是越来越多的家族成员从家族企业边界外进入到家族企业之中。但是,另一种情况也不容忽视,即越来越多的家族成员,特别是二三代成员在组建小家庭后,或者在其他分家活动后,不再完全依附于长一辈的家族成员,成为独立的产权个体。因而,我们称图 2-7 中的横坐标为独立成员增加维度,反映了之前综述的三篇文献关于所有权配置维度、所有权轴和控制权纬度所刻画的家族成员增多的情况。在图 2-7 中,纵坐标反映的是随着家族企业的发展,家族成员关系越来越松散的情况。首先,在差序格局的中国文化下,后进入家族企业的成员本身就距离家族核心较远,本身融入家族的程度不高,这造成了家族关系的松散走

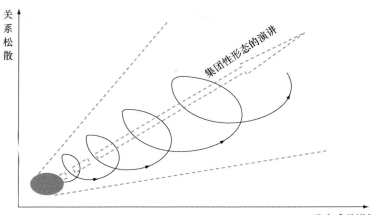

图 2-7 家族企业的成长规律

势。其次,伴随着家族成员个体的成长,独立产权个体逐渐出现,独立意识逐渐加深,这造成的关系松散也符合社会发展规律。最后,伴随着企业规模的增加,物理距离、时间配置等客观原因也造成了家族成员之间交往的减少,客观形成了关系的松散。因而,我们称图 2-7 中的纵坐标为关系松散维度,反映了之前综述的三篇文献关于家族涉入维度、家庭轴或管理岗位纬度所刻画的家族成员社会距离越来越疏远的情况。

当家族企业沿着图 2-7 横纵两坐标所示方向发展后,家族企业就呈现出趋向集团性经营的态势。首先,家族独立成员数量的增多,增加了家族内部相互交往的次数。这种交往不仅仅简单包括家族成员间的信息沟通和情感交流,也包括家族系统下的利益诉求、风险分担等经济活动,更包括企业系统下的命令与请示行为、收益与成本分配行为等。所以,家族成员间的交往包含着大量的交易活动。特别是如果家族核心缺乏绝对权威的话,一些家族事项要在两两交易和一致认同下完成,这造成家族内交易活动呈几何级数增长。其次,随着家族成员关系的松散,家族成员间交易的成本随之增加。关系松散带来的信任程度的降低、共同规范的模糊,导致机会主义行为的增加,及其为防备机会主义行为而进行的讨价还价行为和防范监督行为的增多。这一切必然造成家族企业内部总的交易成本的增加。根据科斯的企业边界理论,当最后一项交易活动由市场价格机制交易所发生的成本等于由企业权威机制交易所发生的成本时,企业达到最佳规模。于是,当家族企业沿着图2-7横纵两坐标所示方向发展后,一体化的科层式的家族企业的优势逐渐丧失,分拆成为家族企业保持活力的基本对策。而分拆的结果就是家族企业集团性了,因为企业集团就是多企业的联合体。此外,显然家族独立成员增多与成员关系松散具有一定程度的因果关系,成员增多是诱发关系松散的因素之一,关系松散也是促成成员独立进而导致成员增加的因素之一。但是,它们之间并不构成必然联系。于是,家族企业的集团性趋向呈现出螺旋发展的态势。

三、家族性企业集团的契约性

图2-8是对图2-6模型的深化。在两个图中,横坐标所代表的研究标尺刻画了经济活动的企业化行动,该行为在传统的企业理论中已形成两点共识性的结论:第一,与市场通过契约完成资源调配一样,企业也是一系列契约的联结(阿尔钦和德姆塞茨,1972),只不过企业契约是生产要素的契约,而市场契约是中间产品的契约(张五常,1983)。第二,企业契约对市场契约替代的原因在于,企业契约在处置专用性资产时更有利于降低交易成本(Williamson,1979)。也就是说,经济活动的企业化过程源自于所涉资产的专用性程度的提高,也造成企业契约的形成。现在的问题是,这样的逻辑在纵坐标所代表的家族化过程中,是否也存在呢?

家族企业是以家族社会资本为制度构建基础的企业。与企业化过程一样,家族化过程也围绕着资本展开。只不过前者涉及的是社会资本,后者涉及的是物质资本、人力资本。如果说物质资本、人力资本影响企业化行为的属性是其专用性,那么,社会资本影响家族化行为的属性是否也是专用性呢?从现象上看,答案是肯定的。在图2-8的右侧,对应地勾勒出企业集团的各种形式。如果使用一个弹性的家的概念,①就可以看出,紧密家庭下形成的家庭科层企业对应的是企业集团的核心层企业。随着家族边界的扩大,企业的意愿、规则和权力与核心家庭的意愿、规则和权力的距离越来越远,企业所调用的社会资本越来越不指向特定家庭,进而社会资本的专用性越来越弱,其导致的结果是对应的家族企业集团成员逐

---

① 费孝通(2007)将中国社会形态描绘为差序格局型的社会结构,以反映中国特有的弹性化的家的概念。"它实际上是以'己'为中心,像石子一般投入水中,和别人所联系成的社会关系……像水的波纹一般,一圈圈推出去,愈推愈远,也愈推愈薄。"(2007)

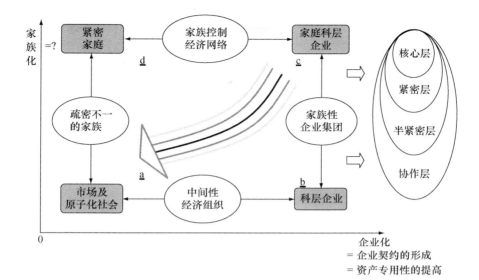

图 2-8 家族性企业集团的构建基础

渐从紧密层向半紧密层、协作层转移。这就是所说,家族社会资本的延伸之处就是家族性企业集团的边界所在。

同样,类似于企业契约在企业化过程中的作用,在家族化过程中家族契约是处置家族企业中家族关系的制度基础。家族契约是家族内部各成员间有关家族社会资本的权力义务关系的契约安排。家族契约在性质上属于关系契约的范畴,这增加了家族治理结构设计的重要性。家族契约在内容上可从意愿、规则、权力三个社会资本维度划分,这增加了家族治理结构设计的复杂性。

图 2-8 是对本章此前内容的总结,说明家族企业在成长中往往会出现各种形态的家族性企业集团,它是不同家族契约所联结的治理结构,是家族企业响应其被涉入的不同家族社会资本的结果。图 2-8 将家族化与企业化对应绘制更重要的启示是,企业理论有关企业化的研究工具是否也适合于分析家族化活动呢?更进一步,家族社会资本与家族契约是否也可以在较成熟的企业理论平台上讨论家族企业治理问题呢?下一章将从理论上解释这一问题。

本章小结

　　本章的研究线索是：首先，归纳目前文献对家族企业的定义，将家族企业理解为通过家族活动而涉入了家族意愿、家族规则、家族权力的企业。进一步讨论发现，家族涉入企业的意愿、规则和权力均是家族社会资本各维度的映射，家族社会资本的高效调集和使用是家族企业的独特制度特征。于是，家族企业不仅是一种规制经济资源交易的治理结构，也是有关家族社会资本契约的治理结构。这个家族社会资本契约具有关系契约的性质，也具有多样化的特点。这说明一切家族治理活动的前提，在于家族契约模式的定位。家族社会资本契约的多样化，还可以从家族性企业集团的普遍存在得以验证。家族性企业集团是通过家族社会资本而联结的多企业联合体。对家族性企业集团的研究发现，它与传统契约理论中的中间性经济组织具有十分相似的特点。由此而来的启示是，有关家族企业制度的研究可以围绕着社会资本的资本属性，在契约理论的研究平台上展开。

第 3 章　社会资本在家族治理中的作用

本章按照两方面线索展开讨论:一方面承续于上一章,论证社会资本作为资本的一类,完全可以使用企业契约理论的分析思路和研究工具。第 1 节将说明社会资本契约对社会关系的治理是替代产权契约的另一条治理途径,不仅具有异曲同工的效用,分析方法也是相通的。第 2 节将论证社会资本具有与物质资本、人力资本同样的属性——资产专用性,也面临相同的外部性问题,进而,以资产专用性为核心变量的交易成本理论将是讨论家族治理的重要工具。另一方面,本章在论证的过程中突出两个重点:一是在第 1 节强调家族社会资本的正面价值,二是在第 2 节挖掘其同时具有的副作用。此外,第 3 节安排了一个实证研究,通过一个论据说明社会资本在家族企业中的价值。

3.1　社会资本的治理功能——论其对产权契约的替代效应

3.1.1　问题的提出

在家族企业治理研究中有一派观点认为家族企业治理不同于一般公司治理之处在于,一般的公司治理依靠的是正式治理,家族企业治理还存在着所谓的关系治理。如李新春和陈灿(2005)所称:"研究表明,在各种定义下的家族企业中,其公司治理特征首要地表现为非正式治理制度安排在组织中有不可忽视的意义,近年来一些研究者将这些非正式的治理主要地归结为关系治理。各种形式的关系契约和正式合约一起构成了公司治理的全部内容,而不是过去单一地强调正式治理的作用。"

我们认为,该观点对建立在家族成员关系间的非正式制度的治理作用的强调,是极具洞察力的。但是,用正式契约(和正式治理)、关系契约(和关系治理)、非正式制度(和非正式治理)进行概念划分似有不妥。Blair(1995)、张维迎(1996)等学者对一般公司治理的定义是,公司治理是指有关公司控制权和剩余索取权分配的一整套法律、文化和制度性安排。在这个经典定义中,公司治理不仅包括法律、规章等正式制度契约,也包括文化、伦理等非正式制度契约。也就是说,家族企业治理的独特性并不是在于其形式上的非正式性。此外,正如费方域(1996)所称:"公司治理的本质是一种关系合同,合同各方不求对行为的详细内容达成协议,而是对目标、总的原则、遇到情况时的决策规则,谁享有决策权以及解决可能出现的争议的机制等达成协议。"可见,关系契约也绝不是家族企业治理的特征,所有的公司治理制度都属于关系契约性质。

但是,本书的研究决不否认家族企业治理相对而言非正式性、关系契约性的特点更突出,仅强调家族治理不能等同于非正式治理或者关系治理,甚至不能以非正式治理或者关系治理为标志。那么,家族企业治理区别于一般公司治理的特质是什么呢?这就要从家族企业本身的属性来看。上一章已经明确,家族企业是涉入了家族社会资本的企业,家族企业除了替代市场完成对经济交易活动的治理,它还是家族社会资本的治理结构。家族企业对社会资本的治理是通过家族契约完成的。家族契约订立得越清晰、越完备,家族社会资本供给得越充分。为强调家族契约中的社会资本的客体地位,以下行文中有时会使用家族社会资本契约的概念以代替家族契约。可见,家族社会资本契约的存在是一般企业所不具备的。然而在以往研究中,虽然将企业理解为一系列契约的联结,但是这里的契约,无论是有关完备或不完备的讨论、长期或短期的讨论、要素性或产品性的讨论,都是关于物质资本或人力资本的产权交易,而忽视了对社会资本的关注。不过,在家族企业研究中不能再无视社会资本,因为家族社会资本是家族企业生命力的源头。

然而,现在遇到一个重大的抉择问题,即对家族社会资本契约的研究是重新开辟一条新的研究脉络,还是应用原有的企业契约理论研究平台?以下内容将证明,社会资本的确是长期以来未被经济学所独立出来的概念,但将其纳入经济学范畴后,并不会改变经济学的分析范式,而且它在经济学领域还有一个极其适合的平台——企业契约理论。为了表述简便,以下行文中将企业契约理论所研究的契约称为产权契约。

不过在社会资本出现的早期,社会资本这个概念与经济学的基本理论体系是存在矛盾的。从起源看,社会资本理论多少涵盖了对"经济学帝国主义"的挑战。用福山(2001)的话来说:"新古典经济学有80%是正确的,剩下的20%新古典经济学只能给出拙劣的解释。"但是,既然社会资本被冠上了"资本"这个经济学范畴的"帽子",将其纳入经济学的研究体系之中,就成为社会资本理论发展中的一项重要工作。对此,李晓红和黄春梅(2007)等学者对社会资本的经济学界定、构成和属性等内容进行了一系列探索。然而,这项工作并不顺利。阿罗等一些经济学家甚至建议要"放弃社会资本",认为社会资本不是一个可操作的概念,难以满足分析和制定政策的需要(曹荣湘、罗雪群,2003)。于是,如何回答奥斯特罗姆(中译本,2003)提出的问题:"社会资本:流行的狂热抑或基本的概念?"如何用成熟的研究工具为社会资本的应用搭建科学的理论平台?成为当前研究的瓶颈。

3.1.2 从科斯定理看社会资本契约与产权契约的替代关系①

首先,不妨基于科斯定理的逻辑思考两个问题:第一,如果说在交易成本为零的"科斯世界"里,产权契约没有价值,那么,社会资本契约会有价值吗?第二,如果社会资本契约被充分供应了,那么产权契约会有价值吗?或者反过来,在产权配置完全清晰的世界里,社会资本治理会有价值吗?

一、"科斯世界"里的社会资本

科斯(1960)曾描述了一个没有交易成本的世界。在那里科斯指出,在没有交易成本的情况下,可交易产权的初始配置不会影响它的最终配置或社会福利。这被后来的学者称为"科斯第一定理"。它又引申出"科斯第二定理",即当存在交易成本时,可交易产权的初始配置将影响产权

---

① 参见吴炯:《社会资本规制与产权安排的替代效用与替代规则》,载《当代财经》2011年第7期。

的最终配置,也可能影响社会总体福利。也就是说,在交易成本大于零的真实世界里,可以通过产权契约的明确安排,在市场交易机制这个平台上实现外部效应的内部化。

科斯定理所遵从的新古典假设——人处于被"原子化"后的"零嵌入状态",即人独立于社会关系而存在,使得科斯没有考虑社会资本的影响。那么我们的问题是,在交易成本为零的世界,社会资本会有价值吗?这里以Putnam(1993)所刻画的社会资本来考察,他直接说明了社会资本的三种表现形式——信任、规范和网络。以下从这三方面,分别考察"科斯世界"里的社会资本。

首先,考察社会资本的关键因素——信任。信任是一种积极的态度,是相信交易方不会在事后采取机会主义行为的预期。信任程度不同意味着对交易活动的风险性的判断不同。为移除、缩减和转移风险,人们的选择是:交易前寻找信任度高的交易伙伴,交易中"讨价还价"谋取更多利益以冲销可能的风险损失或获得风险保险,交易后实施监督以避免风险的发生或扩散。而交易成本本身包含调查和信息成本、谈判和决策成本、制定和实施政策的成本。它们分别发生在交易的前、中、后。于是,如果这个世界的交易成本为零,那么,信任的价值也为零。因为我们或者可以在事前无成本地找到最佳交易对象,或者可以在事中无成本地计算出风险的冲销和保险费用,或者可以在事后无成本地监督以避免风险的发生。

其次,对于Putnam(1993)所定义的基于互惠的规范,则是一种事先约定的"游戏规则"。而无论这个"游戏规则"多么巧妙、多么复杂,只要关于这个"游戏规则"的拟定过程是无成本的,它的价值就为零。因为若没有交易成本,任何规则都可以即时订立、随时应用。

最后,考察网络。网络在Putnam(1993)的社会资本理论中被表述为一种社会关系或社会结构。社会关系是重要的,只有当这种社会关系是稀缺的,是其他人无法得到的时候。但是若交易成本为零,网络的价值也就为零。因为任何人都可以无阻碍地获得交易对象的信息,无阻碍地商讨交易方案,无阻碍地促使方案实施。

可见,在没有交易成本的世界里,事前的社会资本投资是没有价值的,它不会影响社会活动的结果。同时,交易的结果也不会产生社会资本

的存量,因为任何存量都是无价值的。所以,我们有:

推论1.1:在没有交易成本的情况下,社会资本的事先投资不会影响社会关系和社会活动,不会积累社会资本的存量。

但是,现实的世界是存在交易成本的。对于固定交易成本,[①]由于其"门槛"作用,信任、规范、网络决定了哪些交易可以发生,哪些不能发生。对于可变交易成本,信任、规范、网络通过降低交易成本的产生反映其价值。于是类似于"科斯第二定理",我们有:

推论1.2:当存在交易成本时,社会资本的事先投资将影响社会资本的存量,并很可能影响社会关系和社会活动。

二、社会资本契约与产权契约的替代关系

可以设想一个世界,这里的社会资本被充分供应。按照 Putnam(1993)对社会资本的刻画,这里的人与人之间没有任何割断(即全渠道的网络),并且充分信任、遵从互惠规范。在这样的世界里,产权安排有价值吗?

显然,全渠道的网络假设说明了任何交易的事前信息搜索型交易成本都为零,共同遵从的互惠规范假设至少说明了交易的事中谈判决策型交易成本为零,而充分信任假设至少说明了交易的事后监督型交易成本为零。简言之,一个社会资本被充分供应的世界里,交易成本为零。[②] 所以,直接链接科斯定理,我们有:

推论2.1:在社会资本被充分供应的情况下,可交易产权的初始配置不会影响它的最终配置或社会福利。

接下来的问题是,在产权被清晰界定的条件下,社会资本的价值如何体现?根据 Alchian(1998)在新帕尔格雷夫经济学大辞典中的定义,"产权是一种通过社会强制而实现的对某种经济物品的多种用途进行选择的权利"。可见,Alchian 认为产权是一种强制性的社会安排,这种社会安排约束、限定了人们的行为。此时,如果产权被完全界定清楚了,则人们的

---

① 弗鲁博顿和芮内特(中译本,2006)区分了固定交易成本和可变交易成本,前者指设立制度时所发生的专用性投资,后者指事后伴随交易数量的交易成本。

② 反过来可以理解为,在交易成本不为零的真实世界,社会资本不可能被充分供应。

行为模式被限定了,社会资本契约还有何价值呢?①

进一步,分解考察普特南(1993)的三种社会资本形态。首先,Demsetz(1967)提出,"产权是一种社会契约,它的意义产生于这样的事实,即它有助于形成一个人在同其他人的交易中能理性地把握的那些预期"。我们很难把Demsetz所说的"预期",与信任的本质区分开。于是,在产权被清晰界定的条件下,所谓的信任被取代了。其次,Furubotn和Peiovich(1972)认为,"产权不是指人与物之间的关系,而是指由物的存在及关于它们的使用所引起的人们之间相互认可的行为关系"。简而言之,他们眼中的产权确定了每个人相应于物时的行为规范。于是,产权被清晰配置的条件下,所谓的规范也被取代了。最后,对于基于网络的社会资本无需再加以分析了,因为在充分信任、完全规范的行为模式下,"私人关系"已经没有存在的意义了。这些分析说明:

推论2.2:产权完全清晰配置时,社会资本的事先投资不会影响社会关系和社会活动,不会积累社会资本的存量。

当然,有了推论2.1和2.2,仍不足以证明社会资本契约与产权契约存在替代关系,中间的疑惑是,社会资本与产权安排会不会是同一概念的不同表达?我们的回答是否定的。这里先从制度经济学的角度考察产权和社会资本的治理范畴。柯武刚和史漫飞(2000)将制度分为内在制度与外在制度,前者是"群体内随经验而演化的规则",后者是"外在地设计出来并靠政治行动由上面强加于社会的规则"。而内在制度又被分为非正式的和正式的两类。其中的正式的内在制度是指可由有组织的方式强制实施的规则。这里,再比较一下Alchian(1998)和Fukuyama(1999)的定义。Alchian认为产权是一种通过"社会强制"而实现的对某种经济物品的多种用途进行选择的权利。Fukuyama认为社会资本是一种有助于两个或更多个体之间相互合作、可用事例说明的"非正式规范"。Alchian强调了产权的"社会强制",Fukuyama强调了社会资本的"非正式规范"。于是,在制度的层面,产权契约的外在制度和正式内在制度的特点更明显,而社会资本契约的非正式内在制度的特点更显著。

---

① 事实上,索洛等学者甚至提出社会资本可代之以"行为模式"一词。参见曹荣湘、罗雪群:《社会资本与公民社会:一种元制度分析》,载《马克思主义与现实》2003年第2期。

3.1.3 社会资本契约与产权契约的替代规则

一、一个交易成本分析框架

以上基于科斯定理的逻辑演绎出了社会资本契约与产权契约的替代效用。现在的问题是其替代关系由什么决定？两者之间有无一个择优的问题？科斯定理和推论1.1、1.2说明，交易成本是人们社会活动的约束条件，产权契约与社会资本契约是降低交易成本的两种选择。于是，一项活动由产权契约与社会资本契约来治理，完全可以从交易成本节约的角度进行权衡。以下用图3-1所示的概念模型来解释这个替代关系。

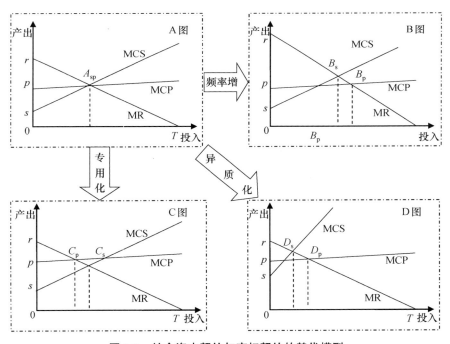

图 3-1　社会资本契约与产权契约的替代模型

将图3-1中左上角的A图作为基本型。横坐标为关于社会资本契约或者产权契约的投入程度，反映了两种契约制度的供给情况。显然，社会资本契约或者产权契约的投入越多，对人们行为的约束越清晰。纵坐标计量的是社会资本契约或者产权契约供给的收益，同时也表征相应的交易成本额。MR 表示的是一组交易(或者说一组社会活动)的边际收益,[①]来自于社会资本契约或者产权契约供给后,该组交易相对应的资源被利用的租金收益。显然,这条边际收益曲线是向下的,即边际递减。这里假定社会资本契约或者产权契约在效用上是无差异的,即 MR 是两类契约制度的共用曲线。MCP 是产权契约供给的边际成本曲线,显然,它是递增函数。MCS 是社会资本契约供给的边际成本曲线,它也是递增的形式,与 MCP 的差异所反映的含义是:第一,从制度层面看,由于社会资本契约的供应不如产权契约正式,因而社会资本治理收益的起点(有固定成本的含义)较低。反之,由于产权契约具有公共契约的含义,大量的"讨价还价"使得"万事开头难"。所以,MCS 比 MCP 的截距小。第二,根据林南(2004)的界定,社会行动分为工具性行动和情感性行动,前者是为了获得不为行动者拥有的资源,而后者是为了维持已被行动者拥有的资源。又根据奥斯特罗姆(2003)的观点,"社会资本不会因为使用但会由于不使用而枯竭"。所以,社会资本契约投入成本的边际递增性质更为明显,即 MCS 比 MCP 要陡峭得多。

此外,在 A 图中,可以设想一种特例,MCS、MCP 与 MR 相交于同一点,此时社会资本契约和产权契约在同一点 A_{sp} 达到最优投入。但是,社会资本契约投入的收益(A_{sp}、r、s 所围面积)大于产权契约投入的收益(A_{sp}、r、p 所围面积)。即我们在 A 图中假设了一种理性条件下社会资本治理严格优于产权安排的环境,这也符合一些学者的先验假定。比如,张维迎(2002)就认为,"与法律相比,信誉机制是一种成本更低的维持交易秩序的机制"。

在 A 图的基础上,B 图假设原交易活动的频率增加了。这时相应的边际收益曲线向上移动,MR 与 MCS、MCP 分别相交于不同的两点。其中 B_s、r、s 所包围的社会资本契约的收益不再严格优于 B_p、r、p 所包围的产权契约的收益,甚至随着交易频率的增加,基于产权的制度安排将是社会的最优选择。这其实反映的就是,随着劳动分工的加深,以及社会合作的加强,产权契约将对社会资本契约作出替代。

在 A 图的基础上,C 图假设原交易活动的专用性加强了。这里的专

---

① 制度经济学所指的交易是一种广义的社会交易,反映的是人与人之间的活动和关系。

用性来自于同一交易对象之间的交易内容的多样性,衡量的是当交易内容发生变化后,原契约制度是否可以通用的程度。这时,交易数量不变,MR 也不变;而 MCS 的变化也不大,因为社会资本契约更多地面对的是人,而不是事,无论信任、规范还是网络都是如此。但是,MCP 向上移动了,因为产权契约虽然处理的也是一种社会关系,但必须基于一定的物,是"由物的存在及关于它们的使用所引起的"(Furubotn, Peiovich, 1972)。所以,对某一项交易内容的产权安排,相对于另一项交易内容则具有资产专用性的性质。于是,C 图显示的 C_s、r、s 所包围的社会资本契约投入的收益更加严格优于 C_p、r、p 所包围的产权契约的收益。其中的含义是,在自给自足的社会环境下,社会资本契约的治理效果更好。

在 A 图的基础上,D 图假设原交易活动更加异质化了。所谓的异质化,强调的是交易对象的差异化。显然,异质化对社会资本契约和产权契约的治理收益都产生了不利影响,而对社会资本的影响又格外大。林南(2004)认为社会资本供应更易发生在同质环境下,即"社会互动倾向于在有相似的生活方式和社会经济特征的个体之间发生"。所以交易对象异质化后,MCS 向上移动得更多,而且更为陡峭。于是,D 图说明产权契约将有可能对社会资本契约作出替代。也就是说,当社会交往变得复杂,产权制度的需求就会更加强烈。

这里要指出以上三项替代规则的理论来源。Williamson(1979)曾从三个维度衡量交易活动——交易频率、资产专用性和不确定性。Williamson 的"交易频率"与图 3-1 模型中的"频率"是完全相同的概念,这里不再说明。图 3-1 模型中的"专用化"也直接来自于 Williamson。Williamson 的资产专用性是指某项资产能够被重新配置为其他替代用途或是被他人使用而不损失其生产价值的程度。显然,在一组交易活动中,若活动内容多样化和差异化了,则对于某一类活动的治理约束,相对于其他活动就具有专用性。图 3-1 模型继承和发展了 Williamson 的"不确定性",使用了"异质化"指标。"异质化"是指活动伙伴的多样化和差异化。首先,"异质化"会产生"不确定性"。Williamson 把不确定性分为三种来源:一是来自于自然和消费者偏好的变化;二是来自于客观的信息不对称;三是来自于主观的有关信息的策略性行为。显而易见,活动伙伴多样化和差异化的结果,是提高了产权契约特别是社会资本契约治理的难度。其次,

Williamson 的"不确定性"在属性上不同于"交易频率"和"资产专用性"。后两者直接是交易的刻画维度,而"不确定性"在他的分析中仅起到了类似于环境因素的作用。但若使用我们的"异质化"指标,则可以完全围绕交易活动本身来描绘交易。

二、替代关系下的互补现象

文章至此论证了社会资本契约与产权契约的替代关系,并证明其替代规则可以在交易成本理论框架下展开分析。但是现实中,社会资本契约和产权契约之间却存在着互补的现象,似乎与此前论证的替代性结论相矛盾。事实上,这并不矛盾,而且当我们把这个所谓的"矛盾"解开了,就会更加深入地了解社会资本的本质。

(一)交易成本不影响预算约束的替代关系

首先,社会资本契约与产权契约之间的替代关系是不容置疑的。这个替代表现的是效用的替代,反映的就是经济学上替代的本义。现实中的互补现象,并不是两者效用的互补,而是由于交易成本的客观存在,造成两者替代关系难以完全实现。

将图 3-2 作为分析的起点。假设 I_1、I_2 为规制交易活动的无差异曲线,其线性关系反映了社会资本契约和产权契约之间完全替代的效应。又假设 L_1、L_2 为预算线,其斜率的差异反映的是社会资本契约和产权契约的交易成本的差异。于是图 3-2 将得到两个角上解,在 A 图的世界里由社会资本契约来治理,在 B 图的世界里由产权契约来治理。但是,现实世界并非如此。有两方面原因改变了预算线的形式,而使社会资本契约和产权契约互补地出现在客观世界里。

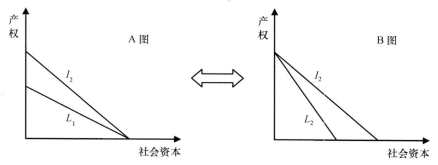

图 3-2 交易成本不影响预算约束的替代关系

(二) 交易成本递增约束下的替代关系与互补现象

首先,从产权安排的角度考察。巴泽尔(中译本,1997)明确指出,"如果交易成本大于零,产权就不可能被完整地界定"。巴泽尔对交易成本的定义是:"与转让、获取和保护产权有关的成本"。这些成本随着产权的界定而升高,当边际的产权界定收益大于交易成本时,保持部分产权的"模糊"是有益的,这些没有被界定的产权把一部分资源留在了"公共领域"。

其次,在产权经济学看来,处于"公共领域"的资源必然由于其外部性,或者面临着被攫取的危险,或者面临着投资不足的问题。那么在现实世界中,这些问题是否真的很严重呢?张其仔(2002)对此类问题曾有过观察。他以产权界定模糊的乡镇企业作为调查对象,通过大量数据和事实证明,依靠习惯、信义、名誉等社会资本,尽管乡镇企业产权不清,一样可以将企业运作成功。进而,张其仔证明了社会资本的功能,同时也"指出了西方产权经济学的固有不足"。我们认为张其仔的研究确实可以支持社会资本契约的效用,但却不足以否定产权契约的意义。我们从中得到的启示是,在产权配置无法完成的地方,社会资本替代性地完成了相同的工作。

以上分析思路同样适用于基于社会资本角度的考察,这里不再赘述。总而言之,社会资本契约和产权契约供给的成本是递增的,甚至到一定程度,部分社会资本契约或产权契约是无法被供应的。于是社会资本契约和产权契约共同出现在现实世界,表现出互补的状态。图3-3是对该现象的刻画。其中,A图是分析的起点,是一个小规模的社会,这里的社会秩序由社会资本契约来治理。其后,随着这个社会的扩大或交易活动的增加,需要更多的治理。而此时增加社会资本契约和产权契约投入的交易成本出现边际递增的现象,于是预算线开始出现凹函数的形状。特别在社会资本契约或产权契约供应最高的阶段,交易成本的急剧增加使得充分供应社会资本或产权都不理性。因此,从B图看出这时的最优解无法实现。在次优解中,一部分产权契约替代了社会资本契约,同时两者表现出了互补的现象。此后,当更多的投入向上推动预算线后,同样由于交易成本的影响,预算线凹函数的现象更加明显。于是,C图中一个反映社会资本契约和产权契约互补现象的最优解出现了。但是注意,此时社资本契约和产权契约在效用表现上仍然是替代性的,而表现出的互补现象来自于交易成本对预算线形态的影响。

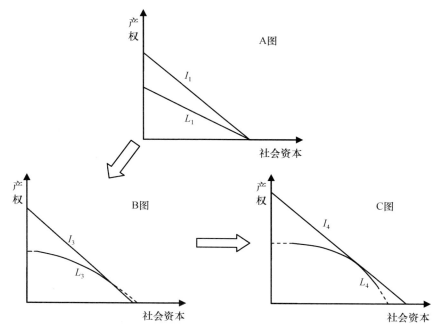

图 3-3 交易成本递增约束下的替代关系与互补现象

（三）外部性影响下的替代关系与互补现象

图 3-3 模型说明,现实中社会资本契约与产权契约安排往往是共同出现的。而共同出现后的互相影响又进一步推动了双方的互补现象。这个互相影响来自于各自行为的外部性对另一方交易成本的改变。

外部性问题是社会资本理论的重要课题。学者们"不仅都承认社会资本具有外部性,而且大都认为社会资本的外部性有正的外部性和负的外部性两种情况"（程民选,2007）。福山（1999）更是指出,"社会资本跟其他形式的资本相比,具有更多的外部性"。而对于产权契约,存在外部性则很明显,科斯之所以提出交易成本的概念,正是源于解决不同产权配置下的外部性问题。

那么,社会资本契约和产权契约的外部性有何相互影响呢？对此,我们再次考察科斯定理的逻辑——由于交易成本的存在,所以需要配置产权关系,而产权配置的结果是改变了交易成本。这里的问题是:配置产权前的交易成本仅仅是初始产权安排的结果吗?配置产权后的交易成本又会影响到人们的其他什么行为?显然,当我们不再"原子化"地看待这个世界,则发现答案会是:前一个交易成本受到社会资本契约的外部性影响,后一个交易成本又会对社会资本契约有外部性作用。对于社会资本契约的外部性影响也有着同样的分析逻辑。所以,现实中我们发现"法律制度越健全,不讲信誉的成本就越大,人们就越讲信誉;反过来,只有在一个人们比较重视信誉的社会里,法律才能真正发挥作用",进而,"法律和信誉既有替代性的一面,又有互补性的一面"(张维迎,2002)。

对于这种关系,用图 3-4 作理论分析。可以发现,当考虑了社会资本契约和产权契约的外部性作用后,若两种外部性影响均为正,则社会秩序将会从 A 图转向 B 图。在 B 图中,越多的社会资本契约(或产权契约)供应将越会降低产权契约(或社会资本契约)供应的交易成本,进而在不变

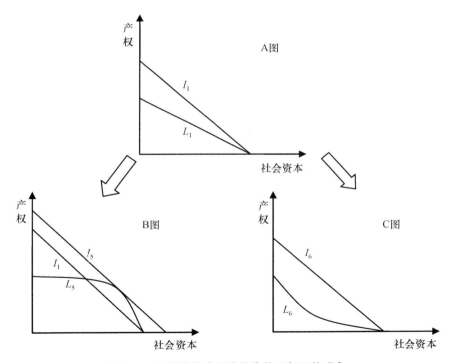

图 3-4 外部性影响下的替代关系与互补现象

的预算约束下产生更多的产权契约(或社会资本契约),即预算线变凹。不仅社会资本规制和产权安排的互补性共同出现了,而且效用也从 I_1 提到 I_5。注意此时虽然出现了互补现象,但是社会资本规制和产权安排在效用上仍然是替代性的关系。

但是,现实世界不都是美好的,社会资本契约和产权契约的外部性均有为负的可能,前者比如黑社会网络,后者比如私人产权不明晰的制度。而只要这两种负的外部性中的任何一种发生了,就会出现图 3-4 中 C 图的现象,角上解再次出现,互补共赢的现象不会出现。目前学术界对社会资本的负的外部性的认识还不甚清晰,甚至存在重大争议。

三、小结

本节围绕社会资本契约与产权契约的替代关系展开讨论,并得到了一系列结论,这些成果总结为图 3-5 的形式。我们可以将社会活动的环境用三个维度来刻画——交易频率、专用性和异质性。这三个维度把一个社会环境分为八种情境,在不同的情境下,采用社会资本契约或产权契约投入的交易成本不同,进而社会治理的产出不同。但是,如果配合不同的情境,将社会资本契约与产权契约互补地结合起来,则均有可能得到较好的结局。

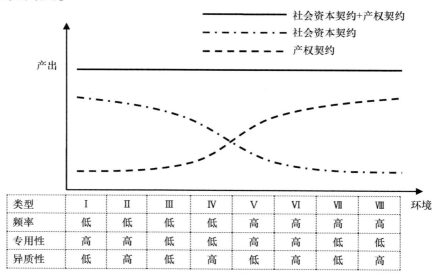

图 3-5　社会资本契约与产权契约的选择

其实,本节的核心目标并不是研究社会资本契约与产权契约的替代关系,只是通过证明它们的替代关系说明,在本质上社会资本契约与产权契约并无差异。第一,社会资本契约和产权契约的产生都是源于这个世界先天存在的交易成本,降低这些交易成本是它们共同的本质目的;第二,刻画交易成本属性的三项基本因素,决定了社会资本契约和产权契约的替代选择;第三,当把原来处理人与人之间关系的"一元方程"转变为"二元方程"后,基于交易成本的分析思路可以在严格遵从两者替代关系的基础上,演绎出两者互补出现的现象。社会资本契约与产权契约的差异只是表现载体的不同,产权契约更偏向于正式的内在或外在制度,而社会资本契约的载体更多的是内在的非正式制度,如信任、规范等。

因此,本节一方面证明,社会资本契约是不同于产权契约的另一条治理人际交易关系的途径,另一方面也证明了,产权分析的方法一样适合于社会资本。进而,本节核心想要表达的观点是,社会资本的确是长期以来未被经济学所独立出来的概念,但将其纳入经济学范畴后,并不会改变经济学的分析范式,而且它在经济学领域还有一个极其适合的平台——企业契约理论。于是,我们对社会资本的理解是:无需经过产权契约的渠道,而改善社会结构中的交易成本分布,以获取稀缺资源的能力。

3.2 社会资本的副作用——论社会资本的外部性与专用性

综上,家族企业通过家族社会资本契约替代产权契约完成对家族成员的治理,家族社会资本契约的存在是家族企业的制度优势。然而,正如支撑现代公司制度的职业经理制度、有限责任制度会诱发出代理型、剥夺型公司治理问题一样,家族社会资本契约是否存在副作用呢?

在当今社会科学领域,社会资本是最突出也是争议最多的概念之一。在一定程度上,社会资本是由于其具有的正的外部性,而成为社会科学研究的突出课题。同时也由于其普遍表现出的负的外部性,而饱受争议。正如程民选(2007)所言,"为什么社会资本既能产生正的外部性又会产生负的外部性?这当然是社会资本理论研究中不能不回答的问题之一"。

以下从社会资本的外部性与专用性谈起,以说明家族社会资本契约的副作用。

3.2.1 社会资本的外部性表现和专用性属性

一、社会资本的外部性表现

Coleman和Putnam是社会资本理论的重要奠基人,他们对社会资本的认识是从社会资本具有的正的外部性开始的。Coleman(1988)将社会资本界定为解决集体行动问题的重要资源,他认为社会资本一经创造,就会有益于社会结构内的所有个体,具有公共物品的性质。对此,Putnam(1993)具有类似的观点,他认为大力发展社会资本是解决集体行动困境的一条捷径,社会资本是使民主得以运转起来的关键因素。即,"社会资本指的是社会组织的特征,例如信任、规范和网络,它们能够通过推动协调和行动来提高社会效率"。然而随着研究的深入,人们逐渐发现了社会资本的大量负面功效。例如,Portes(1998)提出了消极社会资本的概念,并指出由于社会网络的封闭性,社会资本为网络内成员带来利益的同时,也限制了网络外成员进入并获得社会资本的机会。他强调消极社会资本具有负的外部性。

在目前的研究阶段,"研究社会资本的学者在社会资本具有外部性这一点上,认识倒是比较一致的。不仅都承认社会资本具有外部性,而且大都认为社会资本的外部性有正的外部性和负的外部性两种情况"(程民选,2007)。但是,对外部性来源的解释,分歧较大。

Fukuyama(1999)使用"信任范围"这一概念来理解外部性。他认为任何群体都存在着一定的"信任范围",在这种范围内,合作规范是有效的。当这个信任范围大于群体本身时,该群体的社会资本产生了正的外部性。当信任范围小于群体时,则产生负的外部性。Fukuyama甚至举例说明,中国的社会资本主要存在于家族或相对狭小的朋友圈里,人们很难信任圈子以外的人,而对圈子以内的人会用相对较低的伦理标准衡量其行为。然而,Fukuyama的这种观点受到了程民选(2007)的反对。程民选认为Fukuyama仅仅说明了一个溢出现象,它对正外部性具有解释力,但无法说明负外部性的情况。他对社会资本外部性的看法是,"基于善的愿望和动机进行人际合作性互动,产生正的外部性;而出于恶的动机进行人际合作性互动,则产生负的外部性"。

对此,我们认为程民选(2007)的意见还不足以否认Fukuyama(1999)的观点,因为至少Portes(1998)已经证明善的人际互动一样会产生消极的外部性。当然,Fukuyama的评述又的确显得单薄,缺乏相应的论证。为此,本书通过引入资产专用性的概念,来解释社会资本外部性的生成机理。

二、社会资本专用性的客观存在

社会资本作为广义的资本的基本形态之一,具有与物质资本、人力资本同样的属性——资产专用性。资产专用性的概念来自于Williamson(1979),是交易成本理论、契约理论的核心概念,指的是某项资产能够被重新配置于其他替代用途或是被他人使用而不损失其生产价值的程度。根据Williamson的定义,资产专用性来自个体与个体之间的立约活动,反映了个体与个体之间的一种关系,而社会资本也蕴藏在这些关系之中。事实上,在目前社会资本理论的众多研究成果中,可以发现对社会资本专用性特征的各种类似的表述。

封闭性(closure)是Coleman(1988)的社会资本理论的核心要件。Coleman认为,当一个群体构成封闭的社会网络后,群体内部才利于形成义务和期望,惩罚或奖赏规范也才利于被执行。显然,这个封闭性使得义务、期望和规范等社会资本形式成为某个群体的专用资产,具有不可转让性。离开这个封闭的群体,或者群体不再封闭后,义务、期望和规范将难以存在;排他性(exclusive)反映了社会资本的私人物品属性,是Portes(1998)等学者从社会资本的消极作用中得出的判断。这里的排他性刻画的是某些社会资本不能被他人使用的程度,它与资产专用性的概念具有相似的含义。与之类似,Anheier等(1995)将较低的流动性(liquidity)和较低的可转换性(convertibility)作为社会资本与其他类型资本的区别之处,它们同样反映了社会资本难以为他人使用的程度。

可见,过往的经典文献已经说明了社会资本具有资产专用性的特征。这里,进一步考察Putnam(1993)所界定的三类社会资本形式,即信任、规范和网络。首先考察"信任"。信任是社会资本的最关键因素,它是一种积极的态度,是相信交往对象不会在事后采取机会主义行为的预期。那么,信任来源于何处呢?郑也夫(2006)指出,"如果说来源的话,信任应该来源于发生重复性博弈的群体生活"。可以说这也是学术界达成共识的观点。一些学者通过构造博弈模型说明,在囚徒困境格局下,个体理性让结局更佳的集体理性均衡无法实现,但若考虑了重复博弈,博弈方的互相信任就会促成相互合作。所以,信任从起源看,是固化在重复性的合作活动或合作伙伴之中的。参照 Williamson(1979)的定义,信任这种社会资本含有资产专用性的特点。

然后考察"规范"。根据方竹兰(2003)的观点,社会资本来自于社会的自组织过程,民众的自组织活动在国家正式机构之外建立了非行政性的、非正式的、非盈利的社会团体。进一步,这些社会团体"在自组织过程中,会逐步形成民众自治规则系统——社会规范"。可见,规范来自于一种群体性的行为。事实上,在组织行为学的概念中,规范表达的是群体成员共同接受的行为标准。所以,规范本身就是群体行为的内生变量。只要承认群体之间存在异质性,只要承认群体外的影响力量是有限的,就必须要承认规范具有群体专用的性质。

对于社会资本的另一个载体"网络",就无需赘言了。网络本身就描述了确定的个体之间的关系,本身就是一个相对专用性的概念。

虽然存在着提法上的差异,但是社会资本的专用性特征是被学者们广泛接受的。本书将这些特征归纳到资产专用性的定义之下,就可以使用这个较为成熟的概念展开科学研究。在交易成本理论中,资产专用性是一个程度上的概念,与资产专用性相对应的是资产的通用性。绝大部分非极端的投资,是专用性和通用性共存的。所以,当我们定义了社会资本的专用性后,自然就引出了它的通用性。

三、个人、集体主义与社会资本悖论及其解读——对社会资本专用性概念的初步检验

张文宏(2003)认为社会资本有两种类型:一是内化社会价值和规范,遵循社会一般道德命令;二是认同内部人集体的需要和目标,建立有限团结。这种观点用资产专用性概念来理解就是,前者类似于专用性较弱而更通用的社会资本,后者更像专用性强的社会资本。特别是,当我们

掌握了资产专用性的理论工具后,社会资本理论中几个长期以来所纠结的问题就有了解开的途径。在应用这个工具解释社会资本外部性问题之前,先检验一下它对一个学术难题的解释力,即:个人主义、集体主义,哪个有利于社会资本的形成?

所谓集体主义是指这样一种信念,即群体成员应该将自己的利益放在群体的利益之下,这个群体包括家庭、部族或国家。而个人主义价值观要求独立、自由地追求自己的利益和目标。所以从定义上看,集体主义精神更满足于社会资本所强调的合作和协调。事实上,早期Putnam(1995)等学者的判断也是,随着社会现代化进程的加快,伴随着个人主义价值观的盛行,社会资本将不可避免地下降。但是,Allik 和 Realo(2004)、Halman 和 Luijkx(2006)的调查却发现,在更加个人主义的环境里,社会资本存量会更高,人们更愿意参加自愿者团体,更加相互信任,并形成一定的公众意识。经验与判断似乎相悖。

进一步,Realo 等(2008)区分了宏观集体主义(institutional collectivism,指在社会层面上鼓励和奖赏集体行为)和家庭集体主义(familism collectivism,类似于组内集体主义 in-group collectivism)。他们发现,家庭集体主义对于社会资本是消极的,当人们的信任被局限在亲族关系之内时,社会资本就会呈现较低的水平。而宏观集体主义却对社会资本有着积极的影响,信任范围的扩大推动了社会资本的增加。这个观点与李新春(2002)等的社会信任和私人信任的划分法非常相似。

显然,Allik 和 Realo(2004),Halman 和 Luijkx(2006),Realo 等(2008)的研究中所指的社会资本是一种宏观视角的社会资本。于是,以上悖论就是小群体社会资本与大群体社会资本之间的矛盾。这个矛盾用社会资本专用性的概念来解释就是:小群体内的社会资本的资产专用性程度较强,而大群体的社会资本的通用性较强;当人们身上附着的社会资本仅用于小群体内部交往时,这种社会资本呈现双刃剑的作用,一方面提高小群体内部资源使用效率,另一方面阻碍个体在社会环境内活动。即小群体层面的专用性投资挤占了社会层面的通用性投资。于是,我们看到社会上存在一个个的"原子团","原子团"内部存在着所谓的集体主义精神,而"原子团"之间却是一道道深深的人际交往的沟壑;在个人主义环境下,人们之间没有过多的专用性的社会资本投资。也许这时会存在完全封闭自己的个体,但更多的情况下,为了进行必需的社会交往,为了降低社会交往中的交易成本,通用性的社会资本会自然衍生出来。所以,在现实世界里,Allik 和 Realo(2004)发现美国一方面是个人主义价值观盛行的国家,同时也是社会资本存量很高的国家。

3.2.2 资产专用性视角下的社会资本的外部性

一、公共物品还是私人物品?——从资产专用性角度看社会资本的外部性

公共物品是一种非排他性和非竞争性的物品,很难通过市场机制完成供应。在建构社会资本理论体系的早期,一方面,"正是从供给不足是公共物品所具有的特点出发,论述社会资本也是一种公共物品"(程民选,2007);另一方面,强调社会资本正的外部性,可以降低社会交往的交易成本,增进全社会范围内的信任与合作。但是随后,Portes(1998)等学者抓住了社会资本的排他性特征,以及某些方面的消极作用,认为社会资本是一种私人物品。

所以,"社会资本究竟是公共物品还是私人物品?这是社会资本理论研究中引起争论的一个问题"(程民选,2007)。对此,我们的意见是,社会资本具有不同程度的专用性,当一项社会资本的专用性较弱、通用性较强时,表现出正的外部性,呈现公共品的状态;而其专用性更强时,将是一种私人物品。

在经济学上,当私人成本或收益不等于社会成本或收益时,就会产生外部性。特别是,当私人投资产生的收益为社会无偿分享后,就产生正的外部性。因此,正外部性物品往往难以被私人供应。若一个社会结构中恰好存在着一些具有正外部性效用的,并有利于处于这一结构中的行动者行动的物品,则是难得的。Coleman(1990)等学者将这种资源称为社会资本。可见,Coleman 将社会资本纳入公共品的范畴,其本意是强调社会资本具有正的外部性,而不是说它必须用于公共投资。所以,Fukuyama(1999)指出,"既然对于所有个体来说,合作事实上是实现他们的利己目的的必要手段,那么他们就会顺理成章地把它当作私人物品来生产……

社会资本是一种私人物品,不过充满着正的和负的外部性"。

我们无意加入类似于"灯塔是公共品还是私人品"①的争论,我们要强调的是:第一,即使是私人投资的社会资本一样会产生正的外部性。而出现正的外部性的前提是,这类资产必须是通用性的。即其价值不仅仅对投资者是有用的,也是其他社会成员所看重的。也就是说,通用性社会资本的消费的排他性不强。第二,通用性的社会资本建立起来后,其价值"不会因为使用但会由于不使用而枯竭"(奥斯特罗姆,2003),即通用性社会资本的消费的竞争性不强。所以,从公共物品的本质特征——排他性和竞争性——角度考察,通用性的社会资本的确具有公共品的特性,的确在"搭便车"的心理下私人投资难以(不是不可能)完成。比如,对社会广泛的信任感,尽管是一种公认的社会美德,但其建立很难通过市场机制来推动。

另外,专用性特征明显的社会资本意味着,其投资受益者是确定的个体,这是资产专用性的内涵所决定的。也就是,专用性的社会资本满足排他性和竞争性的特征。没有进行投资的个体,是无法消费这种产品的。比如,我们称为"路子""门子""圈子"等的社会关系,它排他性地只向确定的个体开放,显然是私人往来的结果(虽然常常使用"公家"的资源),所以,我们也常常称其为"私人"关系。

事实上,可以发现这样一个规律,当一个学者重点研究的一类社会资本更有通用性特点时,他更倾向于社会资本的公共物品定位。比如,Coleman(1988),Putnam(1993)等特别关注的社会资本是信任和规范;而另一类支持私人物品定位意见的学者,往往关注的是专用性特征更强的社会资本。比如,Portes(1998)等强调的社会资本是社会关系。

二、社会资本专用性投资的挤压效应——社会资本的负外部性

(一)社会资本的收益度量指标

关于外部性的判断,来自于对私人、社会的成本或收益的权衡。所以,在讨论社会资本的外部性问题时,必须要理解社会资本的投资收益是

---

① 早期一般认为灯塔无疑是一种公共品,它不能排他地、竞争性地保证投资者的收益,只能由政府投资。但是在现实中,科斯发现一些港口私人投资灯塔的实例。所以,灯塔是公共品还是私人品,并无定论。

什么。这其实是一个很有争议的问题,例如,林南(2004)认为社会资本是"行动者在行动中获取和使用的嵌入在社会网络中的资源",即所谓的社会资本的资源观。但是,"比较有代表性的社会资本概念,指的是个人通过社会联系涉取稀缺资源并由此获益的能力"(边燕杰、丘海雄,2000)。即能力观强调,社会资本的收益不是可动用的资源大小,而是动用资源的能力的大小。对此,我们支持后一种观点。① 然而,这种能力如何度量呢?

Fukuyama(1999)认为,社会资本"在经济领域中,它能够降低交易成本;在政治领域中,它可以促进那种为有限政府和现代民主的成功运转所必需的协作生活"。我们认同这种观点,只是 Fukuyama 将交易和交易成本狭义化了。在制度经济研究中,交易是一种广义的社会交易,经济交易只是其中一种,它对应的是市场型交易成本,此外还有管理型交易成本和政治型交易成本(弗鲁博顿、芮内特,中译本,2006)。所以,Fukuyama 的观点其实说明,可以将交易成本的降低程度作为度量社会资本收益的指标。

但是,交易成本的精确度量目前也是一个无法解决的难题。然而,正如威廉姆森(中译本,2002)所说,"交易成本的计算问题,其困难也不像初看上去那么大,因为只要比较哪个大、哪个小即可,不一定非要算出具体数值来"。也就是说,交易成本研究的核心在于各种制度、契约或行为的相对比较,这种相对比较强调不同交易成本的"序数"排列,不需要具备绝对数上的可测性。因而基于交易成本的社会资本问题研究,关心的是某种社会资本投资是否降低了交易成本,或者哪种社会资本投资降低交易成本的功效更大。而对于社会资本的外部性问题,则关心一项社会资本投资是否对非当事人的交易成本造成或提高或降低的影响。

(二)社会资本的收益表达模型

在决定以交易成本的变动作为基本度量工具后,我们建立了一个基于交易成本的社会资本分析工具。这里,将图 3-6 称为"社会资本—交易成本箱",用来表达社会网络、社会网络上的社会资本分布,以及社会资本

---

① 随后关于"社会资本—交易成本箱"的设计会证明,资源观与能力观并无实质冲突。

与交易成本的"镜像"关系。

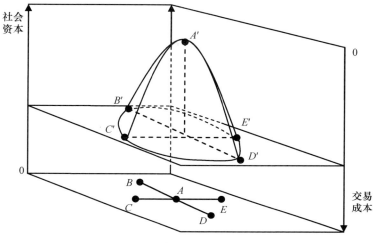

图 3-6 社会资本—交易成本箱

首先,"社会资本—交易成本箱"箱底的水平视图表达的是社会网络分析的图论结构。所谓图论就是以线和点的形式来表示行动者及其关系的一种方法。图论是社会科学中应用最广泛的描述社会关系的方法。图 3-6 表现了一个"明星型"的社会关系,即 A 是 B、C、D、E 交往的中心,是它们的"明星"。进一步讲,A 与另四个行动者分别进行了专用的社会资本投资,而另四个行动者之间没有专用的社会资本连接。按照结构洞理论,是 A 填补了这个网络结构的漏洞,所以 A 具有更多的社会资本。

为了直观表达行动者的社会资本存量,我们在二维图论结构的基础上增加了第三个维度——社会资本。这个维度衡量的是行动者(图中的点)的社会资本存量。显然,它更加直观地表达了这个社会网络的社会资本分布。对于这种分布差异,除了结构洞理论的资源观解释,还可以用节约交易成本的能力观来解读。

在图 3-6 中,将社会资本维度的反向表示为交易成本维度。我们认为,社会资本与交易成本是一组"镜像"关系。当社会资本被充分供应时,交易成本为零,当社会资本完全缺失时,交易成本无穷大。显然,这是理论状态,现实在两种极端情况之间。在图 3-6 中,A 与 B、C、D、E 均有专用的社会资本投资,它们之间的交易成本(用图论中的线的中点来衡量)都被降低了。而 B、C、D、E 仅仅与 A 的联络渠道是低交易成本的,它们四者之间的相互交往仍是高交易成本的。于是,线(交易成本的关系)推动点(行动者)来到了不同的社会资本位势,A 的社会资本最丰富。

(三)专用性社会资本的挤压效应

图 3-7 所示模型解释了专用性社会资本的挤压效应。为简化表达,图 3-7 是图 3-6 三维"社会资本—交易成本箱"的一个正视展开图。假设这里的 A、B、C、D、E 构成一个环形网络,任何一个行动者仅与其前后相邻者有社会关联,其中 A 与 E 是相连的。

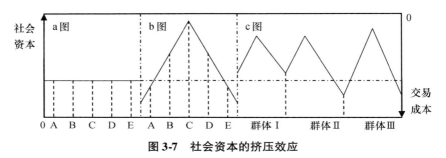

图 3-7　社会资本的挤压效应

在图 3-7 的 a 图中,A、B、C、D、E 除了专用的网络联系之外,均没有进行其他的专用的社会资本投资,即假设他们具有平均水平的且通用的社会信任程度和互惠规范程度。而由于是环形结构,可以假设专用网络所节约的交易成本相同,于是 a 图说明 A、B、C、D、E 具有相同的社会资本。

对于 b 图,假设在 a 图基础上,C 与 B、D 进行了专用的社会资本投资,或者成为"酒肉朋友"或者建立患难之交。总之,他们之间具有更密切的信任,建立了更默契的规范。于是,C、B 之间和 C、D 之间的交易成本降低了,这推动了 B、D 的社会资本的提高,其中,C 的社会资本最高。现在的问题是,A、E 的社会资本有何变化?

考虑两个因素,一是社会资本的性质——其价值"不会因为使用但会由于不使用而枯竭"(奥斯特罗姆,中译本,2003),二是交易成本对行为的影响方式——通过对不同行为、契约的比较或排序,依据序数排列而不是绝对值影响决策(威廉姆森,中译本,2002)。因此,在图 3-7 的 b 图中,当 C、B 间的交易成本降低后,C 会通过交易成本的比较增加与 B 的交往,而减少与 A 的交往,这将导致 B、A 间的交易成本增加,进而使得 A 的社会资本不升反降。对于 E 的社会资本有着同样的分析思路和结果。

这就表现出了我们所定义的社会资本的挤压效应。即,行动者针对确定对象所投入的专用性社会资本会挤占其向其他对象的社会资本投资,进而导致其他行动者社会资本下降的外部性效应。挤压效应在物理世界的反映是,当我们在挤压一个物体时,着力点会下降,但其四周却会隆起。月球上的环形山是个形象的例子。研究进行过程中笔者遇到这样一个案例:一名"富二代"研究生毕业后打算在家族企业大展拳脚,但随即发现他无法取得父亲的信任。事实上并不是父亲对他有什么成见,仅仅是其父亲的生意圈子和生活圈子是他自己的战友。战友关系的密切也许提高了父亲的社会资本,但是却同时降低了儿子的社会资本。

进一步看,社会资本的负的外部性来自于专用性投资造成的交易成本降低的社会分布不均,这种不均分布会"恶性循环"地提高其他渠道的交易成本,这导致社会资本的分布更加不均。于是,社会上人们的交往充满了沟壑或者陷阱,就像图 3-7 中 c 图所描述的情景一样。这时群体间的交往(特别指群体Ⅱ和群体Ⅲ)也会变得困难。这就是从宏观层面见到的专用性社会资本的负的外部性。

本书并不因为总结了专用性社会资本的负的外部性,而完全否定社会资本的专用性投资。我们认为,一方面专用性的社会资本满足社会个体的理性追求,是社会个体的私人产品,不可能也不应该消除;另一方面,随着社会开放、社会交往的频繁,当人们的活动范围不局限在固定的圈子里时,当人们有更多的选择时,人们可以通过活动网络的交叉来规避专用性社会资本的负的外部性。就像 c 图中的群体Ⅰ和群体Ⅱ的情形一样。也就是说,即便通用性的社会资本无法直接通过私人投资,但是只要我们开放社会交往,鼓励人们社会互动,一样可以提高社会整体的社会资本位势,填平群体之间的社会资本"沟壑",从专用性社会资本自然演化成通用性社会资本。我们的这个观点与 Coleman(1990)和 Putnam(1995)等看法相反,他们认为现代社会的开放性、匿名性、流动性和交易频繁等特征只会消耗社会资本。我们则提出,封闭的网络有助于专用性社会资本的建设,而开放的社会会促进通用性社会资本的开发。

最后需要说明我们的研究对Fukuyama(1999)观点的证明。在图3-7中,A、B、C、D、E是一个群体,当他们的社会资本投资是通用的,则他们之间的交易成本都得到一定程度的降低,即a图所示情形。同时,由于通用性而带来的正外部性,使得他们与外界的交易成本也可能降低。这时,至少群体边界内的所有个体的社会资本都会提高。这就是Fukuyama的观点,当"信任范围"大于群体本身时,群体的社会资本产生了正的外部性;在b图中,由于这里的社会资本具有专用性,于是仅有直接投入专用性资产的B、C、D的社会资本得到提高,而受制于负的外部性,A、E的社会资本反而下降了。即Fukuyama所说,当"信任范围"小于群体时,则产生负的外部性。由此可见,"信任范围"的无歧义定义应该是社会资本的投资范围。当社会资本的投资范围小于群体边界时,是专用性投资,将会产生负的外部性;当其投资范围大于群体边界时,则更有通用性特征,将会产生正的外部性。

3.3 一个实证检验——论独立董事的社会桥功能与结构[①]

当家族企业的专用性社会资本所联系的资源足以支撑企业生存发展时,家族企业要维护这种社会资本。但当企业发展需要更多的家族外资源投入时,专用的家族社会资本的副作用显现出来,已有的社会资本成为企业发展的桎梏。所以,如何在保护和拓展家族社会资本上达到平衡,正是家族企业治理的重要目标。而对于具有一定规模的企业,如对上市公司而言,有效地吸纳外部社会资本是建设长青基业的基本条件。目前,许多企业都引入了独立董事制度,以下实证研究将证明独立董事制度架起了一座"社会桥",成为家族企业吸纳外部资源的重要渠道。

---

① 参见吴炯:《独立董事、资源支持与企业边界连结:由上市家族公司生发》,载《改革》2012年第7期。

3.3.1 理论分析与研究假设

一、独立董事的资源支持功能

在过往对独立董事的研究中,比较关注独立董事的监督功能和参谋功能。在 Fama 和 Jensen(1983)揭示了独立董事制度是解决公司委托代理问题的重要机制之后,有关独立董事监督功能的理论和实证研究得到充分发展。叶康涛等(2011)、赵德武等(2008)的研究证明了独立董事的监督作用在中国制度背景下的存在;同时,关于独立董事战略参谋功能的研究成果也颇为丰富。正如 Agrawal 和 Knoeber(2001)所言,"当他们为内部经理带来更多的技术、市场和经营管理经验时,他们将扮演重要的决策角色"。基于这一功能视角,魏刚等(2007)、王跃堂等(2006)对中国情境的研究,致力于连接董事的专家背景与公司绩效之间的关系;但是,除了监督和参谋之外,独立董事还有第三项职能——"资源支持"(Johnson et al.,1996)。这方面成果不多,已有的研究呈现两方面特点:一是专注于独立董事的政治背景,比如 Agrawal 和 Knoeber(1996),余峰燕和郝项超(2011)均强调政治关系对企业的资源支持。二是采用 Hambrick 和 Mason(1984)的高阶理论的研究方法,比如魏刚等(2007)将独立董事的政治关系处理为专家特质的一项维度。

已有研究说明,关于独立董事的资源支持功能的研究仍有广阔的空间。一方面,独立董事的资源支持,特别是除了政治关系之外的资源支持效应是否存在,需要进一步探索;另一方面,如何度量独立董事的资源支持程度是一个难题。目前的文献一般采用计量独立董事或者某一类独立董事数量的方法,但正如叶康涛等(2007)所发现的,这方面的研究结论分歧很大,不适合直接应用。即便如此,专门针对家族企业的独立董事资源支持的文献仍然很少,而事实上相对封闭的家族企业却是最需要通过独立董事来获取外部资本的。

二、独立董事作为家族企业吸纳外部社会资本的社会桥

在家族社会资本的挤压效应的负面影响下,如何有效地吸纳外部社会资本是建设长青基业的基本条件。而在实现基业长青的问题上,彭罗斯(中译本,2007)的企业成长理论认为,企业是一个由各种生产资源组成的集合体,企业的成长来自于企业对资源的高效处理。针对家族企业的特殊性,储小平和李怀祖(2003)进一步强调家族企业对社会资源的吸纳和集成能力,强调"家族企业成长的核心是如何与各种社会资本融合"。而家族企业要融合外部的社会资本,就需要适当地拓展封闭的家族专用社会资本边界。

独立董事制度,正是一种家族企业吸纳外部社会资本的成熟方法。中国证监会在2001年8月颁布的《关于在上市公司建立独立董事制度的指导意见》,将独立董事制度作为上市公司制度安排的必须部分。而Johnson等(1996)所论证的独立董事的资源支持功能,赋予了独立董事吸纳外部社会资本的责任。于是,独立董事群体在结构上自然就成为上市公司连接外部社会资本的渠道。

这个渠道按照伯特(中译本,2008)的定义就是"结构洞",它指的是社会网络中个体之间存在的拥有互补资源或信息的空位。这是对Granovetter(1973)"弱联系"功能的结构化描述。更进一步,林南(中译本,2004)形象地称其为"社会桥",用桥梁来形容社会网络中一个行动者关系丛与另一个行动者关系丛之间的联系。结构洞理论偏重于考察这个联系渠道本身的结构,而衡量其本身的社会资本。社会桥理论偏重于考察行动者与这个联系渠道之间的关系,而衡量行动者的社会资本。本书的视角是两者的结合,我们认为行动者的社会资本在于其通过这个联系渠道获取外来资源的能力,这个能力的大小在于联系渠道本身结构的合理性。具体到上市家族企业,独立董事群体是联系企业边界内外的社会桥,这个桥梁的社会网络结构设计决定了家族企业利用独立董事获取外部社会资本的能力。

在以下讨论中,我们将应用"社会桥"行文,取其语言的形象性。在内容上,则是对"社会桥""结构洞"和"弱联系"综合应用。事实上,这三种概念仅是侧重于不同视角,它们互补地讨论了同一种经济社会现象。

三、开发支出与社会资本

自熊彼特的创新理论提出以来,技术创新是企业成长基本动力的观点在众多的研究成果中得到证实。现有研究充分证明了研发投入与企业绩效之间的正向关系,甚至估算出在企业层面的 R&D 产出弹性约为

0.05—0.60(吴延兵,2008)。

目前关于企业研发问题研究的重点之一是关于其影响因素的确定。相关研究发现,企业规模(周黎安、罗凯,2005)、所有制和CEO激励(李春涛、宋敏,2010)、管理层特质(刘运国、刘雯,2007)等因素均影响了企业研发投入。此外,还有一些文献开始讨论企业家社会资本对企业研发策略的影响。基于环境作用层面,Dakhli 和 De Clercq(2004)通过对59个国家的横向比较,基本支持社会资本与技术创新之间的正向关系;基于运作机理层面,Yli-Renko 等(2001)从知识获取的角度,将社会资本与企业知识创新联系在一起;而在对中国情况的实证研究方面,陈爽英等(2010)从企业家的协会关系资本、政治关系资本、银行关系资本的角度,论证了民营企业家社会资本对企业研发投资决策的影响。

总之,研发支出作为一项包含重要社会经济学含义的解释变量,被众多有关社会资本的研究所采用。但研究中关于研发支出的计量一直是一道难题。我国2006年2月15日颁布、2007年1月1日起在上市公司实施的《企业会计准则》,为该问题的解决提供了便捷之门。该准则要求上市公司在满足一定条件下可将开发阶段发生的支出确认为无形资产,计为开发支出。进而,开发支出就成为衡量上市公司研发投入的直接、简便的计量变量。目前,程小可等(2010)的研究证明,开发支出具有强大的解释力。不过对此,赵武阳和陈超(2011)却有不同意见,认为开发支出披露的信息不如董事会报告等方式提供的信息准确。所以,本书的研究也是对研发信息披露方式的一种判断。

四、研究假设

以上文献回顾和理论分析说明,开发支出与企业成长能力紧密相连。而家族企业的成长,特别是发展到一定阶段的家族企业的成长,需要积极吸纳外部社会资本。在本书中,我们将家族企业社会资本的拓展任务交给独立董事,同时提出独立董事的社会桥结构设计是影响其功能发挥的前提。

现在的问题是,独立董事的社会网络结构如何衡量?我们知道,社会资本是一个比较宽泛的概念,不同的研究视角会关注社会资本的不同层次和构面。大体上可分为组织内个体社会资本、组织内集体社会资本和组织外社会资本三大体系。而组织外社会资本中有一类研究视角是强调组织如何依赖人际连带而获取外部资源(罗家德,2008)。显然,这一研究视角是符合本书所考察的组织如何依赖独立董事而获得资源支持的。这一视角认为组织社会资本的获得与人际连带的网络结构密切相关,具体而言包括三类指标:网络规模、网络成分和网络密度。网络规模主要考察网络成员的多少,网络成分关心网络成员的构成类型,网络密度则测量网络成员之间联系的密切程度。

网络规模,在本书的研究中显然指的是独立董事群体的大小。这是过往关于独立董事研究的核心变量,不过在多数研究中独立董事数量的多少往往被用以指代董事会独立性的强弱。而本书则认为,独立董事规模越大,反映出企业通过独立董事接触到的有关技术、市场等信息越多,获取相关资源的能力越强,进而企业加大研发投入的可能性更高。Helena 等(2001)对高新技术企业的研究提供证据表明,社会关系连带积极地影响了企业获取知识的能力,并最终反映在技术研发的成就上。由此,提出假设1:

假设1:独立董事网络规模与企业开发支出正相关。

网络构成,是反映独立董事社会桥形态的重要指标。伯特(中译本,2008)的结构洞理论对此项指标的研究较充分,它强调行动者在社会网络中的"非冗余联系"。"非冗余联系"从两个角度刻画。一方面,要求行动者所连接的其他人不能来自同一个强关系连接的网络。另一方面,要求行动者所连接的其他人作为社会桥时,也不能导向同一个网络。即无论直接还是间接,高质量的网络构成是一个可以联系异质性资源的网络,它有利于对全新知识进行探索和获取(Hansen,1999)。对于独立董事群体而言,他们给企业带来的信息和资源是没有冗余的,满足研发知识要求的互补性和新颖性。由此,提出假设2:

假设2:独立董事网络构成的非冗余性与企业开发支出正相关。

网络密度,体现了独立董事群体内部的互动性。根据 Coleman(1988)的社会资本理论,密切的社会互动有助于社会信任和规范的产生,是社会资本产生的源泉。而 Zaheer 等(1998)则证明,良好的信任关系会加强信息的交流和理解,进而促进知识的深度学习。显然,这正是企

业技术创新的基础。由此,提出假设3:

假设3:独立董事网络密度与企业开发支出正相关。

总之,以上的网络规模刻画了企业通过独立董事可能获得的信息、知识等资源的数量,网络成分则反映了这些资源的质量,而网络密度衡量了这些资源可能被企业应用的效率。

3.3.2 研究设计

一、研究样本与数据来源

按照《企业会计准则》要求,上市公司披露开发支出的最早时间是2007。所以,本书的研究样本不能早于2007年。又因为研究中要考虑独立董事的任期问题,而一届董事会的任期基本为3年。所以,首先使用CSMAR研究数据库,寻找到2007年的民营上市公司609家。然后,去除外资类、集体类、社会团体类和职工持股会控制类等非家族控制的企业,保留最终控制人可以追溯到个人或家族的上市公司,共得到502家。随后,将2004年以后上市的156家,以及2004年以后民营化转制的119家扣除。最后,再删除3家金融类公司,共得到样本公司226家。

针对这226家公司,使用CCER数据库,确定2007年和2010年之间,披露了开发支出的公司,共得到213组数据。其中,2007年年报披露开发支出的公司有43家,2008年披露了52家,2009年披露了54家,2010年披露了64家。可见,每年大约只有1/4的家族公司发生开发投入资本化的情况,上市公司技术创新的积极性不高。可喜的是其增长还算平稳。此外,实证研究所涉及的财务数据均来自CCER数据库。有关独立董事的社会网络结构的数据,则通过各上市公司年报手工收集整理。

二、独立董事社会桥网络结构的计量

(1)网络规模的计量。独立董事群体的网络规模,由独立董事人数的绝对值或相对值来表示。在本研究中,我们认为人数的绝对值不是一个好的指标。因为董事会作为合议制的会议体机关,一个亚群体规模的大小在于其占据的比重的大小。同时,在本书的全部研究样本中董事会规模差别很大,从5人到15人不等。更重要的是,本书的研究将独立董事制度的建设情况与公司吸纳外部资源的开放性联系起来。所以,用独立董事人数与董事会规模之比,来衡量独立董事的网络规模,记为Scale。

(2)网络构成的计量。如前所述,一个开放的独立董事社会桥,要吸纳更多的外部社会资本,相互之间的联系应表现出非冗余性。而非冗余联系主要由"内聚性"和"结构性同值"两项指标决定(伯特,中译本,2008)。"内聚性"标准说明,如果一家公司的独立董事各自拥有的是同样或者同质的社会资源,他们之间没有结构洞,则独立董事之间的联系是冗余的。同时,我们认为独立董事的职业背景是决定其社会资源特性的最重要因素。来自学术机构的独立董事的资源主要是经营决策的知识,而经营决策的经验和技能由工商界的独立董事带来,政府退职下来的独立董事让企业获得了政治关联,律师、会计师等专才独立董事填补了公司的专门知识和关系空隙。所以,我们用独立董事职业背景的非冗余性作为衡量独立董事网络构成的第一项指标,记为Occupy。其计算公式为 $\text{Occupy}_{it} = 1 - \sum_{j=1}^{n}(X_{itj}/Y_{it})^2$。等式右边的后一项为赫芬德尔指数。其中,$X_{itj}$表示公司$i$第$t$年职业背景为$j$的独立董事的人数,$Y_{it}$为公司$i$第$t$年的独立董事总人数。$\text{Occupy}_{it}$越大,表明公司$i$第$t$年独立董事的职业背景非冗余性越强。而职业背景的类型在本书中分为四类,分别是前述的学术机构、工商界、政府退职和专才类。其中,学术机构由高校和研究机构组成;工商界指各类工商业企业;政府退职人员不仅指退休官员,也包括其他在政府部门中有任职经历的人士;专才主要指来自律师事务所和会计事务所的专业人士。这些职业背景信息均来自上市公司年报中的披露。

"结构性同值"指标是指无论人们之间的直接联系是否有冗余,如果他们均导向相同的信息源,他们也是冗余性联系。本书认为,若独立董事长期一同共事,"弱联系"会转变为"强联系",各自原先独有的资源也可能将共有化。所以,独立董事群体的任职时间如果是交错的,将更可能创造更多的结构洞。于是,我们将独立董事任期的交错性作为衡量独立董事网络构成的第二项指标,记为Tenure。引入赫芬德尔指数后其计算公式为,$\text{Tenure}_{it} = 1 - \sum_{j=1}^{n}(X_{itj}/Y_{it})^2$。其中,$X_{itj}$表示公司$i$第$t$年与第$j$年就任的独立董事的人数,$Y_{it}$为公司$i$第$t$年的独立董事总人数。Tenureit

越大,表明公司 i 第 t 年基于独立董事任期的非冗余性越强。

(3) 网络密度的计量。网络密度是有关独立董事之间以及独立董事与公司之间联系的密切程度,本书将从行为表现和行为意愿两方面进行测量。首先,使用独立董事缺席董事会的平均次数,来表现独立董事参与网络联系的密切程度,记为 Absent。我们认为缺席次数多表明独立董事可能游离于群体之外,对公司的组织承诺低。这正如对于一般员工,缺勤率和离职率是判断员工组织承诺的基本指标一样。其次,使用独立董事的平均年薪,来表现公司对独立董事积极行为的激励,记为 Salary。我们认为薪酬的高低代表了公司对独立董事积极行为的推动,反映了公司对外部社会资源的开放性。

三、其他变量定义

根据研究主题设计,开发支出是本书实证研究的被解释变量。考虑到它与其他变量量纲差别过大,特别是为了避免回归中可能出现的异方差问题,我们将开发支出取自然对数作为计量指标,记为 Develop。另外,根据以往研究的经验,一些文献采用开发支出与营业收入之比作为计量标准。但我们发现,如此处理后数据过小,不太满足数据的对称性要求。所以,该指标留待稳健性检验使用。

表 3-1 研究变量及其定义

变量类型	变量名		变量代码	变量计量
被解释变量	开发支出		Develop	公司年度开发支出(元)的自然对数
解释变量	网络规模	独董比例	Scale	独立董事的总人数/董事会规模
	网络构成	职业非冗	Occupy	基于职业背景的 H 指数的计算
		就任非冗	Tenure	基于就任时间的 H 指数的计算
	网络密度	平均缺席	Absent	年度内平均每名独立董事缺席董事会的次数
		平均年薪	Salary	年度内平均每名独立董事的年薪
控制变量	公司规模 资产负债率 营业收入增长率 行业类型 样本年度		Size Debt Reven Industry Year	当年公司资产总额(元)的自然对数 当年负债合计/资产合计 当年营业收入相对前一年营业收入的增长值 由 CSRC 行业分类决定的哑变量 区分 2007 年至 2010 年的三个哑变量

此外,在控制变量的选择上,本书采用公司资产总额的自然对数(Size)衡量公司规模,采用资产负债率(Debt)衡量公司财务质量,采用营业收入增长率(Reven)衡量公司成长性。另外,还对公司行业类型(Industry)和样本年度(Year)作哑变量控制。其中,行业类型采用CSRC行业分类,由CCER数据库给出。在本研究样本中涉及七类行业,其中制造业占全部样本的69%。表3-1归纳了本书所采用的研究变量及其定义。这些变量将分别进入OLS回归模型进行检验。

3.3.3 实证分析

一、样本数据特征

表3-2报告了样本数据的描述性统计分析结果。这里关注独立董事社会桥网络结构的数据。首先,根据《关于在上市公司建立独立董事制度的指导意见》的规定,在2003年6月30日前,我国上市公司董事会成员中应当至少包括1/3的独立董事。而在我们的样本中,绝大部分是满足该条件的,仅七组样本由于各种原因没有达到要求。但是问题是,有太多的公司,共105组数据,占全部样本的49.30%,仅仅达到底限要求,即刚好任了1/3的独立董事。这种来自管制而非经济理性的选择,显然会影响本文经济假设的证明。其次,对于网络构成,无论是基于职业背景的非冗余性安排,还是基于就任时间的非冗余性安排,数据均呈现一定的正态分布特征。相比较而言,受到"换届选举"模式的影响,就任时间安排的非冗余性偏弱。考察网络密度的数据,发现其分布比较集中。其中,独立董事的平均年薪,基本在5万元上下。而董事会缺席的情况并不太严重,平均每人每年缺席数仅仅0.304次。

表3-2 样本数据的描述性统计

		最小值	最大值	平均值	标准差
开发支出(Develop)		1.131	19.399	15.323	1.637
网络规模	独董比例(Scale)	0.222	0.500	0.369	0.052
网络构成	职业非冗(Occupy)	0.000	0.782	0.461	0.183
	就任非冗(Tenure)	0.000	0.720	0.304	0.250

(续表)

		最小值	最大值	平均值	标准差
网络密度	平均年薪(Salary)	0.800	22.300	5.420	2.549
	平均缺席(Absent)	0.000	3.000	0.340	0.491
公司规模(Size)		19.243	24.505	21.334	1.020
资产负债率(Debt)		0.082	0.782	0.431	0.157
营业收入增长率(Reven)		−1.000	1.324	0.108	0.370

表 3-3 考察本书研究所确定的因变量与自变量之间是否存在较高的相关性,并判断自变量之间的共线性问题是否严重。数据显示,独立董事社会桥网络构成的两个变量以及网络密度的两个变量,与公司开发支出均有显著的相关性,符号方向与假设也一致。但是,正如数据描述中发现的,独立董事规模指标与公司开发支出之间没有呈现显著的相关关系。此外,自变量之间并没有发现严重的共线性问题。不过值得注意的是,独立董事的年薪在一定程度上与其他网络结构指标存在相关性。其透露出的含义是,独立董事网络结构的优化设计是一项要花费成本的工作。

二、回归分析

表 3-4 报告 OLS 回归的结论。在全部八个模型中,各变量的方差膨胀因子 VIF 的最大值为 1.672,远远小于 10,容忍度的最小值为 0.598,远远大于 0.1,可排除因子间的多重共线性问题。同时,八个模型的 F 值最低为 2.774,P 值全部小于等于 0.001,显示八个模型整体均达到显著水平。

关于独立董事网络规模的检验结果,不支持此前的假设 1,没有发现独立董事规模与公司开发支出之间的联系。但是,我们认为这是管制安排的结果,而非公司的理性选择。在我们的研究中有 49.30% 样本,刚好符合证监会底限要求的人数。这说明我国上市公司董事会的独立性建设远远不够,很多公司引入独立董事还是一种被动安排。所以,假设 1 没有得到验证源于数据被干扰,而非经济分析的差错。

对独立董事网络构成的检验,则完全支持假设 2。我们看到,基于独立董事职业背景的非冗余安排,以及基于就任时间的非冗余安排,均与公司开发支出呈显著正相关关系,证明了在独立董事这个社会桥上的结构洞越多,公司吸纳外部资源的能力越强。其中,模型 4 的调整的 R^2 高达

表3-3　样本变量Pearson相关分析(左下)和Spearman相关分析(右上)

	Develop	Scale	Occupy	Tenure	Salary	Absent	Size	Debt	Reven
Develop		-0.058	0.480***	0.281***	0.240***	-0.246***	0.084	-0.096	0.006
Scale	-0.060		0.028	0.195***	-0.050	0.102	0.003	-0.064	0.046
Occupy	0.435***	-0.055		0.108	0.226***	-0.038	-0.082	-0.113	0.067
Tenure	0.302***	0.147**	0.128*		0.293***	-0.130*	0.140**	0.056	-0.066
Salary	0.309***	-0.057	0.267***	0.265***		-0.181***	0.185***	-0.027	0.052
Absent	-0.243***	0.080	-0.090	-0.121*	-0.209***		-0.048	-0.010	0.023
Size	0.085	-0.014	-0.098	0.086	0.178***	-0.027		0.392***	0.081
Debt	-0.093	-0.056	-0.090	0.053	-0.007	-0.011	0.418***		-0.057
Reven	-0.005	0.037	0.052	-0.058	0.012	0.019	0.101	0.026	

注：***、**、*分别表示在0.01、0.05、0.10的水平上显著。

表 3-4 回归分析表

被解释变量:开发支出(Develop)

		模型 1	模型 2	模型 3	模型 4	模型 5	模型 6	模型 7	模型 8
截距项		11.947*** (4.664)	7.572*** (3.467)	10.436*** (4.480)	7.567*** (3.583)	11.497*** (4.849)	10.898*** (4.568)	11.563*** (4.921)	9.377*** (4.157)
网络规模	Scale	-3.194 (-1.493)							-2.172 (0.245)
网络构成	Occupy		4.074*** (7.549)		3.831*** (7.265)				3.449*** (6.360)
	Tenure			1.813*** (4.139)	1.458*** (3.706)				1.408*** (3.491)
网络密度	Salary					0.185*** (4.333)		0.168*** (3.905)	0.063 (1.549)
	Absent						-0.629*** (-2.815)	-0.471** (-2.134)	-0.404** (-2.054)

（续表）

<table>
<tr><th colspan="2"></th><th colspan="8">被解释变量：开发支出（Develop）</th></tr>
<tr><th colspan="2"></th><th>模型 1</th><th>模型 2</th><th>模型 3</th><th>模型 4</th><th>模型 5</th><th>模型 6</th><th>模型 7</th><th>模型 8</th></tr>
<tr><td rowspan="6">控制变量</td><td>Size</td><td>0.257**
(2.181)</td><td>0.311***
(2.984)</td><td>0.240**
(2.120)</td><td>0.293***
(2.892)</td><td>0.166
(1.424)</td><td>0.256***
(2.203)</td><td>0.173
(1.501)</td><td>0.243**
(2.355)</td></tr>
<tr><td>Debt</td><td>-1.818**
(-2.384)</td><td>-1.429**
(-2.121)</td><td>-1.841**
(-2.518)</td><td>-1.487**
(-2.277)</td><td>-1.535**
(-2.073)</td><td>-1.740**
(-2.315)</td><td>-1.540**
(-2.099)</td><td>-1.425**
(-2.189)</td></tr>
<tr><td>Reven</td><td>-0.349
(0.281)</td><td>-0.456
(-1.599)</td><td>-0.238
(-0.766)</td><td>-0.355
(-1.280)</td><td>-0.312
(-0.988)</td><td>-0.310
(-0.974)</td><td>-0.290
(0.355)</td><td>-0.329
(-1.181)</td></tr>
<tr><td>Industry</td><td colspan="8" align="center">已控制</td></tr>
<tr><td>Year</td><td colspan="8" align="center">已控制</td></tr>
<tr><td>F 值</td><td>2.774***</td><td>7.812***</td><td>9.435***</td><td>8.700***</td><td>4.206***</td><td>3.286***</td><td>4.301***</td><td>7.905***</td></tr>
<tr><td colspan="2">Adj-R²</td><td>0.099</td><td>0.295</td><td>0.165</td><td>0.377</td><td>0.166</td><td>0.123</td><td>0.181</td><td>0.360</td></tr>
</table>

注：***、**、*分别表示在 0.01、0.05、0.10 的水平上显著；括号内的数据为 t 值。

0.377,拟合优度很好。此外,我国目前董事会交错任期制被应用的不多,换届选举制使得独立董事的就任时间相对一致,这反映出基于就任时间的非冗余安排略差于基于职业背景的非冗余安排。

假设 3 关于独立董事网络密度的设想,基本被实证数据支持。其中,反映独立董事行为表现的指标——平均会议缺席率,与开发支出显著负相关。反映独立董事行为动力的指标——平均年薪,与开发支出显著正相关。不过,相比较而言,年薪指标对模型的贡献略低一些。我们认为,我国上市公司董事会建设中的制度模仿较为普遍,独立董事年薪 5 万成为一种"心理锚定",影响了公司的差异化选择。

三、稳健性检验

在以往对研发支出问题的研究中,一些文献将研发支出与营业收入或资产总额之比作为计量标准。为此,在稳健性检验中我们使用开发支出与营业收入之比作为被解释变量,其他变量不变。实证发现,相关性检验与原模型基本相仿,仅平均会议缺席率一项指标变差。在多元线性回归中,常数项的显著性不够,很可能发生此前预判的异方差问题。而其他变量的关系基本未发生大的变化。其中,平均会议缺席率未通过检验,但平均年薪的显著性却提高很多。此外,在原被解释变量不变的情况下,增删市盈率、每股收益等控制变量,研究假设仍得到相同验证。

本节通过一个实证研究表明了社会资本对于家族企业的重要性,也尝试对社会资本定量统计并进入一般经济学分析范式。已完成的研究说明,家族企业之所以成为一种生命力强大的经济组织形式,源于其独有的制度优势。家族社会资本对企业单元的支撑,使得家族企业能以相对低的交易成本组织和使用各种经营资源。然而,这种家族企业赖以为继的社会资本存在着显著的专用性特征。一旦这些社会资本可以调集的资源无法满足企业发展要求,家族边界将成为外部资源进入的屏障。因为长期对家族内专用社会资本的依赖,会使得家族企业缺乏来自企业边界外的社会资本。所以,一方面,家族企业的制度优势——高效调集和使用家族专用社会资本,是家族企业立身之本,企业边界的相对封闭性希望得到维护。另一方面,企业规模的不断增加又必须扩张或突破家族边界,得到外部社会资本的支持。而独立董事制度恰恰是一种可以兼顾两个方面的制度安排,既不会破坏家族边界,又可以引入外部资源。所以,从资源支持的视角,独立董事是联结企业边界内外的社会桥。

本章小结

上一章证明了家族企业不同于一般企业的特殊之处在于,它被嵌入了家族社会资本契约。沿着这一特征,本章证明了社会资本契约在功能上与产权契约构成替代关系,家族企业无需正式的产权安排也可以完成一部分的治理任务。社会资本契约的存在正是家族企业的制度优势。然而,社会资本也存在着一定的副作用。特别在家族企业中,社会资本的专用性属性很强,这造成了负的外部性问题,导致家族企业的边界封闭性程度很高,难以获得外部资源的支持。本章最后有关独立董事社会桥功能的实证研究,反对来证明了这一点。所以,治理好家族社会资本契约就是家族企业治理的核心任务。

此外,本章第一节分析中关于交易成本理论和治理结构理论的应用,第二节对资产专用性概念的引入,充分说明了,只要把握住社会资本的本质属性,对它的研究完全可以使用企业契约理论的分析思路和研究工具。这为此后家族企业治理的研究打开了一道突破口。

第 4 章　家族契约治理的任务

家族企业治理不是一般公司治理方法的边际调整,家族企业中独有的家族契约有其特定的治理任务。但是,任何制度治理的逻辑原则都是从确定制度缺口开始,以填补制度缺口为任务。而此前章节研究已经说明,家族社会资本具有的专用性特征,是诱发家族企业制度缺口的原因。于是,寻找家族专用社会资本契约的缺口所在,明确填补这个缺口的基本思路就是本章的讨论主题。当然,公司治理的查缺、补缺的一般逻辑需要事先达成共识。

4.1　公司治理的一般逻辑

本书开篇就强调家族企业治理是一项复杂的任务,绝不是加入一些家族元素,将一般的公司治理做些边际修订就可以完成的。但是,所有经济组织的治理逻辑是一致的。鉴于一般公司治理研究相对于家族治理研究要成熟一些,所以接下来我们探讨公司治理的一般逻辑,以寻找家族治理的基本脉络。[①]

4.1.1　从企业的契约本质看公司治理的内涵

一、企业契约及其不完备性

第一章对于企业契约及其不完备性进行了较充分的文献综述,这里

---

① 本节内容的主要论点最早发表于笔者早期的三篇论文:《现代公司制度的内涵延伸及治理:一个分析框架》(发表在《改革》2006 年第 11 期),《从公司治理起源看其制度治理内涵》(发表在《经济管理》2007 年第 19 期),《董事会的功能范畴与功能定位———一个动态匹配框架及来自中国的经验证据》(发表在《经济经纬》2012 年第 3 期)。笔者 2014 年所著由北京大学出版社出版的《公司治理》,也阐明了本节内容的部分观点。

作一个总结,以引出公司治理的定义。

Coase(1937)开创性地提出:资源的配置有两种方式,除了企业外部的市场交易方式外,还可以通过企业内部的行政协调方式完成;在市场机制下,生产是由价格运动引导的,而价格运动引导生产是通过一系列市场交易来协调的。在企业内部,资源配置则通过权威和命令来进行;然而,制度的实施会发生成本。市场机制下的交易会发生交易成本,企业正是为了节约交易成本而存在。所以,企业是市场的替代物,权威机制是价格机制的替代物。

当企业使用权威来替代价格进行资源配置时,交易成本就被大大地节约了,主要原因在于市场上的一系列短期契约被企业这个长期契约所替代。一方面,企业式经济合作中的立约数量大大减少,因而降低了交易成本。另一方面,长期契约能促进"双赢"的努力。在长期契约的长远利益的诱导下,一部分机会主义行为可以被避免,也有利于专用性资产的投入。因而,科斯赋予了企业契约本质。在科斯之后,企业的契约观被不断发展。Alchain 和 Demsetz(1972)指出,企业是一种专门收集、整理和出售信息的市场,企业的契约安排是一种能与中心的代理人进行再谈判的简单契约结构。因而,企业的本质是一系列契约的联结。张五常(1983)透过契约的长短期形式的表面,认为企业与市场的不同是生产要素契约替代了中间产品契约,是要素市场替代了产品市场。

企业契约相对于市场契约而言,一项契约特征显得十分突出,即契约的不完备性。世上的契约很难做到完备,人们无法准确描述与交易有关的所有未来可能出现的状态,以及每种状态下契约各方的权利和义务。也就是说,由于个人的有限理性,外在环境的复杂性、不确定性,信息的不对称和不完整性,契约当事人或契约的仲裁者无法证实或观察一切,这就造成契约条款是不完全的。这也要求设计不同的机制以对付契约条款的不完全性,并处理由不确定性事件引发的有关契约条款带来的问题。企业契约相较市场契约而言,不完备程度会更为严重,因为企业契约的长期性将导致其面临更多的不确定性。同时,由于企业契约的不完备程度较高,就产生一些在契约中无法说明其归属的剩余下来的决策权,这被称剩余控制权。在 Grossman 和 Hart(1986)看来,剩余控制权等同于企业所有权。

二、公司治理的概念与内涵

可见,企业作为契约联结而成的经济组织制度,是不完备的,是有缺口的。那么,就应该存在另外一种制度,去填补这个缺口。这种制度就是公司治理。公司治理是指针对公司制度的不完备之处,有关公司剩余控制权配置及行使的制度系统。

首先,公司治理的目的是弥合公司制度的不完备之处。严格地说,从企业的契约性质中,推演出来的概念应该是企业治理,即填补企业制度的不完备之处的制度体系。公司作为企业制度的一种形式,公司治理也只是企业治理的一种情况。厘清公司治理与企业治理的区分和联系很重要,它强调公司治理的根本来源是企业契约的不完备性,而不同的企业制度的契约缺口会有差别,所以若要把握好公司治理问题,就需要把公司制度的特殊性从一般企业中独立出来。在下一小节的讨论中,可以发现目前公司治理的重要主题围绕着的的确是公司制度的特有缺口。于是,要解决家族企业的治理问题,首要任务就是找到家族企业制度的缺口所在。这就是公司治理的基本逻辑。

其次,公司治理的任务围绕着如何配置和行使剩余控制权展开。从所涉及内容的角度看,公司制度的缺口在于利益相关者无法就一部分活动的决策权作出明晰的划分,这些未被事先分配的权力就是剩余控制权。所以,公司治理任务就围绕着剩余控制权展开,并包含两个层面的内容:一是剩余控制权的配置,即谁在什么状况下有权控制公司。二是剩余控制权的行使,即公司运行中的权力使用、权力制衡、收益和风险分担等。

最后,公司治理的性质是一套制度系统。既然公司是有缺口的一套契约制度,那么填补这个缺口的公司治理自然也是一种制度安排。同时,公司治理制度是广义的制度安排,不仅包括正式制度及其执行机制,也包括非正式制度及其执行机制。显然,家族企业中的基于家族社会资本契约的治理机制更具非正式性。另外,公司治理制度具有关系契约性质。关系契约是对不完备契约的一种反应,它不以消除契约的缺口为目的,而是建立一套以契约缺口本身为治理客体的制度框架。如前所述,家族企业治理留下的交由关系契约处置的缺口更大。

4.1.2 从公司的契约特征看公司治理的任务

在各种类型的企业制度中,针对公司制企业的公司治理研究相对成熟,已有的研究概括出公司治理的任务主要是代理型公司治理和剥夺型公司治理(宁向东,2006)。为什么公司治理的任务是这两类?是否符合我们此前的论断?

一、公司制度的出现

总体说来,企业制度可以分为古典企业制度和现代公司制度两类。古典企业制度的代表是个人业主制企业和合伙制企业两类。个人业主制企业是企业制度最初始的形态,属于自然人企业,业主要对企业负债承担无限责任。个人业主制是最完美的激励企业家精神的企业制度。但是,也存在着缺乏支撑企业发展的物力和人力资本的重大缺陷。一方面,企业资产来源有限,企业难以获得扩张规模的资金支持。另一方面,企业规模略有扩张后,限制在个人或家庭范围内的人力资本就很可能会影响到决策的质量。面对着个人业主制企业在规模扩张上的能力缺陷,企业制度"顺理成章"地演化出了合伙制企业。但是,"合"所固有的缺陷也破坏了业主制企业的根本优势,完美的激励机制不复存在。当企业所有权和经营管理权不再具有排他性后,产权边界的模糊导致产生了外部性问题。特别在无限责任制度下,外部性产生巨大的连带风险。这决定了合伙制企业扩大规模的能力极其有限。

于是公司革命爆发了,现代公司制度得以出现。第一场公司革命是有限责任制度的出现。所谓有限责任,《公司法》"总则"第3条规定是:"公司以其全部财产对公司的债务承担责任。有限责任公司的股东以其认缴的出资额为限对公司承担责任;股份有限公司的股东以其认购的股份为限对公司承担责任。"有限责任意味着有限的风险,有限责任制度的最大优点就是将股东的风险上限限定在出资额上,投资者的连带风险被解除了。同时,有限责任制度也有利于外部资本市场的发展,满足了社会化大生产的巨额资本需求。第二场公司革命是职业经理制度的普及。随着技术、市场和交通通讯的发展,企业规模日益扩大,并伴随着技术和管理过程的复杂化,企业的经营管理成为一项专业度很高的职业工作。钱德勒(中译本,1987)就将现代公司定义为,由一组支薪的中、高层经理人员所管理的多单位企业。

可见,企业制度的演进遵循两个目标:一是解决企业发展对物力资本的需要,二是解决对人力资本的需要。从优胜劣汰的制度进化逻辑看,现代公司制度是市场选择的结果。现代公司制度的出现有赖于所谓公司革命的"变异",其中,有限责任制度革命解决了物力资本需求问题,经理制度革命解决了人力资本需求问题。

二、公司制度的缺口与公司治理的任务

有限责任制度和经理制度的革命意见自不待言,问题是它们有没有副作用呢?事实上,公司革命的副作用不但存在,而且还十分严重。

首先,从相对较早被人所察觉的经理制度的副作用谈起。经理革命引入了职业经理,也引入了股东与经理之间的委托—代理契约关系。股东与经理的合作所创造的价值溢出是委托—代理关系建立的前提,但是两者之间也存在两处矛盾:第一是目标的冲突。作为委托人的股东,其目标一般很清晰,就是让公司更多地盈利。但是,经理的目标就可能是为自己赚钱,甚至更偏好于满足权力欲、贪恋体面的在职消费、享受悠闲的生活等。第二是信息的不对称。更重要的是掌握信息优势的一方往往是作为代理人的经理,经理的行为、经理的特征无法被股东完全察觉;而且,经理的信息还时常被淹没在同样难以预见和难以观察的环境信息之中。在这两处矛盾之下,委托—代理契约就产生了委托—代理问题。

在我们享用着经理革命的好处时,也要处理它带来的问题。这一问题就是公司制企业面临的一类公司治理问题,也称为代理型公司治理问题(宁向东,2006)。它产生于股东与经理之间的关系,核心是如何控制经理。这也是公司治理理论研究早期关注的问题。如何解决代理型公司治理问题呢?其实,这个"解决"是不可能的。因为它来自于经理制度,是经理制度的副作用,也是公司制度的缺口。这个缺口,需要相应的公司治理制度去填补。

其次,有限责任制度革命创立了建立在资合而非人合基础上的出资人契约关系,大大降低了股东的投资风险,促成了资本的极大集中。在这一契约关系下,责任是清晰的、有限的,但与责任相对应的权力却是难以清晰的、难以被制约的。一个简单的事实是,当一名股东拥有51%的股份时,他承担了51%的公司责任,但他的权力却是100%。权责对称的基本管理思想反映,当责任和风险有限的时候,其所有者的权力和利益也必须"对称地有限",否则外部不经济的恶果难免会出现。而现实中,这种权力和责任不对称的情形普遍存在。在这种不对称的情形中,被称为控制股东的一方,往往享受的权力大于承担的责任,而被称为中小股东的一方往往要为控制股东承担风险。控制股东在公司经营尚可的时候,攫取公司利益,当公司难以为继的时候,控制股东则"享受"有限责任,一走了之。

这种控制股东剥夺其他股东的问题,就是有限责任制度革命的副作用,也是公司制企业面临的一类公司治理问题。在一些文献中称其为第二类代理问题,反映了这是非控制股东与控制股东之间的委托—代理矛盾。不过,本书应用宁向东(2006)的更为形象的定义,称其为"剥夺型公司治理问题"。如何解决剥夺型公司治理问题呢?同样,这个"解决"是不准确的。因为它来自于有限责任制度,是有限责任制度革命的副作用,也是公司制度的缺口。面对这个缺口,也需要相应的公司治理制度去填补。在公司制度的发展历程上,演化出了法人独立制度,应让公司法人与自然人股东在法律面前人人平等,不能让股东凌驾于公司之上。

三、公司治理的逻辑

以上讨论了公司治理的产生及其任务,图 4-1 是对这部分内容的刻画。

首先,古典企业制度无法解决企业发展的两大瓶颈——对人力资本和物力资本的需要。于是,公司制度革命爆发了。这两次革命产生了公司制度的标志性特征,一是职业经理专职于公司经营,二是有限责任制度限定了股东的投资风险。然而,仅满足这两点特征的公司制度是存在重大缺陷的,诱发了两类公司治理问题。其中,经理革命的副作用是产生了代理型公司治理问题,有限责任制度的副作用是产生了剥夺型公司治理问题。当然,自然演进的公司制度不会对其内在缺口束手无策。以董事会制度为主的制度体系以监管经理为任务,执行代理型公司治理任务。

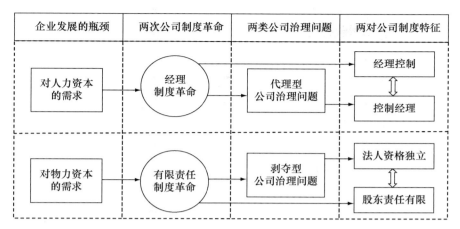

图 4-1 公司治理的产生与任务

以法人独立为原则的制度体系以限定控制股东权力为任务,执行剥夺型公司治理任务。因而,完整的公司制度是两对特征的组合,既体现公司制度革命的精神,也处置公司制度革命的副作用。

由此可见,公司治理,准确讲应该是企业治理,是企业制度的纠错机制,以填补企业契约的缺口为目的。由于不同的企业制度的缺口是不同的,因而各种企业治理的起点是找到这种企业制度的缺口所在。其中,公司制度的缺口最显著,因而公司治理问题最突出。所以,公司治理的一般逻辑可以概括为两点,一是查缺,二是补缺。其他企业制度的治理逻辑也是先查缺后补缺。

基于公司治理的一般逻辑,如果家族企业的制度缺口与一般公司是不一致的,那么家族企业的治理就不能照搬一般的公司治理方法。笔者不满意目前的一些研究,是因为许多文献仅仅在一般公司治理理论体系之上加入了少许家族因素就认为是家族企业治理。事实上,家族企业制度与一般公司制度存在重大差别,家族社会资本的涉入是家族企业的独有现象。

4.2 家族社会资本涉入下家族—企业契约的治理任务

广义地讲,家族社会资本的治理契约包含两个层面:一是家族作为一个整体并成为交易一方与企业的契约安排,可称为家族—企业契约;二是家族内部各成员间有关家族社会资本的契约安排,这是本书研究的重点对象,是狭义层面的家族社会资本契约,可简称为家族契约。

4.2.1 家族专用社会资本对家族—企业契约的锁定[①]

公司治理的一般逻辑说明,公司治理是一种用以填补公司制度缺口的制度安排,而公司制度的缺口来自于从古典企业制度中进化出的职业经理制度和有限责任制度。那么,确定家族企业治理任务的前提就是找出家族企业区别于其他企业的制度特征,并从中挖掘出其缺口所在。事实上,本书第 2 章和第 3 章已经分别完成了这两项任务。以下将讨论家族专用社会资本对家族—企业契约的锁定。

一、家族专用社会资本的外部性问题

人们对社会资本的副作用是从其负的外部性的角度认识的。对于这个负的外部性,Fukuyama(1999)使用"信任范围"这一概念来理解。Fukuyama(1999)认为任何群体都存在着一定的信任范围,在这种范围内,合作规范是有效的。当这个信任范围大于群体本身时,该群体的社会资本产生了正的外部性。当信任范围小于群体时,则产生负的外部性。Fukuyama 甚至举例说明,中国的社会资本主要存在于家族或相对狭小的朋友圈里,人们很难信任圈子以外的人,而对圈子以内的人会用相对较低的伦理标准衡量其行为。

如果用社会资本的专用性属性来认识这个信任范围,就会发现所谓的信任范围其实就是某个群体,比如某个家族的家族社会资本的专用范

---

① 参见吴炯:《专用社会资本外部性视阈下的家族企业治理模式》,载《经济理论与经济管理》2010 年第 10 期。

围。如果说社会资本的治理绩效是降低交易成本,那么信任范围之内就是低交易成本范围。当信任范围大于这个群体范围时,说明社会资本的专用性弱一些,比如相对建立的是普遍信任而不是私人信任,相对遵照的是社会规则而不是家庭规则。这时,群体社会资本的投资收益,即对交易成本的降低,符合社会效用大于私人效用的原则,这就出现所谓的正的外部性。

当信任范围小于群体范围时,会产生专用性社会资本的挤压效应,从而出现负的外部性。假设一些人(构成一个群体)共患难(社会资本投资)后建立了亲密的关系(专用性的社会资本),他们之间的信任程度提高,进而交易成本降低。由于交易成本影响了人们对各种制度、契约或行为的相对比较,这种相对比较强调不同交易成本的"序数"排列,从而决定人们对不同制度、契约或行为的选择。于是,群体内的交往增加了,群体、群体成员与外界的交往减少了。又由于社会资本的一个性质——其价值"不会因为使用但会由于不使用而枯竭"(奥斯特罗姆,中译本,2003),群体与外界的社会资本就降低了。这就相当于群体外部者承担了群体行为的成本,即出现所谓的负的外部性。

可见,群体范围与专用性社会资本的专用范围常常不一致,进而引发了或正或负的外部性。而对于家族企业,如果我们把企业核心资源的提供者界定为企业范围,那么,家族企业范围与专用性的家族社会资本范围的不同交叠则会出现不同的效应。

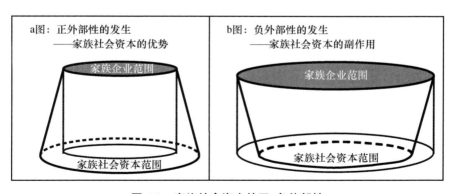

图4-2 家族社会资本的正、负外部性

在图4-2所示的a图中,家族企业范围小于家族社会资本范围,它反映的是家族企业创建期的常见情形。企业的主要资源,包括金融资本、人力资源、经营信息等均来自于家族关系网络之中。专用的共同的家族规则也使得家族企业与家族成员间交往的交易成本较低,企业与全体家族实现帕累托改进,家族社会资本表现出正的外部性。这就是家族企业引入家族社会资本后所呈现的制度优势,一方面提高了家族资源的调集能力,另一方面降低了家族资源的使用成本。

家族企业发展到 b 图所示阶段,不得不摄取家族网络之外的资源时,家族企业制度的负面作用体现出来了。假如这时因专用性社会资本而在企业内部存在封闭的家族群体时,外部的资源提供者将不得不承担额外的成本。比如,职业经理人因家族规则的存在,或者信任程度的差异,被排斥在家族圈子之外,职业生涯的进阶相对困难。又比如,外部股东得不到企业核心信息,随时有被内幕交易侵害的风险。对于这项额外的成本,第一,是相对于资源提供者参与非家族企业而言的;第二,是专用性社会资本的挤压效应所产生的外部不经济的成本;第三,因为参与约束的限制,这项额外成本往往会从资源提供者转移给企业本身。比如,面临更频繁的"跳槽"问题,接受更高的融资成本。当这项额外的外部不经济的成本与家族制度的治理功能相抵消时,家族企业的规模被决定了。对于这项额外成本的产生和构成,还可以采用威廉姆森(中译本,2001)的"简单缔约框架"进行解读,如图4-3所示:

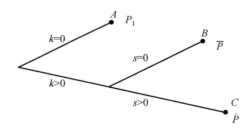

图 4-3 家族—企业契约的缔约

假设一个资源提供者,比如某职业经理人,进入到一家企业中。A 点代表非专用性社会资本企业($k=0$)下达成的契约关系,此时盈亏平衡价格为 P_1;B 点代表专用性社会资本企业($k>0$)下的契约关系,但不提供保障条款($s=0$),盈亏平衡价格为 $\bar{P}$;C 点也为专用性社会资本企业的情况，但此时企业向职业经理提供了保障条款（$s>0$），盈亏平衡价格为 $\bar{P}$。根据威廉姆森（中译本，2001），有 $\bar{P}>\hat{P}$，而所谓保障条款指的是契约的各种治理手段，保证当事人不会被机会主义行为所伤害。

图 4-3 说明，在 A 点，职业经理进入了一家非家族企业，这是一个完全竞争的市场，交易双方的身份不重要，它不需要保障性的治理结构。B 点的交易没有保障条款支持（$s=0$），企业为吸引职业经理必须提高薪酬待遇，$\bar{P}>P_1$。这里 $\bar{P}$ 与 P_1 之差就是前文所说的专用性社会资本壁垒下产生的额外成本。而减少这个额外的成本就是家族企业特有的治理任务。其中一项治理方法就是使交易进入 C 点。C 点享有保障条款，比如给予高额离职保障金、签订有约束力的劳动合同、授予激励相容的股权份额等，避免与资产专用性有关的风险。但是，由于 C 点的 $s>0$，所以 A 点的 P_1 往往是成本最低的交易，因而治理 B 点交易的另一项方法就是回到 A 点。人们往往把返回 A 点理解为去家族化，但是去家族化也去掉了家族企业的制度优势。因此，家族企业治理是一项非常复杂的任务。

二、针对家族—企业契约锁定的家族治理模式

根据公司治理的查缺、补缺逻辑，家族治理的任务之一就是在发挥家族专用社会资本的优势的前提下，治理其负外部性问题。在此仍然需要强调，家族企业引入家族社会资本的制度安排，本身并无弊端，主要问题来自于其负外部性。比如，人们常说家族外部的人很难得到家族成员的信任。事实上，并不是家族成员一开始就不信任外部人，而是家族成员更信任自己人，进而由于社会资本的不用则废的特性，以及交易成本的序列比较原则化，而使外部人逐渐被排挤在家族之外。贺小刚、李新春（2007）提及"国内也曾出现过不少家族企业在引入职业经理人之后又将其辞退的案例"，这说明不是家族企业不愿意信任职业经理，否则一开始就不会引进，而是在引进后无法融为一体。

所以，家族企业治理的重点任务之一是解决家族专用社会资本的外部不经济问题。根据图 4-2 的形象展示，家族企业治理的基本目标就是随着企业范围的扩大而扩大家族社会资本的范围。扩大家族社会资本的方法分为两大类，即按照图 4-3 缔约框架模型的示意，让 B 点的交易关系向 C 点或 A 点转移。向 C 点转移可称为泛家族化，通过保障条款使得某

些外部人进入家族群体;而向 A 点转移,就是让缔约双方处于通用的社会资本条件之上,具体包括三种情况:一种是去家族化,顾名思义就是取消企业社会资本的家族化、专用化,当然这也让家族企业变为了公众化企业;另两种情况是差序家族化和网络家族化,即通过差序化和网络化手段,扩大家族社会资本的专用范围,使特定的缔约者之间的社会资本相对通用化。

其中的去家族化治理,就是通过企业公众化等手段去除了家族社会资本在企业吸引外部资源时的障碍,但也去除了家族企业的独特制度优势。这应该是家族治理的最后一步棋,而且面对在世界范围内保持充分活力的家族企业,特别是近年来异军突起的中国家族企业,去家族化绝不是家族企业发展的唯一出路。事实上,正是因为中国(华人)文化中的泛家族化、差序格局化和多缘网络化,使得中国(华人)家族企业在世界经济文化舞台上熠熠生辉。

图 4-4 是泛家族化治理模式。广义地理解泛家族化就是"把家、家族的内部结构、身份关系、道德伦理、认知模式、互动行为规则扩展到家和家族以外的各个社会层面"(储小平,2003)。严格说,以下所讨论的差序家族化、网络家族化都是建立在广义的泛家族文化之上。而狭义地理解泛家族化,是本书采用的观点。按照朱红军、喻立勇和汪辉(2007)的定义,泛家族化是"对于非家族成员,则用'家族化'的方法,把它们变为'准家庭'、'家族式'的成员,与之建立互助、互惠和信任的家庭价值观,也就将公共关系变为私人关系,利用传统文化促进了企业的利益"。这种狭义的泛家族化治理的要点是:第一,泛家族化的对象是明确的,它是针对具体

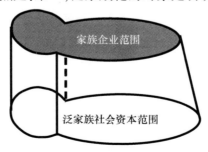

图 4-4 泛家族化治理

资源提供者的"一体化"方式;第二,泛家族化的本质不是管理行为上的激励,而更类似于一体化的并购行为,所以这种方式也可称为家族一体化治理;第三,泛家族化所一体化的不是企业经营资源,而是资源提供者承载的社会资本,进而扩大家族企业社会资本的专用范围;第四,泛家族化的手段很重要,正式的包括给予职业经理人、各类专才股份,非正式的包括邀请职业经理人、各类专才参加家族聚会,甚至认干亲、拜把子。这种手段在威廉姆森(中译本,2001)那里,被认为是保证当事人不会被机会主义行为所伤害的保障条款。

图4-5表现的是差序家族化治理模式。它建立在差序格局型的社会结构之上,反映了中国特有的弹性化的家的概念。"这个'家'字可以说最能伸缩自如了。'家里的'可以指自己的太太一个人,'家门'可以指伯叔侄子一大批,'自家人'可以包罗任何要拉入自己的圈子,表示亲热的人物"(费孝通,2007)。这样的社会格局自然孕育了中国家族企业制度建设的文化基础。中国家族企业往往会自然地呈现出差序格局型的治理结构。企业白手起家时,是仅用到小家庭经营资源和社会资本的家庭企业,而后是逐渐加入直系、旁系的血亲、姻亲的经营资源和社会资本的家族型企业,再发展后会把熟人圈里的朋友、同学、战友等纳入准家族型企业中。在这样的企业发展中,企业专用的社会资本的范围伴随着企业范围的扩大而扩大,专用社会资本的负外部性被抑制了。但是,在此进程中,企业社会资本的专用性程度也同时减弱,社会资本的直接优势也在减弱。如果在一定的环境下,社会资本范围扩大对外部性抑制的好处,持续好于家族化优势的减弱程度,该企业将被去家族化,成为公众企业。反

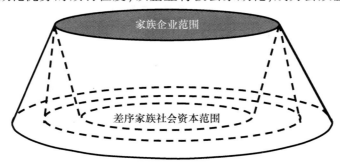

图4-5 差序家族化治理

之,该家族企业的发展将在一定的规模下停止,除非使用其他治理手段。

图4-6是网络家族化治理模式。它同样适合于中国特有的社会文化现象——五缘文化。林其锬(1990)指出,中国(华人)社会结构和人际关系呈现出"五缘"结构,密切人与人之间联系的纽带,除了以宗族亲戚关系为主的"亲缘"以外,还有以邻里同乡关系为主的"地缘",以宗教信仰为主的"神缘",以同业同学关系为主的"业缘"和以物为媒介的"物缘",一共五大社会人际网络。这种人际网络虽然以"有缘"和"无缘"为标准在人们之间设置交往的藩篱,建立了拥有专用社会资本的各种群体。但是"五缘"的共同作用,又使得这些群体彼此重叠、交叉。于是,当一个以"亲缘"为基础建立的家族企业的发展受到专用家族社会资本负外部性效应的制约时,"地缘""业缘"等社会关系可以给予支援。这样,这个企业的专用社会资本基础,不再是单一的,或者同心圆型的家族社会资本,而是因"五缘"而连接的网络化的结构。同时,网络化的社会资本结构支撑的往往也是网络化的企业结构,也就是不同的企业从"多缘"的渠道连接在一起。

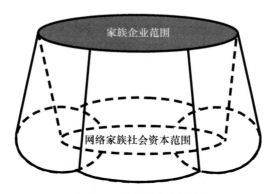

图4-6 网络家族化治理

在3.3节中,通过一个面向上市家族企业的实证研究,论证了独立董事的社会桥功能。这项研究说明,对于具有一定规模的家族企业,通过独立董事制度所搭建的联系企业与家族外资源的社会桥,是解决家族专用社会资本对家族—企业契约锁定的重要手段。这个社会桥在功能上符合以上所述的泛家族化治理的范畴。

4.2.2　家族社会资本涉入下企业目标的偏移①

根据公司治理的一般逻辑,家族企业治理的任务来自于家族企业制度的缺口,这个缺口是支撑家族企业的家族社会资本具有的专用性属性所诱发的。以下在家族—企业契约层面,讨论家族专用社会资本所造成的企业经营目标的偏移。

一、家族社会资本投资与企业经营目标偏移的理论分析

"企业利润最大化",是主流经济管理理论的核心假设,也是指引企业实践的基本原则。但是长期以来,它却受到各种各样的修订与抨击。西尔特和马奇(中译本,2008)提出疑问:利润是否是企业追求的唯一目标?

(一) 家族企业的二元目标

对于家族企业而言,这一疑问是有现实基础的。Poutziouris(2001)指出,家族企业追求二元目标——家族目标和增长目标。其中,增长目标以企业利润为基础,但家族目标则超脱于利润,反映了家族意愿或者其所称的家族哲学。李东(2004,2005)更进一步定义了所谓的家族理性的概念,指的是"以家族及其事业的整体荣誉、整体利益最大化和稳定发展为最高价值取向而支配人去思考、推理、判断、行事的心理认知结构"。如果说家族企业是家族系统与企业系统的结合体,是家族与企业的契约联结,那么家族企业将家族整体效用最大化设为经营宗旨,而不是单纯追求利润目标就显得十分理性了。我们采纳家族理性的概念,并赞同李东基于中国文化传统视角的解释,以及对家族理性的"利己与利他相对均衡的原则""安全、稳定发展原则""和睦、和谐一致的原则"的判断。这里,我们提供基于社会资本理论的观点。

尽管家族社会资本的高效调集和使用是家族企业的独特制度优势,然而正如 Lin(1999)所指出,完整的社会资本活动过程包含投资、摄取和/或动员、回报三个阶段。所以,家族在获取家族社会资本收益的同时,也应该或者必须进行社会资本的再投资。另外,家族社会资本的专用性

---

① 参见吴炯:《家族涉入、家族理性与家族企业目标偏好——基于一项比较案例的探索》,载《商业经济与管理》2012 年第 5 期。

一般很强,其投资收益是定向于家族成员内部的,因而其投资活动并非是家族和企业两个系统都愿意的,这就产生了家族——企业契约的裂痕。此外要明确,家族社会资本的再投资往往是非货币形式的,比如为亲朋好友安排职务、在岗培养接班人、袒护自家人的错误,甚至对外人不信任,等等。于是,家族企业主的行为选择二元化了,一方面追求企业利润,另一方面以家族非货币利益支出形式进行社会资本投资,即家族企业的目标主要由家族目标和增长目标构成(Poutziouris,2001)。在图4-7中,假如企业的价值有两项"消费"维度,一方面"购买"当期的企业利润,另一方面"投资"于家族社会资本。在图4-7中同一条预算线下,我们刻画了两个最优选择,即 S 点和 T 点,代表了对企业目标的不同偏好。造成这种差别的原因就是家族理性的程度不同,这体现在效用函数的差异上。显然,相对于 U_2,U_1 更偏好企业当期利润。但是,家族理性的影响因素是什么呢?

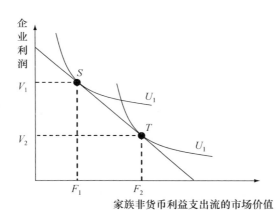

图 4-7　家族理性下的最优选择

家族企业被理解为家族涉入企业的结果,不过从另一个角度看,也是企业嵌入家族的结果。而企业嵌入家族的实质,是嵌入家族的社会资本网络。在这个视角下,借助于社会资本理论的研究成果,家族理性的产生基础就清晰了。由于社会资本的概念比较广泛,要把握家族社会资本对家族企业的影响,首先要找准研究的视角。根据罗家德(2008)对社会资本层次和构面的划分原则,我们认为整个家族可以理解为一个组织,嵌入其中的家族企业是一个个个体,尽管这个个体的规模也许会很大。进而,我们的研究可以立足于组织内个体社会资本的层面。在这个层面上刻画的社会资本,反映的是某个特定社会群体内的个人专用于这个群体的社会资本存量,包括"个体关系面社会资本——两两信任""个体结构面社会资本——网络连带""个体结构面社会资本——网络结构位置",一共三个维度。

信任是社会资本的核心概念。人们借助信任降低了交往间的交易成本(Fukuyama,1999),可以获得更多的合作机会和更高的合作收益。由于信任的重要来源是"互惠",产生于人们交往中的义务承担与期待得偿的过程。所以,家族企业在家族组织中与其他成员的"两两信任",一方面体现于家族企业对家族所承担的义务,另一方面也体现于家族企业对家族支持的期待。前者正是家族理性的外在表现。网络连带刻画了个体在组织中与其他成员的疏密关系。反映网络连带的一个指标是情感连带,它是一种朋友般的关系,产生于情感支持,表现于人们间的亲密行为。家族企业嵌入家族网络后,其与家族成员的情感连带程度显然会影响家族理性的强弱,因为只有情感上的接近才可能带来行动上的接近。

网络结构位置基于组织网络构型的角度,通过内向中心性位置等指标判断个体在组织中的社会资本存量大小。内向中心性位置测量的是个体网络连带的多寡,越多说明越处于网络中心,越可能与网络其他成员有较好的联系。对于家族网络中的家族企业而言,越高的内向中心性位置指标反映了其承担了越多的家族义务。

(二)目标偏移的代理成本

从企业的本质是一系列契约的联结的角度出发,即便家族企业处于所有者与经营者一体的模式,家族企业主与广大的利益相关者也会构成一种委托—代理关系,产生家族企业特有的家族—企业契约的代理问题。其根本原因是家族涉入使得家族企业主不再是一个完全面向企业的中心签约人,而是家族—企业契约的联结者,更是家族利益与企业利益的平衡者。由此,在这种家族—企业契约关系中会发生两种特有的代理成本——延期支付成本、利益转移成本。它们是家族理性的外化表现,体现了家族企业偏离"企业利润最大化"目标后的家族企业的价值损失。

首先,不考虑利益转移问题,同时假设有关企业利润的偏好固定。这时,家族企业可能会从长期利益的角度出发,抑制当期的利润偏好而付出更多的家族非货币利益支出。这是一种投资行为,而且可能是一种风险很低的投资行为。它可以为家族企业带来更平稳和更长久的生存空间和社会资本支持。但是,这对企业中的其他利益相关者也许是不公平的,因为不同的企业参与者对收益的时效性的要求是不同的,众多的小股东和雇员的利益需求往往是即期性的。所以,在家族理性下,家族企业出现了特殊的代理成本——延期支付成本。

在图4-8中,纵坐标反映了家族企业的利润情况,横坐标代表了家族非货币利益支出流的市场价值,体现的是家族企业主对家族社会资本的投资。图4-8中的V点是企业期望利润的最高点,若将同样的企业价值投入家族社会资本F,且假设社会资本投资没有额外的市场价值溢出,有$V=F$。于是,此时家族企业主面对的预算线的斜率为-1,则A点为家族理性条件下的最优选择。在A点处企业主的利润决策为V^*,而所谓的延期支付成本就等于$V-V^*$,这对于企业其他利益相关者就是一项代理成本。延期支付成本的具体大小,显然与家族涉入有关。至少家族成员间的"两两信任"越强,企业主对家族社会资本收益的预期越高,延期支付成本越大。假如这时企业主预期家族企业资本的投资收益为αF,$(\alpha>1)$,则面向未来看,家族社会资本投资会进一步替代对企业利润的追求,新的预算线斜率变缓为$-1/\alpha$。最优选择是B点,但是B点是当前投资组合不能实现的。于是,新预算线下移,在C点处达到均衡。此时,延期支付成本进一步提高到$V-V^{**}$。

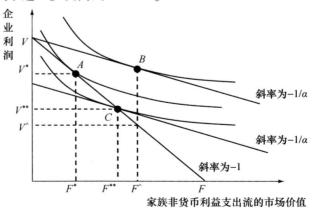

图4-8 家族二元目标下的延期支付

其次，家族企业主在家族的身份可能是多样化的，比如同时作为家族领袖，或者创办多家依赖同样家族社会资本的企业。这时，只要有任何一个"外人"分享企业剩余，就可能会发生利益转移问题。图4-9 先从假设企业主具有单一家族身份开始，并仍假设 $V=F$，即当期企业价值换算为企业利润和家族非货币利益时，具有相同的效用。并假设有一个"外人"可分享 $(1-\beta)V$ 的企业利润，$0<\beta<1$，同时假设他对利益延期支付与家族企业主有相同偏好，即他也可以分享相同比例的社会资本投资收益 $(1-\beta)F$。这时，企业目标的最优选择仍为 A 点。随后，假设企业主家族身份多样化了。在多重化的家族利益下，家族社会资本的收益将可能不会完全地返回给该企业。于是，此时的"外人"获得的社会资本投资收益为 $(1-\gamma)F$。如果有 $\beta<\gamma$，则原来的预算线将变得平缓。当然，这时只要企业主自己愿意仍然可以选择 A 点，仍然给予该企业100%的社会资本回报，则新预算线必然穿过 A。但是，此时的企业主一定会理性地选择 E 点而不是 A 点，又由于 E 点是当前投资组合不能实现的，所以在 F 点处达到均衡。最终造成该企业的当期利润期望从 V^* 下降到 V'，而两者之差就是家族企业代理成本的利益转移成本。利益转移行为反映了多重利益

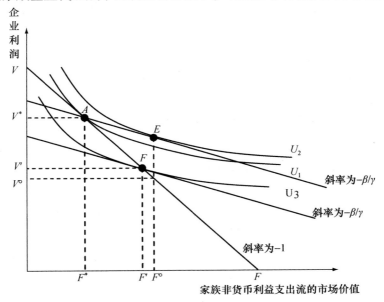

图4-9 家族二元目标下的利益转移

要求下的家族理性,其大小与家族涉入有关。可以判断,企业主在家族网络中的"情感连带"和"内向中心性位置"指标越高,利益转移成本越大。

二、家族社会资本涉入下企业目标偏移的案例检验

(一) 研究假设

根据以上分析,图4-10总结出家族社会资本涉入下企业目标偏移的基本理论框架。首先家族社会资本涉入情况决定了家族理性程度,而后在家族理性的综合影响下,形成了不同的家族企业目标偏好。在此关系中,家族社会资本涉入是自变量,家族理性是中介变量,家族企业的二元目标组合是因变量。

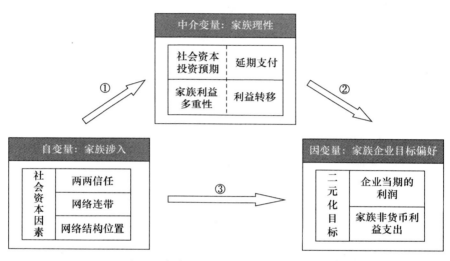

图4-10 家族社会资本涉入下企业目标偏移的理论框架

图4-10的三种变量之间存在着三种直接或间接的因果关系。其中,针对第①种关系,我们采用Jensen和Meckling(1976)的研究思路,在以上分析中已有较充分的逻辑演绎。而第②③种关系由以下研究假设所支撑:

假设1:家族社会资本的"两两信任"与家族企业的企业即期利润偏好负相关,与家族整体利益目标偏好正相关。

假设2:家族社会资本的"情感连带"与家族企业的企业即期利润偏好负相关,与家族整体利益目标偏好正相关。

假设3:家族社会资本的"内向中心性位置"与家族企业的企业即期利润偏好负相关,与家族整体利益目标偏好正相关。

假设 4：对家族社会资本投资的预期与家族企业的企业即期利润偏好负相关，与家族整体利益目标偏好正相关。

假设 5：家族利益多重性与家族企业的企业即期利润偏好负相关，与家族整体利益目标偏好正相关。

（二）研究设计

（1）案例选择

鉴于我们将家族企业的目标偏好设定为两个维度，所以，我们认为比较案例分析的方式适合本书的研究。为此，根据研究目标和研究假设的要求，决定所选案例企业必须具有如下特征：① 两企业在目标偏好上有显著差异；② 两企业所处行业、经营业务要尽可能相近；③ 两企业处于相近的发展阶段；④ 两个企业的企业主具有相近的人口统计特征；⑤ 两企业背后的家族网络具有相近特征。根据这些要求，我们选择了上海的两家具有相近背景的美容企业作为案例企业。考虑到案例企业保密的需要，以及对当事人个人隐私的尊重，行文中隐去企业名称以及受访者姓名等信息。我们称第一家企业为 3A 公司，其经营者为大 A 先生，另一位重要家族成员是大 A 先生的长子，称为小 a 先生，是 3A 公司的继任者；第二家企业为 3B 公司，其经营者为大 B 先生，另一位重要成员是大 B 先生的现任妻子，称为小 b 太太，也很可能是 3B 公司的继任者。两家公司及其经营者的背景情况如表 4-1 所示。从中可以看出，两家企业的背景特点比较相似，又面临同样的经营难题，均进入企业传承的接班人培养阶段。但是，由于家族涉入情况的不同，特别是接班人选择上的不同，导致了程度不同的家族理性，最终两家企业追求着不同的发展目标。

表 4-1　3A 公司、3B 公司及其经营者的背景情况

		3A 公司及其经营者情况	3B 公司及其经营者情况
公司基本情况	经营领域	美容	美容
	公司注册地	上海	上海
	公司成立时间	1998 年	2000 年
	公司规模	员工 60 左右	员工 140 左右
	公司发展阶段	家族传承问题初现	家族传承问题初现

(续表)

<table>
<tr><th colspan="2"></th><th>3A 公司及其经营者情况</th><th>3B 公司及其经营者情况</th></tr>
<tr><td rowspan="6">企业主基本情况</td><td>是否控股公司</td><td>是</td><td>是</td></tr>
<tr><td>性别</td><td>男</td><td>男</td></tr>
<tr><td>年龄</td><td>1961 年出生</td><td>1958 年出生</td></tr>
<tr><td>婚姻</td><td>再婚</td><td>再婚</td></tr>
<tr><td>籍贯</td><td>中国江苏</td><td>中国台湾</td></tr>
<tr><td>兄弟排行</td><td>老大</td><td>老二</td></tr>
<tr><td rowspan="5">家族涉入情况</td><td>核心家庭成员</td><td>两子(前妻生)、现任妻子(80 后)</td><td>一子(前妻生)、现任妻子(80 后)</td></tr>
<tr><td>企业内亲属</td><td>长子、弟弟(创业离职,仍有联系)、现任妻子、妹妹、妹夫</td><td>现任妻子、现任妻子的亲属群体、堂哥、哥哥、前妻的哥哥(刚离职)</td></tr>
<tr><td>首选接班人</td><td>长子,即小 a 先生</td><td>现任妻子,即小 b 太太(不能完全确定)</td></tr>
<tr><td>企业内非亲属核心</td><td>一位长期合作伙伴(股份较少)</td><td>一位长期合作伙伴(制衡股东)</td></tr>
<tr><td>企业外亲属</td><td>次子(前妻生,未成年)、前妻</td><td>儿子(前妻生,已成年)、前妻</td></tr>
</table>

(2) 数据收集

根据案例研究的三角验证原则,我们全面使用了案例研究的三种资料搜集方法——访谈、观察、文件档案(郑伯埙、黄敏萍,2008),旨在通过多种资源的相互印证提高研究信度和效度。我们的研究按照以下步骤展开:第一阶段,进行尝试性访谈,对案例企业进行选择,并检验研究构念的可测量程度。与此同时,分析公司网站信息,以及其他网络新闻报道,确定案例企业。第二阶段,采用半结构化提纲,进行正式访谈,搜集相关论据。第三阶段,采用结构化文档,邀请案例企业员工对企业实际运行进行参与观察。第四阶段,进行补充访谈,补充缺失信息,并验证研究结论。此阶段,部分采用了电子通讯方式。

(3) 效度与信度分析

根据郑伯埙和黄敏萍(2008)对案例研究方法的严谨性和复制性的要求,我们通过以下几点保证研究质量:① 保证构念效度,使相关概念得到准确衡量。首先,在数据收集上保证多重证据来源的三角验证;其次,遵循事物逻辑关系和系统关联,在访谈等活动中,建立完善的证据链;最后,在补充访谈中,邀请受访人尽量挑战已有论据和论点,避免研究中的选择性偏好问题。② 保证内部效度,提高论证的准确度。首先,在比较案例的选择中,尽量寻找背景相似度大的企业,以控制自变量以外信息的干扰;其次,在文献综述阶段和理论建构阶段,保证研究假设提炼基础的牢固;最后,在横向案例比较的基础上,同时进行时间序列上的分析,推论前后的因果关系。③ 保证外部效度,提高研究结论在其他情景中的可重复程度。我们利用 MBA 课程教学,以及其他各种与实践人士接触的机会,报告研究思路、研究进程和研究结果。我们的论点得到比较一致的肯定。④ 保证信度,提高案例研究过程的可复制性。我们准备了周详的案例研究计划书,建立了比较完整的研究资料库。

(三)案例分析

(1)两家企业的目标偏好差异

总体说来,两家企业的目标偏好有着极其明显的差异。3A 公司对企业利润的要求是稳字当头,同时关心并"经营"家族利益;而 3B 公司则喜好追逐利润且敢冒风险,宠爱但非扶持家人。

首先,在追求企业利润方面,3A 公司和 3B 公司有着完全不同的行为表现。前者给人的感觉是"一步一步地走",后者则像"跨越式地跳",前者规避风险,后者偏好风险。比如在对经营场所的投资中,两家公司的理念完全不同。3A 公司投资于一个区级的商业副中心,并且购买了经营用房的完整产权。而 3B 公司则在上海的城市黄金地带高价租用写字楼,并且装修十分奢华。对此,大 A 先生常常说起的话可以给予解释:"这里的确在吸引顾客方面不太有利,但是自己有了楼,总觉得保险一些。老了以后,也就不慌了"(3A 公司副总经理转述)。再比如在组织管理方面,两家公司也呈现迥异的风格。3A 公司的组织运行体系很规范,在行政组织管理的传统原则下展开条块分明的组织活动。而在 3B 公司,随性的、冒险的管理行为相对较多。例如,3B 公司在聘请美容医师时也遵照高投入高产出的原则,月薪 5 万以上的超高工资并不少见。所以,根据奈特(中译本,2006)的观点——企业利润获得的背后是企业家对风险的担当,可以看到 3A 和 3B 公司对利润追求的显著差异。

其次,在对家族社会资本的投资方面,两家企业也有着极大的区别。

这里考察接班人培养问题。3B公司的大B先生极其宠爱小自己二十余岁的现任妻子,公司内部传闻,他们当年的结婚钻戒高达600万元。同时,从目前状态看来,小b太太很可能将是3B公司的接班人,因为其他与小b太太无关的大B的亲属和合作伙伴,或者已离开公司,或者已被边缘化了,剩下的强势人物也正在"闹分家"。但是,另一方面小b太太并没有被培养,公司同事时常听到的是大B先生要小b太太"回家去,别累着"。简言之,大B先生用在家人身上的钱是消费,而不是投资。然而,3A公司则完全不同。小a先生是大A先生与前妻所生的长子,明显被作为接班人在培养,已在公司断断续续工作近十年,目前被送去攻读研究生学位。大A先生虽然也十分喜爱与长子基本同龄的现任妻子,也舍得花钱。但是,一旦涉及类似于出国考察等事宜,被派出的一定是小a先生。3A公司一位高层管理人员甚至抱怨,"大A先生不公平,对员工的差错十分挑剔,而同样的甚至更大的问题发生在小a身上,则被作为交学费来看待。"

(2)两家企业的家族涉入差异

潜意识里时刻存在的对企业代际延续性的要求是家族企业的典型特征(Chua et al.,1999),而代际传承是一个长期的社会化过程,期间包含着接班人选择、培养、控制等诸多环节。所以,虽然3A和3B公司的企业主的年龄仅为50岁左右,但均开始处理代际传承问题。特别对于年纪稍轻的大A先生,似乎这个问题更为紧迫。最近,公司员工常常听到大A先生说起"我要再奋斗五年",员工纷纷猜测五年后大概就是大A退休的时刻。正是在这个传承问题的影响下,具有相似家族背景的两家企业的家族涉入情况出现了差异。

3A公司的家族涉入特征是:第一,接班人明确。可以比较有把握地预测,小a先生是3A公司未来的掌门人。小a今年27岁,目前在读硕士研究生,他被大A要求进入公司工作的时间是10年前,那时他中学还未毕业。第二,家族边界清晰。3A公司内部的家族亲属关系简单,相互之间基本均有直接血亲联系。第三,传承后家族概念清晰。如果小a先生接班,3A公司仍然可以延续大致相同的家族关系和家族意愿。

3B公司的家族涉入特征是:第一,接班人不明确。一方面,大B的亲生子女,中国子承父业文化下的接班人人选远在台湾地区,与大B的前妻一起生活,他们从未涉足3B公司。另一方面,现任妻子,被宠爱但未被培养,让外人觉得难当大任。第二,家族边界不清晰。3B公司内部的家族成员包括小b太太,以及小b的亲属群体、大B的堂哥、大B的哥哥、大B的前妻的哥哥(刚离职),关系显得复杂。另外,3B公司还有一个可以对大B起到制衡作用的第二大股东。第三,传承后家族概念不清晰。如果小b太太接班,按照中国传统文化,这个企业的家族属性恐怕就变化了。3B公司"坊间传闻",大B、小b迫切希望孕育下一代。

可见,3A和3B公司的家族涉入是不同的,家族企业目标偏好也存在较大差异。那么,两者之间是如何联系在一起的呢?

(3) 两家企业家族涉入的社会资本因素

① 家族社会资本的"两两信任"的比较。在企业内部的家族成员圈子之内,两家企业的家族社会资本的"两两信任"指标是有差别的。对于3A公司,首先从大A先生的角度看,基本上所有的企业内家族成员都是他的直系亲属。其次,小a先生与家族成员关系也很紧密。比如小a就是由其姑姑带大的,他的姑姑、姑父均是3A公司的稳定成员。特别是,大A一直信任小a,培养其作为接班人达10年之久。另一方面,我们不能评说3B公司家族成员之间不信任,但是3B公司的关系的确很复杂。第一,最有可能的接班人小b太太没有被培养;第二,大B的多数直系亲属远离企业核心,自己的儿子与企业无关,自己的哥哥在企业里仅是顾问身份;第三,现在3B公司的家族成员大多是小b的亲属,俗话中的"外戚"。所以,根据此前的理论研究,证明在"两两信任"指标下,3A公司的家族理性会更偏好家族本身的综合利益,相对弱化对即期利润的追求和对风险的承担,而3B公司则相反。

② 家族社会资本的"情感连带"的比较。这里用一个离职事件来表达3A、3B公司家族成员间的"情感连带"的差异,以及家族理性的差异。不久之前,大A先生的弟弟,以及大B先生前妻的哥哥前后分别离开了3A公司和3B公司。前者离职的原因是自己想创业,不希望被庇护在哥哥的门下。有意思的是,离职前他倾诉的对象一直是公司的接班人小a先生,他的侄子。随后,大A先生知道后虽然不甚开心,但也未加阻止。

后来,当大A得知弟弟的创业不太成功后,就主动给予帮助,并劝说其回到3A公司。可见,在3A公司无论是现在企业的领袖还是未来的接班人,都与其他家族成员保持着紧密的情感连带。然而,3B公司所发生的离职事件,就没有这些情感故事,仅仅是简单的不欢而散。由此,此前假设2得以证明。

③ 家族社会资本的"内向中心性位置"的比较。"内向中心性位置"衡量了个体在家族网络中的位置。显然,之前的案例解读可以证明,大A先生在这项指标上的得分是很高的。横向看,他作为同辈人中的大哥,起到了帮助扶持弟妹的责任。纵向看,在后辈培养方面,无疑也是尽职尽责的。他完全符合中国文化中父亲与兄长的定位。另外,3A公司传给小a后,从其现在与叔叔、姑姑的关系看,他的"内向中心性位置"的得分也不会低;而大B先生在这项得分上不容乐观。由于兄弟中排行第二,他对自己兄弟姐妹不需承担太多责任,自己的哥哥在公司仅是一个顾问的闲职。由于大部分至亲远在台湾地区,他与他们的联系比较疏远,甚至与自己的儿子都没有太多联系。更重要的是,一旦企业传给了小自己二十余岁的现任妻子后,更会让3B公司远离家族的中心位置。此外,大B的一个堂哥也在公司,而这个人的身份很奇怪,他的重要工作是对各类家族纠纷进行调停,好像这个家族企业的家族核心是他而不是大B。由此,此前假设3得以验证。

(4) 两家企业家族理性的代理成本因素

① 对家族社会资本投资的预期的比较。显然,当家族企业处于传承阶段时,家族企业的未来将更多地维系在接班人身上。这时企业主对传承者及其能力的信任,是影响家族社会资本投资的重要因素。在这一点上,3A公司和3B公司有着明显的差别。3A公司一直以来对利润的要求是稳字当头,大A先生也被下属看作是喜欢现金的人,但是,在对小a的培养上,大A毫不吝啬。2008年,小a先生希望创业,磨砺一下自己,立刻便得到了父亲资助,创办了两家美容院。但没有料到,很快创业失败,被人骗走了五十余万元。然而,大A对此却并没有过多的责怪,仅仅把这看作是小a成长中必须付出的学费。事实上,不仅对自己的儿子,对其他家族成员的投资,比如对其弟弟,大A也是比较慷慨的。目前,小a先

生放下手头工作,去攻读相关的研究生学位。这些投资,就是3A公司当前利润的延期支付。而在3B公司,这种对公司未来的家族投资体现得不清楚。小b太太既没有在工作岗位上接受更多的挑战,也没有采取行动去提升自己的初中学历。总之,在家族企业独有的延期支付代理成本上,3A公司和3B公司有显著差异,假设4得以证明。

② 家族利益多重性的比较。如前所述,大A先生的"老大加老爸"身份使得他不仅是企业的控制者,也是家族的领袖。他不仅要经营企业,还要借助这个企业实现提升家族利益的目标。所以,家族企业代理问题的利益转移成本在3A公司是大量存在的。而在3B公司,这一项因素比较复杂。虽然大B先生没有太多家族身份,但是大B除了这家美容企业,还涉及房产、金融等多项业务。可为什么3B公司没有太多的利益转移成本?我们认为有两点原因,第一,如果这些企业已经发展到无需太多家族社会资本支持的阶段,则也无需转移利益给家族。第二,即便发生转移,也有转入、转出、持平等多种可能。所以,综合此前的分析,假设5是成立的。

(5) 稳健性检验——纵向分析

以上分析证明,家族涉入状况会影响家族理性程度,进而决定家族企业的目标偏好。由于家族涉入状况是变化的,所以家族理性与家族企业目标偏好也是变化的。这里简单地考察3A、3B公司自身的发展历程,作为本书研究的稳健性检验。

3A公司目前把家族整体利益放在首位,对利润的要求是以稳为主,但是大A先生在创业早期也是非常有闯劲的,敢于承担风险。早期他独自在广州、深圳创业,涉足多个领域,打入金融市场获取第一桶金,与大学合作获得专利产品。这一阶段,他的任务是在"前线"赚钱,家人则在"后方"支持。而如今,由于家族涉入的不同,特别是传承问题的影响,3A公司的目标偏好发生了变化。同样,早期的3B公司与现今的3B公司也不相同。在目前3B公司的家族成员组成上可见到大B先生早期对家族支撑的痕迹,这里有他的哥哥、他的堂哥,以及他前妻的哥哥等。但如今这些人或者边缘化了,或者已经离开了。究其原因,我们认为家族涉入状况的变动是重要原因。

通过这一案例可以清晰地看出家族企业中的家族—企业契约的复杂性。家族涉入企业不仅仅是以获取利润为唯一目标,过往将投资者统一假设为理性经济人在家族企业中是失效的。虽然家族专用社会资本对家族企业的涉入是家族企业制度的优势所在,但是它也具有明显的副作用。副作用之一是在家族理性下,家族社会资本也有一个投资的活动,当家族企业的全部资源用于对某个家族专用的社会资本进行投资的时候,对于企业中的非该家族参与者而言,就是利益的被侵犯,并且在两种家族代理成本影响下,家族整体的价值均会下降。

4.3　家族社会资本涉入下家族契约的治理任务

在对家族企业治理问题的传统研究中,人们相对关注的重点是家族系统与企业系统的矛盾。本研究从家族社会资本涉入的视角讨论家族企业治理问题,自然也会涉及该类问题,上一节就分别讨论了家族社会资本涉入下家族—企业契约的两项治理问题,一是契约边界的锁定问题,二是企业经营目标的偏移问题。然而,家族社会资本对家族企业治理影响最大的,也是目前研究最薄弱的,还不是家族—企业契约治理,而是家族契约治理。所谓家族契约是家族成员之间的契约,指的是家族成员之间有关家族社会资本的契约安排,包括家族意愿的统一、家族规则的设定、家族权力的配置三个维度。家族契约为什么会成为家族企业的制度缺口？家族契约治理的原则性对策是什么？这是本节要讨论的内容。

4.3.1　家族边界与家庭边界[①]

长期以来,家族企业研究对家族契约以及家族治理问题相对忽视,其根源在于传统上的对家族成员的利他主义假设,以及由此而来的将整个家族抽象成一个独立符号的刻板印象。然而,近年来对家族治理研究取得了突破,人们开始对家族利他主义假设重新思考。Schulze 等(2001)提

---

① 参见吴炯:《团队生产契约下家族治理的动因与对策》,载《华东经济管理》2013 年第 11 期。

出家族成员之间因为利他主义行为的影响存在着相当高的代理成本，Karra等(2006)进一步发现这种来自利他主义的代理问题是家族企业发展后期的重要障碍，Lubatkin等(2007)则归纳了五种基本的家族利他主义类型。

这些研究都指出，家族利他主义并不足以保证全体家族成员构成一个一致行动人。那么，我们是放弃家族利他主义的假设而全新地再设一个假设前提，还是在原有假设下寻找新的突破口？本书的研究决定采取折中做法，将利他主义限定在家庭边界之内而非家族边界之内。事实上，家族两重边界的存在正是引发家族契约治理的前提，对家族两重边界的认识也有利于将复杂的家族契约治理变得简单。

一、社会资本专用性与家族边界

家族社会资本具有很明显的专用性属性，这一属性反映出社会资本的价值只能包含在一定的边界之内。而对于家族企业而言，其家族社会资本的专用性边界就是这个家族企业的家族边界。以Putnam(1993)定义的社会资本的三构件为例：边界之内的家族成员间的活动密度显著高于边界之外；边界之内的家族成员的两两信任远远高于同外部人的一般信任；特别是边界内部的家族群体行为规范不适用于外部。所以，家族企业的独特竞争优势来源——专用社会资本创造的额外价值，由家族边界之内的家族成员创造。家族企业中的家族边界就是专用的家族社会资本所延伸到的边界。

家族企业研究中存在着所谓的泛家族问题，而如何确定泛家族是一个研究难题。但是，如果从专用性社会资本的角度看，这个问题就比较简单了。只要血亲上的非家族成员与家族整体共同创造、分享同一专用性的社会资本，比如遵守一致的认知模式和行为规则，彼此之间互信、互助、互惠，就可以认定这个血亲上的非家族成员泛家族了。也就是说，从家族专用社会资本角度看，家族边界是判定家族涉入企业深度和范围的边界。边界越清晰，说明家族对企业涉入的深度越大，企业也越家族化。边界范围大，说明家族对企业涉入的范围越大，企业同样也越家族化。

二、利他主义与家庭边界

在此前研究中，我们多次用到"家族成员"一词，这说明了我们没有将家族作为一个整体进行分析,与利他主义下家族被符号化的研究传统是不同的。但是很明显,家族成员之间的关系是特殊的,完全将家族成员个体化是极其不妥的。解决这一矛盾的突破口就是对家族企业中的家族边界重新审视。

目前的文献对两种家族企业的家族冲突问题讨论得比较充分,一是处于传承时期的家族企业(杨光飞,2010),二是中国或者华人家族企业(李新春、檀宏斌,2010)。前者是因为此阶段的家族往往要经历分家的阵痛,而分家意味着家族中新的家庭单位的出现。后者则是因为在中国文化的弹性家族理念下,家族与家庭本身就是一对既矛盾又统一的概念。事实上,"在中国家族企业的研究中,一直存在一个令人困惑的问题,那就是对家庭和家族的界定是模糊甚至是不加以区分的"(陈凌、应丽芬,2006)。可见,家族企业的家族冲突更多的是家族中各家庭间的冲突。所以,要理解家族治理的动因,还需要区分家庭边界与家族边界的不同。

根据潘必胜(2009)的定义,家庭是以婚姻关系和生养关系为纽带结成的社会单元,它在经济上的基本特征是作为一个产权单位。无论是夫妻与未成年子女组成的核心家庭,还是夫妻与成年子女组成的主干家庭或拓展家庭,若判定为家庭,都是因为它们是单一的产权单位。而家族则是有血缘关系的多个家庭的集合,是多个产权单位的集合。也可以说,家庭是个体、是基础,家族则是群体,是家庭的上一级的组织形式(陈凌、应丽芬,2006)。

那么,家庭是因何成为单一的产权单位的呢?根据贝克尔(中译本,2008)对人类行为的经济分析,是利他主义使然。当家庭成为独立的产权单位后,利他主义就作为家庭范围内更理性的行为导向。这是因为"家庭共同产权可以减少家庭成员的收益的外部化,家庭内的分工合作及其较低的监督成本,有利于提高全部家庭成员的收益"(潘必胜,2001)。所以,家庭的边界之内,人们遵循着利他主义的行为原则。而在家庭边界之外,当家庭作为一个基本的产权单元参与社会活动时,则遵循着经济学所假设的理性经济人行为模式。

这样,通过引入独立产权单位的概念,将利他主义假设的适用范围从家族边界缩小到家庭边界。按照这样的定义,有两种并不少见的极端情况。一是家族成员紧密相系的家族边界与家庭边界合二为一的家族,二是家族成员互不信任的完全由个人产权家庭组成的家族。对于前一种极端情况,不在本书的讨论之列。

三、家族边界与家庭边界的弹性化

对于具有差序格局特征的中国社会结构而言,以上的家族边界和家庭边界还需要作进一步解析。差序格局型的社会结构反映了中国特有的弹性化的家的概念。

图4-11展示了差序格局下的"家",这里有几个家庭呢?假如这个"家"是一个家族企业,当它作为整体参与市场竞争时,争取的是整体的利益,它就是一个家族,也是一个家庭,其间都是互惠互利的家庭成员。但是存在内部的利益分配时,不同的家庭就出现了。假如利益分配的产权单位到$i+1$层,这时有四个家庭;假如利益分配的产权单位到i层,这时也有四个家庭,但与前一种情况不同的是,$i+1$层的另三个家庭并不在这个家族概念之内;假如利益分配的产权单位到$i-1$层,这时有三个家庭,i层以外的家庭都不在这个家族内。举例来说,有一个家族企业,由父亲带领两个儿子经营。之前可以认为这是一个家庭,父子三人是利他主义导向的一个整体。但如果企业发展到传承时期,再假设为一个家庭则

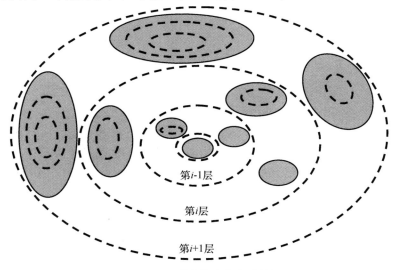

图4-11 弹性的家族与家庭

不妥了,利益的各自追求促使了三个家庭的出现。

于是,弹性的家的概念下,家族边界与家庭边界之间往往存在层级的差异。家族边界是家族社会资本利益创造的产权单元的边界,家庭边界是参与利益分配的产权单元的边界。

4.3.2 家族契约治理的动因

一、多家庭的家族团队生产的契约性质

以上分析说明,家族企业里的家族边界与家庭边界时常存在着分离。当多个产权家庭被集合在一个家族企业内,嵌入在他们之间的专用的社会资本产生了额外的价值 x。x 的产生机理可以从资源利用效率的角度考虑。假如所有家族成员将其各自拥有的资源,包括人力资源、财务资源、信息资源等放在市场上交易时,其付出的交易成本为 C_o。这些资源在家族成员之间交易,则会由于信息搜索成本的先天禀赋较低、基于信任的监督成本较低、家族规范促使的谈判成本较低等因素,使得这些资源在家族企业内部使用的交易成本降低到 C_i。$C_o - C_i = x$,就是家族社会资本的价值,是一种可占用准租。

在克莱因的不完全契约理论中,可占用准租指的是一项资产的最优使用者与次优使用者使用这个资产时所产生的价值的差额。它产生于专用性投资,会让机会主义行为从可能变为现实(Klein et al.,1978)。家族社会资本的可占用准租也反映为使用家族资源的竞争优势。比如借用家族资金与外部融资在利息计算、调用速度、约束软硬上的成本差异,又比如聘用家族成员所获得的来自激励相容的代理成本的节约。

毫无疑问,家族社会资本可占用准租来自于构成家族的产权家庭的共同协作,来自于它们对家族网络的编织,来自于它们对家族信任和规则的支撑,是团队化的利益创造活动的结晶。这里所谓的"团队化"强调的是,这个准租不是家族成员各自贡献的简单相加,而是一种互动的结果,每一个成员的活动都会影响其他成员的边际努力效用。这是由社会资本的产生于社会交往、作用于社会交往的基本性质所决定的。于是,测定每个家族成员的边际贡献的活动将变得十分困难。更进一步地,可占用准租的资产专用性来源,已经使得计量工作不可能实现。因为家族社会资本活动发生在家族边界之内,市场的价格机制不能产生作用。

因而,这部分准租金就具有公共产权的性质,也就面临着被攫取的外部性损失。一旦成员家庭面临着各自独立的成本——收益函数时,会发现机会主义行为的收益是自己的,而成本由全家族共担。进而,尽可能多地索取家族社会资本的利益,尽可能少地进行家族社会资本再投入,就成为一种理性选择。所以,当家族企业中可以分离出有自利倾向的家庭产权单位时,表征家族企业特征的家族社会资本活动,就具有 Alchain 和 Demsetz(1972)所定义的团队生产的性质。所以,家族治理的一项核心问题就是多家庭产权单元的家族团队生产问题。

二、多家庭的家族团队生产的博弈关系

假设一个家族企业中有 n 个家庭,$i = 1,2,\cdots,n$。想象这样一种情况,第一代创业者将企业按照"诸子均分"的原则,传给了多个已成立小家庭的子女。假设在第 0 期,任何一个第二代家庭都面对一个提高家族社会资本存量的投资行为集合 $A_i \in (0, \infty)$,包含的行为 a_i 可能是组织家族聚会等有利于家族网络建设的行为,或者可能是不设防地交流商业信息等有利于巩固家族信任的行为,或者可能是长幼有序地获取资源的遵从家族规范的行为。但是,这个 a_i 是难以观察的,至少是难以被证实的,所谓清官难断家务事。同时,每个 a_i 均存在对应的成本 $v_i(a_i)$,且满足 $v_i(0) = 0, v_i' > 0, v_i'' > 0$,是严格递增的可微凸函数。

用 $a = (a_1, \cdots, a_n)$ 代表所有 n 个家庭的行动向量,则 a 决定了这个家族企业未来第 t 期家族社会资本的存量。假设该存量产生的可占用准租 $x = x(a)$,且满足 $x(0) = 0, x' > 0, x'' < 0$,是严格递增的可微凹函数。并假设这个准租被预期将在第 t 期在 n 个家庭之间进行分配。这是非常重要的假设,这样才能促使家族边界内出现家庭产权单元。否则,没有分配预期,这个家族就是一个完整的产权单位。另外,假设每个家庭的效用偏好是一致的,且风险中性,并令 $s_i(x)$ 为家庭 i 分到的份额,那么其效用是 $u_i(s_i, a_i) = s_i(x) - v_i(a_i)$。现在的问题是,当 n 个家庭分配家族共有社会资本产生的可占用准租 x 时,是否存在一种分配方案来保证各家庭间达到的纳什均衡状态是帕累托最优的?也就是说,当家庭边界与家族边界分离时,可否在保证家族内各家庭对自己私利追求的基础上,同时实现家

族整体长期利益的最优化？这里的纳什均衡反映的是家庭个体理性,帕累托最优体现家族集体理性。

依照 Homstrom(1982)的计算,首先考察在社会资本准租共同分配的机制下,各家庭社会资本投入的纳什均衡行为。此时有：

$$\sum_{i=1}^{n} s_i(x) = x, \quad \forall x \tag{1}$$

即社会资本准租被完全地在家族内部分配完毕。对 x 微分,有：

$$\sum_{i=1}^{n} s_i'(x) = 1 \tag{2}$$

此时,每个家庭面临的或多或少被分配的准租,其利他主义的行为被限制在家庭边界之内,自利的家庭单元将独立地选择在第 0 期的社会资本的投入行为 a_i 来实现最大效用 $u_i(s_i, a_i)$,纳什均衡解应该满足 $a^* = \underset{a \in A}{\mathrm{argmax}} [s_i(x(a)) - v_i(a_i)]$,一阶条件为：

$$s_i' x_i' = v_i'(a_i) \tag{3}$$

另一方面,帕累托最优的分配结果意味着,

$$a^{**} = \underset{a \in A}{\mathrm{argmax}} [x(a) - \sum_{i=1}^{n} v_i(a_i)]$$

一阶条件为：

$$x_i' = v_i'(a_i) \tag{4}$$

根据(3)和(4)式可知,当 $s_i' = 1$(其中 $i = 1, 2, \cdots, n$)时非合作的纳什均衡才是帕累托均衡。但是,当家族边界与家庭边界不一致时,这显然与(2)式 $\sum_{i=1}^{n} s_i'(x) = 1$ 矛盾,除非只有一个家庭,除非家族边界与家庭边界不分离。所以,我们有结论：当多个家庭共同分享家族社会资本的准租时,不可能实现家族社会资本投资的最优。而家族社会资本是家族企业建立的基础,这进一步导致家族企业的土崩瓦解。所以,我们可以看到"诸子均分"的家族企业无法长久延续的现象。

4.3.3 家族契约治理的基本原则

当家族企业的家族边界与家庭边界分离后,多个家庭共同创造并共同分享家族社会资本准租的活动,具有鲜明的团队生产性质。这个团队生产问题,就是家族契约的缺口,也是家族治理需要解决的课题。沿着团队生产理论的既有成果,可以找到家族契约治理的基本原则。

一、树立家族权威

Alchain 和 Demsetz(1972)提出了团队生产的概念后,随机给出了解决方案——安排一个专职的、拥有企业剩余索取权的、被称为"中心签约人"的监督者,来检查团队成员的工作投入。这时,团队成员的行为,在监督者看来不再是完全不可观测的。"企业作为一种专门收集、整理和出售信息的市场制度","通过观察或确定投入的行为来估计边际生产率是经济的"(Alchain,Demsetz,1972)。理想情况下,$s_i(x(a_i)) = x(a_i)$ 的分配方案可以被采用,激励相容约束变得多余。所以,企业之所以能够取代市场,是因为企业是一个特殊的"检察装置"。企业的本质即便不是权威体系,也必须使用权威来推动团队生产的进行。

这种权威被 Grossman 和 Hart(1986),Hart 和 Moore(1990)(所谓 GHM)定义为剩余权利。剩余权利,即剩余控制权,是指契约中没有明确规定的对资产的权利。剩余权利的存在是由于其界定成本高昂,以致界定它不经济。而企业之所以产生,是由于最经济的制度安排是由所谓的雇主或委托人,将所有资产上的剩余权利"买去"。由他承担剩余权利上附着的风险,也由他行使所谓的权威。

所以,一个家族企业也必须拥有治理家族社会资本的权威,否则团队生产下的外部性损失必然耗散掉家族企业赖以存在的基础。同时,这种权威天然地承续于家族规则,是家族系统中反映家族伦理规范的权利配置,这里称为家族权威。由家族权威治理家族社会资本是因为:第一,家族权威根植于社会文化环境中,是社会伦理的子系统,是社会进化的产物。任何对家族权威的挑战,必将引发家族企业周遭环境的抵制。第二,家族权威是家族企业剩余权利的最初配置形态,因为创业期的个人业主企业一般就是家与企业的混搭。鉴于剩余权利本身就是由于权利界定成本过高而存在的,所以制度的路径依赖将锁定家族权威作为家族企业的运转动力。第三,家族社会资本本身具有很强的专用性,同时它产生于人际互动之中,没有人可以单独拥有,而且家族成员的同质性也较强,这些就使得任何其他配置剩余权利的过程产生极其高昂的交易成本。

事实上,家族权威对于家族企业的重要性早已被广大学者所发现。李新春(1998)早已提出"无权威,则家族难存。家族不存,则企业何能存"的理念。最近,李新春和檀宏斌(2010)、贺小刚等(2009,2010)则从实证上论证了家族权威的存在意义,这是家族治理研究最近几年的突破性成果。而在国际上,Anderson 和 Reeb(2003)、Villalonga 和 Amit(2006)也先后证明了家族拥有企业所有权、控制权和管理权的价值。而本书这里则提出了基于家族专用社会资本的团队生产的观点。

二、打破家族边界

引入家族权威的目的,是通过监督来分别计量各产权家庭对家族社会资本准租的贡献,进而"论功行赏",使得 $s_i(x(a_i)) = x(a_i)$,从而暴露出"搭便车"者。可是,如果不改变共同分享的机制,仍然满足 $\sum_{i=1}^{n} s_i(x) = x, \forall x$,尽管监督会有所改善作用,但是团队生产博弈的纳什均衡结局仍然无法达到帕累托最优。这种共同分享的机制被 Homstrom(1982)称作"预算平衡"。要治理这种家族冲突,就要打破预算平衡,将(1)式改为:

$$\sum_{i=1}^{n} s_i(x) \leq x \tag{5}$$

并设计如下的分配方案:

$$s_i(x) = \begin{cases} b_i & \text{当 } x \geq x(a^*) \\ 0 & \text{当 } x < x(a^*) \end{cases} \tag{6}$$

其中,$a^* = (a_1^*, \cdots, a_n^*)$ 为由(4)式决定的帕累托最优家族社会资本投资水平。该方案说明,如果家族社会资本准租的产出大于或等于帕累托最优的准租产出时,各家庭得到 b_i。如果小于帕累托最优水平,则各家庭什么也得不到。这是一种团队惩罚措施。可以证明,只要 $x(a^*) - \sum v_i(a_i^*) > 0$,即家族社会投资是有价值的,就可以找到 b_i,使得 $\sum b_i = x(a^*)$ 且 $b_i > v_i(a^*) > 0$,进而保证 $a^* = (a_1^*, \cdots, a_n^*)$ 是一个纳什均衡。

以上的团队惩罚策略还可以有多种形式,但所有的团队惩罚必须保证,打破预算平衡者必须是家族团队之外的人。否则,团队惩罚是不可置信的,因为如果没有一个外部人来承接低于 $x(a^*)$ 的 x,x 仍然在家族内分配,预算平衡(1)式仍然有效。所以,必须打破团队生产边界。一种模式是外部人内部化:引入外部人进入家族企业,在保证家族权威行使企业剩余控制权的同时,赋予这个外部人获得企业剩余 x 的权利;另一种模式是内部人外部化:打破原家庭单元平等共享家族社会资本准租的格局,通过等级划分筛选出企业剩余索取者。

第一,外部人内部化,即通过引入外部委托人打破预算平衡。但是,让一个家族外部的人成为委托人,来监督家族内部行为并成为家族利益的剩余索取者,无论在逻辑上还是在现实中都不可行。于是,一种变通措施出现了,家族企业的委托人的职能发生分离。一方面,必须确立家族权威,其拥有者继续行使企业的剩余控制权,并具有企业剩余收入的分配权;①另一方面,企业外部存在着一个企业剩余收入的接受者,被动地拥有企业剩余索取权。这个外部的被动的委托人就成为一种外部威胁,保证团队惩罚策略是可以置信的,起到打破预算平衡的作用。

日本的养子继承制度是这种模式的典范。根据福山(2001)的观点,日本家族企业之所以可以相对长盛不衰,是因为采用了养子继承制度。据他考证,在明治维新前"将继承权传给养子而不传给亲生儿子的比例高达 25%—34%"。在他看来,这是传贤不传亲,保证了家族企业控制者的优良素质。而我们认为,这种制度安排除了这样的直接功效外,还产生了一种可信的威胁。这是一种团队惩罚的威胁,意味着如果家族成员不能达到帕累托最优的社会资本准租产出时,全体家族成员均无法分享准租收益。即,若 $x < x(a^*)$,则 $s_i(x) = 0$。类似于养子继承制度,现实中还有其他类似的制度安排。目前,国内外一些企业家纷纷发表"裸捐"的宣言,声称百年后将自己多数甚至全部的资产捐献给社会。事实上,这种宣言也会产生积极的团队惩罚效果,也属于治理家族团队生产问题的"外部人内部化"对策。此外,家族企业针对职业经理人的一些激励方案,如各种股权激励,也具有打破预算平衡的效果。

第二,内部人外部化,即通过等级划分筛选出企业剩余索取者,使其"超脱"于其他家族成员,不再成为家族团队生产的内部人。这意味着在未发生企业传承活动的阶段,家族权威成为绝对权威,不仅仅承担着监督

---

① 由此可见,树立家族权威的策略和打破家族边界的策略必须共同组合使用。

和计量全体家庭产权单元的投入和产出的责任,更重要的是成为剩余索取者,并且所获得的准租金在可预见的时期不会发生二次分配。

家族企业的传承问题是家族企业研究的重点课题,众多学者发现家族传承阶段是家族治理问题频现的时期。根据研究,一是家族传承必然导致家族中独立的家庭产权单元的显现。此前的父子一心、兄弟协力的大家族势必分割为若干小家庭,出现本书所描述的家族边界与家庭边界的分离。而这正是家族团队生产问题产生的重要条件。二是,家族企业传承作为非重复性博弈,预算平衡问题十分突出,原家族权威者很难"内部人外部化",成为外部委托人。所以,必须寻找其他打破预算平衡问题的方法,而其中最根本的就是直接消除"诸子均分"的分家模式,选择一个主继承人掌握家族资产。事实上,"诸子均分"劣于日本、欧美的"长子继承制",在福山(2001)等众多学者的研究中早已被证明。但普遍观点是,"长子继承制"有利于延续经济规模性。而在我们看来,"长子继承制"的另一项好处是,在家族第二代中确立一个绝对权威者,由他打破家族团队生产的边界,保证至少仍有人会进行家族社会资本投资。事实上,可以很容易通过构建模型发现,"诸子均分"类似于"囚徒困境",而"长子继承制"类似于"智猪博弈"。限于篇幅,博弈模型这里略去。当然,"长子继承制"的重点不是长子,其他贤德子侄获得企业的绝对权威也可实现打破家族团队生产的边界的作用。

所以,家族权威,特别是处于团队生产边界之外的家族权威,是治理家族专用社会资本契约缺口的必要条件。关于如何构建家族权威,将在下一章开始研究。

本章小结

本章从公司治理的一般逻辑谈起,以明确家族治理的目标与任务。首先,从企业的契约性质中可以看出,企业治理是一种保障性的制度安排,它之所以重要是因为企业作为一系列契约的联结,本身一定存在缺口。所谓企业治理是指针对企业制度的不完备之处,有关企业剩余控制权配置及行使的制度系统。其次,直接以现代公司制度为观察对象,更可直观地发现公司治理是以解决公司制度革命的副作用为使命的。故而,公司治理的一般逻辑可以概括为两点,一是查缺,二是补缺。

所以,家族企业治理的第一步工作就是查缺,查找到家族企业制度的特征,以及隐藏在其下的制度缺陷。事实上,此前两章研究已经开始了这一工作。我们已经知道,家族企业是家族社会资本涉入的企业,有关家族社会资本的契约安排是家族企业独有的制度特征。而家族社会资本具有专用性很强的特征,这就诱发了家族企业的制度缺口。

首先,家族社会资本契约包含了家族作为一个整体并成为交易一方与企业的契约安排。围绕着这类家族—企业契约,家族企业制度的缺陷表现为两个方面:一是家族专用社会资本对家族—企业契约的锁定。它产生于专用性资产对交易关系的锁定,而由于家族专用社会资本的挤压效应的负外部性问题,家族与企业的契约关系被锁定得更加牢固。锁定带来的问题是,企业在人力、物力规模扩张中,难以获得家族—企业契约以外资源的支持。二是家族专用社会资本投资造成的企业经营目标的偏移。家族控制方在企业经营中时常表现出所谓的家族理性特征,即以家族整体利益而非企业经济目标为行动准则。这种家族理性的产生根源可以归结为家族专用社会资本的投入和维护需求,其结果造成家族企业同时追求企业和家族的二元目标。在二元目标下,家族企业的非家族投资者的利益被侵害了,企业的价值也被市场降低了。

其次,家族社会资本契约还包含家族内部各成员间有关家族社会资本的契约安排。这是狭义层面的家族社会资本契约,可简称为家族契约。它是本书研究的重点对象,是此后章节的研究主题,这里仅仅是提出家族契约治理的动因和思路。我们认为,家族专用社会资本所创造的可占用准租是家族企业的独特利益来源,同时在家族边界下还往往存在更小的产权单位——家庭。于是,多家庭的家族系统的运行过程,就是家族专用社会资本准租的创造、分配过程,也就具有团队生产的契约性质。进而,家族契约治理问题产生的动因是,当家庭边界与家族边界分离后,自利的家庭产权单元参与家族专用社会资本准租的团队生产活动中的机会主义倾向。借鉴团队生产理论的成熟成果,家族契约治理的解决思路是树立打破团队生产边界的家族权威。这也就是创建家族契约治理结构的基本原则。

第5章　家族契约的分立治理结构

家族契约是家族成员之间关于家族专用社会资本的契约,包括家族意愿的统一、家族规则的设定、家族权力的配置三方面内容,是家族企业不同于一般企业、也时常优于一般企业的制度安排。然而囿于家族专用社会资本同时表现出的副作用,家族契约也必须受到一定的制度规制。规制的原则是树立打破家族团队生产边界的家族权威。但是,权威的形式是怎样的?其构建的依据是什么?这是本章讨论的主题。通过对社会资本的本质的把握,对它的研究完全可以使用企业契约理论的分析思路和研究工具。社会资本的专用性属性说明,威廉姆森理论的分立治理结构分析是解决家族契约治理的对应工具。

5.1　家族契约分立治理结构的理论模型

5.1.1　分立治理结构分析的理论架构

一、治理结构与公司治理的理论范畴

应用威廉姆森理论的分立治理结构分析框架之前,有必要对其作一定的说明。首先,还是要对治理结构和公司治理的差异作一些简短的辨析,其详细说明可参见第1章的综述。

治理结构,译自于 governance structure,是威廉姆森交易成本理论的核心概念。当众多学者从契约本身的性质差异来讨论企业、市场等经济组织的替代关系时,威廉姆森则从对契约的治理模式的角度来看待问题。威廉姆森建立了"作为治理结构的企业理论"(Williamson,2002),他认为企业、市场以及各类中间性组织,都是不同的对交易契约的治理结构。不同属性的交易活动为达成交易成本最低的目的,不仅是形成不同的契约形式,这些契约更联结成不同的治理结构。这些治理结构不仅实现了交易的完成,更是通过对契约的治理,如契约订立周期、立约双方判断地位、剩余权利的配置方式等等,来确定最优的交易模式。所以,治理结构就是配置于各种交易活动的备择组织制度,"关注的是各种形式的合约的鉴别、解释和缓解"(威廉姆森,中译本,2001)。

公司治理,其对应的英文表达是 corporate governance。从伯利、米恩斯开创的"所有权与控制权分离"命题看,针对的是现代公司的特有现象。它通过各种治理制度安排以填补公司制度固有的缺陷。所以,"公司治理是对公司制度的治理,是不断演进中的公司制度的自我保障机制"(吴炯,2006)。当然,如今公司治理的逻辑和方法不仅仅局限于现代公司制度,而是扩展到各种经济组织制度。

所以,治理结构与公司治理是不同的概念。治理结构的核心任务是"匹配",是选择最优的经济组织制度来处理属性不同的交易活动。而公司治理的重点则在于进一步优化既定组织形式下的交易活动。前者基本属于"一阶节约(使基本配置适当)",后者基本属于二阶节约(调整边际)(威廉姆森,中译本,2001)。因而,治理结构与公司治理也存在着紧密的联系,治理结构的确定是开展公司治理活动的前提,两者共同构建和完善经济组织制度。如果从 4.1 节所发现的公司治理的查缺和补缺的一般逻辑来看,治理结构研究是以查缺为主要目标的,而目前部分文献甚至是多数文献所讨论的公司治理是一种狭义的理解,仅专注于补缺环节。

将治理结构与公司治理区分开是有利的,因为治理结构的有关研究可以为公司治理的开展做好前期的定位工作。而我们以为,目前公司治理理论的一个薄弱之处就是对定位研究的相对忽视。特别在家族企业治理问题上,定位工作的缺失使我们难以理解家族企业治理的独特性。首先,家族企业中涉入的家族契约关系是一般公司不具有的,也是过往公司治理理论中完全被忽视的。所以,家族企业治理既不是在现代公司治理体系中注入家族因素,也不是用现代公司治理理论去改造家族企业,必须全面考察家族企业的独特性,必须将家族契约治理从家族企业治理系统中剥离出来。其次,家族契约所处置的家族社会资本的属性具有多样性,这要求家族契约以及所联结而成的契约治理结构必须具有多样性。所以,家族企业治理开展的前期工作是做好定位,是明确家族契约治理结构的形式和成因。

二、分立结构分析的基本思路

分立结构分析(discrete structural analysis)是威廉姆森理论体系的方法论基础。然而非常遗憾的是,此方法"由他人应用,或应用于他处"的成果非常有限,似乎成了威廉姆森的"专用性资产"。究其原因,恐怕存在着人们对该体系认识上的障碍。所以,应用此方法展开讨论之前,有必要对其基本架构作一番整理和说明。

首先,"分立结构分析"中的"结构",指的是治理结构,是从规制各类交易契约的角度对各种经济组织的本质性认识;其次,"分立结构分析"的"分立",一方面说明了各种治理结构在节约交易成本的功能上存在着根本性的差异,不同的治理结构只有面向相应的交易活动,才能发挥作用。另一方面,"分立"反映了交易成本研究方法的基本特点。目前,人们认为交易成本的精确度量是一个无法解决的难题,但是,"交易成本的计算问题,其困难也不像初看上去那么大,因为只要比较哪个大、哪个小即可,不一定非要算出具体数值来"(威廉姆森,中译本,2002)。也就是说,交易成本研究的核心在于各种制度、契约的分立比较,这种分立比较强调不同交易成本的"序数"排列,不需要具备绝对数上的可测性。于是,"分立结构分析"在内容上是关于交易契约与治理结构如何匹配的主题,在方法上是一种比较分析和权衡利弊的过程。

进一步,威廉姆森的分立结构分析的研究体系分为匹配和评价两大部分。前者是解决如何通过比较为不同属性的交易选择不同的治理结构,后者则是从机理上证明这种匹配的合理性。在匹配环节,威廉姆森从资产专用性、不确定性和频率三个维度测量交易并划分交易类型,而后为每类交易选择分立的治理结构。其中,资产专用性属性是分析重点。分立的治理结构的形式及选择依据是:① 如果交易未涉及专用性资产,则不论交易频率的大小,有效的治理结构应采用市场治理形式;② 如果交易频率较低,而交易资产具有中度以上的专用性属性,有效的治理结构应采取引入第三方仲裁的三方治理;③ 如果交易频率较高,同样在交易具有中度以上专用性的资产时,有效的治理结构是双边治理;④ 在交易资产的专用性程度较高的情况下,与之相匹配的有效治理结构是由一方当事人具有权威的统一治理形式。表 5-1 展示这些治理结构的形式及选择依据。此外,当考虑了环境因素后,环境的不确定性将导致契约不完备性问题变得突出,进而三方治理契约和双边治理契约出现被取代的趋势。而在评价环节,威廉姆森从契约法和适应性上揭示各种治理结构的本质特征,同时从激励和控制相权衡的角度解读各种治理结构在节约交易成本上的能力。

表 5-1 分立治理结构的形式与选择依据

		投资特点		
		非专用	混合	独特
交易频率	经常	市场治理 (古典式契约)	三方治理 (新古典式契约)	
	偶然		双边治理 (关系契约)	统一治理 (关系契约)

5.1.2 家族契约治理结构的分立分析依据

此前研究已经作出足够的铺垫,基本确立了家族契约治理结构的分立分析依据。为保证本章分析的完整性,这里作出总结和整合,其中的论证细节可以参见此前各章节。

一、家族企业中家族社会资本的涉入

事实上,如何界定家族企业,在学术界并没有达成共识。在不同研究目的下,人们看待家族企业的视角是不同的。综合起来,人们往往用这样四类指标来界定家族企业,即家族权力(又包括所有权、管理权、控制权三个次级指标),以及家族意愿、家族规则和家族活动。更进一步,我们发现这四类指标存在着一定的关联性。

首先,家族对企业的涉入体现在三个维度上:一是家族意愿涉入,体现的是企业在经营中对家族愿景的追求;二是家族权力涉入,体现为家族对企业所有权、控制权、管理权的掌握;三是家族规则涉入,体现为家族价值观对企业行为准则的渗透。其次,家族对企业涉入的形成、保持和加强,是通过家族活动来完成的。一方面,为了实现家族活动,家族必须加强对企业的涉入程度,以便使企业接受家族活动。另一方面,通过完成家族活动,家族意愿、家族规则、家族权力等相伴随着得以增强。最后,以家族活动为载体,家族对企业涉入有一定的路径方向,即以家族意愿为起点,以家族规则为媒介,以家族权力为结果。

所以,本书提出,家族企业是通过家族活动而涉入了家族意愿、家族规则、家族权力的企业。这三个维度的家族涉入具有一定的关联性,而它们更大的相关性在于都来源于同一个事物——家族社会资本。社会资本的形态表现是多构面的,包括认知构面、关系构面和结构构面。将社会资本的这三层构面与家族涉入企业的意愿、规则和权力相比,可以发现一一对应的映射关系。

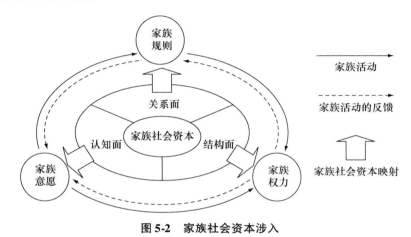

图 5-2　家族社会资本涉入

首先,家族意愿对企业的涉入体现的是企业在经营中对家族愿景的追求,而一个社会网络群体是否具有统一的愿景,正是认知构面社会资本所关心的重点。其次,家族规则涉入企业后,企业的家族成员之间以及家族成员与其他员工之间的关系处理,并非完全遵循着企业式的经营逻辑和管理准则,而家族规则正是家族关系面社会资本的映射。最后,家族权力对企业的涉入,一方面在整体上体现了家族对企业的控制程度,另一方面,家族权力的形态结构差异也导致了企业组织特征的不同。这两方面都反映了家族结构面社会资本在企业中的映射。

在形式上,家族意愿、规则和权力对企业的涉入反映出家族社会资本的涉入。在功能上,家族对企业的涉入体现了社会资本的提高社会群体行为功效的功能。根据社会资本的微观层次视角,社会资本是行动者在行动中获取和使用的嵌入在社会网络中的资源(林南,中译本,2004)。在此层次上,家族社会资本反映了家族企业从家族网络那里获取的资源。显然,当家族企业在经营企业时遵从了家族意愿,其行为规范符合家族规则,企业权力为家族权力中心所控制,家族企业就会得到家族社会资本的有力支持,进而可以广泛调集家族人力资源、财务资源、文化资源、品牌资源、信息资源、关系资源等。从社会资本的中观层次视角看,涉入企业中的家族就是一个完整网络,这时的家族社会资本关注的是这个网络的结构化情况如何有利于使用网络资源。当家族成员具有统一的愿景、相同的价值观时,当家族成员普遍信任并具有一致的认同和规范时,当家族成员中具有调动资源和处理冲突的家族权威时,使用家族资源的交易成本将极大降低。从社会资本的降低交易成本的经济功能来看(Fukuyama,1999),家族企业通过家族意愿、规则、权力的涉入,有利于降低家族群体内交往的交易成本。总之,家族社会资本的高效调集和使用是家族企业的独特制度特征(吴炯,2010)。

二、家族企业中家族社会资本契约及其治理结构

企业是一系列契约的联结(Alchain and Demsetz,1972)。同样,家族企业也是一系列契约的联结。鉴于家族企业之中还被涉入了另一类经济资源——家族社会资本,所以,家族企业还包含着有关家族社会资本的契约。这类契约反映为两个层面,一是家族作为交易一方与企业的契约安排,即此前论述过的家族—企业契约;二是家族内部各成员间有关家族社会资本的契约安排,所谓家族契约。后者不仅更加复杂,也更加重要,是本章的研究对象,也是全书的研究重点。

家族契约在性质上属于关系契约的范畴,表现为家族契约并不明确规定家族成员在家族社会资本的投资或受益方面的具体的权利义务,也不明确规定一切冲突的处理方案,而是建立一个关于家族意愿维护、家族规则实施、家族权力配置的总的框架,以涵盖家族事件处理的总原则、总程序和总方法。家族契约的关系契约属性强调了契约的不完备性,也强调相应的治理结构对契约治理的必要性。[①] 事实上,威廉姆森的分立治

[①] 一定要注意,这里讨论的是治理结构而不是公司治理。

理结构分析理论,正是出于对关系契约,以及具有关系契约性质的各种中间性组织的重视。威廉姆森认为各种经济组织都是一种治理结构,是关于契约,也是关于交易的治理结构。威廉姆森(中译本,2002)强调,"经济组织的问题其实就是一个为了达到某种特定目的而如何签订合同的问题"。也就是说,一项资源调配的交易,可以通过各种契约完成,但是不同契约治理交易的交易成本是不一样的。所以,完成一项交易的首要任务是发现交易成本最低的契约形态。当选择完成后,各种契约就联结成不同的经济组织,而这些经济组织的本质是治理契约的治理结构。从治理结构角度理解,各种经济组织是采用不同的契约形式来规制交易关系和交易行为的制度安排。

企业是一种治理结构,治理着企业所联结的各种契约,作为企业形态之一的家族企业自然也是一种治理结构。然而,更深入的问题是,把家族契约从其他契约中分离出来,也存在着治理家族契约的治理结构吗?事实上,陈凌(1998)早已明确指出,家族也是一种治理结构,由家族成员之间的长期契约所构成,实现了家族内部的有机团结。

之所以要从治理结构的角度理解家族契约,必要性还在于家族契约也具有多样性,不同的家族契约联结成的家族企业是不同的。对此,陈凌(1998)曾提出"作为一种治理结构的家族,是一种特殊的组织形式或韦伯式的理想型模式","理想型模式最能反映现实经济组织的实质性特征","没有一个社会或组织能精确地对应于这样的极端化的理想型模式","但所有社会都可置于这些极端的连线或相交面上"。从中我们可以看出陈凌未及表达的观点,家族企业不仅是治理结构,而且是一组治理结构的集合。根据此前发现的原则——治理结构的任务是制度的定位和选择,公司治理的任务是定位后的优化,则关于家族契约治理结构的定位研究是家族企业治理研究的首要课题。

三、家族社会资本专用性:家族契约治理结构的分立分析依据

社会资本作为广义的资本的基本形态之一,具有资本的一种属性——资产专用性。资产专用性指的是某项资产能够被重新配置于其他替代用途或是被他人使用而不损失其生产价值的程度(Williamson,1979)。根据 Williamson 的界定,资产专用性来自个体与个体之间的立约

活动,反映了个体与个体之间的一种关系。而社会资本也蕴藏在社会关系之中,是推动所确定范围内社会交往效率的因素。社会资本具有专用性属性,但并不能否认其通用性属性的对应存在。基于制度的信任和规范,以及封闭性不高的网络,都产生通用的社会资本。也就是说,社会资本的专用性是一个程度上的概念。不过相对而言,家族群体内的社会资本的专用性程度较高。

当家族社会资本涉入家族企业后,之所以为家族企业带来了竞争优势,也与家族社会资本的专用性属性有关。正是由于家族专用社会资本对家族关系的"锁定",家族群体内形成了极大的内聚力。这里考察社会资本的核心因素——信任。福山(中译本,2001)曾负面地提出,华人社会是低信任文化的社会,同时家族制是低信任度社会里一种普遍的企业模式。但是,福山在这里所指的信任是一种普遍信任,是圈内圈外的一致信任。如果将信任划分为普遍信任和私人信任,那么福山观点的积极理解是,华人社会是私人信任(或称专用性家族信任)文化的社会,同时,正是私人信任(或称专用性家族信任)文化推动了家族企业的兴盛。

专用的家族社会资本对企业的涉入,引出了家族企业制度的核心优势。但是,社会资本专用性所具有的副作用,形成了家族企业制度的缺口,引发了家族治理问题。首先,在家族—企业契约关系方面,家族企业制度的缺陷表现为家族专用社会资本对家族—企业契约的锁定,以及家族专用社会资本投资造成的企业经营目标的偏移。其次,更为隐蔽和严重的是在家族契约关系方面,专用的家族社会资本是诱发各种夫妻反目、父子成仇、兄弟阋墙冲突,进而导致家族企业分崩离析的导火索。在不完全契约理论中,专用性的资产投资将产生可占用准租,它是一项资产的最优使用者与次优使用者使用这个资产时所产生的价值的差额。专用的家族社会资本一样会产生准租。这个准租一方面反映了家族企业的制度优势,体现了使用家族资源造成的交易成本的节约。另一方面,这个准租是无法通过市场机制来衡量和分配的,这就导致了攫取准租的机会主义动机的存在。特别当家族中可以分离出更少的家庭产权单位的时候,机会主义动机就可能变为现实。

面对着这类攫取家族专用社会资本准租的机会主义行为,家族企业必须相匹配地设立某种治理结构来处置家族契约关系。由于这类准租是家族团队生产的结晶,市场机制无法完成协调,所以对应的治理结构必须包含权威手段。当然,完全依赖权威的层级式管制是一种方式。但是,现实世界里的家族企业制度多样性说明,家族契约的治理结构绝不是仅此一样。

与本书研究将专用的家族社会资本作为家族契约治理结构的构建基础类似,Gedajlovic 和 Carney(2010)定义了被称为 GNTs(Generic Non-Tradeables)的资产,并以此解释家族企业存在的节约交易成本的原因。GNTs 具有两点性质,一是家族专用性(firm-specific),二是广泛应用性(generic in application)。前一性质正是以上讨论的资产专用性,后一性质也正是社会资本的基本特点。不同的是,GNTs 还包含声誉、隐性知识等专用人力资本的内容。但是,我们认为属于个体的专用人力资本并不是"家族"企业存在的原因,而嵌入在家族群体关系中的专用人力资本也可以纳入认知层面的广义的社会资本概念之中。此外,Schulze 和 Gedajlovic(2010)关于信任的研究也发现,包含在家族内部的信任(这是一种最重要的专用家族社会资本)是家族企业比较优势的来源,但该优势也存在难以持续的缺陷,进而信任成为家族企业的治理目标和基础。另外,陈建林(2012)虽然没有讨论社会资本专用性,但直接发现了不同家族治理模式下家族企业的代理成本的差别。这些研究奠定了从家族社会资本专用性角度理解家族契约治理结构选择的理论基础。

5.1.3 家族契约分立治理结构的分布空间

威廉姆森的分立治理结构的提出,源自于其对传统契约理论的研究视野的拓展。在早期研究中,人们讨论的是科斯提出的市场、企业两分法研究课题,研究视野聚焦在市场和科层企业两种典型的甚至是极端的经济组织形式上。然而,威廉姆森等学者发现现实中还存在着大量的中间性组织,如战略联盟、特许经营、业务分包、企业集团、价格同盟等。它们与市场和科层企业一样,是各种分立的治理契约的组织结构。在对这些分立治理结构的研究中,市场、科层企业被作为理想模式看待,它们构成了一把研究标尺,各类分立治理结构分布在这把研究标尺上。所以,当我们应用分立治理结构分析家族企业时,必须明确家族企业的研究标尺。

在第2章的研究中,我们建立了一个企业、家族二维治理结构,将现实世界的经济组织从两个维度作了解剖。这里仍然应用这个模型,展示家族契约分立治理结构的分布空间。

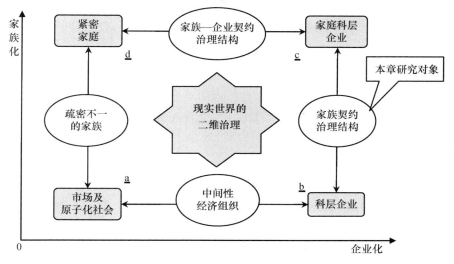

图5-3　家族契约分立治理结构的分布空间

如同第2章所论述的,a-b轴所代表的范围就是企业契约理论的研究空间。最左端是符合完全竞争假设的纯粹的市场,最右端是由权力序列引导的完全集权管理的科层企业,之间则是各种形式的中间性经济组织;a-d轴代表的是各种形式的家族形态。最下端是完全由独立个体组成的社会治理结构,称为原子化社会。最上端的理想形态称为"紧密家族"或者更"紧密家庭",它是无法再细分的产权单位。在这两种理想治理结构之间则是疏密状况不一的各种家族形态。

在第2章的模型中,d-c轴所代表的研究空间被称为家族控制经济网络。它表征的是紧密家庭中的各个家族成员是分散地从事经济活动,还是合并成一个科层企业,或者是选择处于两者之间。如果说家族企业是涉入了家族社会资本的企业,那么在d-c轴上的各类家族企业反映的是家族作为一个完整的行动个体,以不同程度或以不同方式向企业投入家族社会资本的各种情况。这里强调的是家族是交易一方,而且是不可分割的单一交易主体。虽然家族可以选择投入企业一部分社会资本,比如仅让少数成员参与企业经营,或者家族可以决定社会资本投资组合,比如是涉入一个科层企业还是企业集团。但是,所有的决策都是家族作为一个整体作出来的。所以,根据此前定义的广义的家族社会资本契约,d-c轴所反映的是不同的家族—企业契约关系,在d-c轴上分布的是各种家族—企业契约治理结构。当然,d-c轴上的家族—企业契约治理结构都还是较理想的状态,都是抽象出来便于理论分析的,真实世界的家族—企业契约治理结构还是分布在矩形abcd所包围的空间内。

在第2章的模型中,b-c轴所代表的研究空间被称为家族性企业集团。在b-c轴上,当家族关系紧密后,家族成员无疑会具有更为强烈的集体归属认知、更为统一的行为规范、更加有序的权力分配。达到极致后,一个紧密的家庭科层企业得以出现。而随着家族关系的逐渐疏离,相对松散的家族性企业集团成为最优选择。若是完全没有家族纽带,则家族企业无需存在。而若此时利益又要求大家彼此合作,则一个纯粹的科层企业是最终的选择。可见,在b-c轴上各种治理结构展开的前提是家族成员之间的关系,包括是否具有统一的家族意愿,如何设定彼此的行为规则,怎样配置各自权力。这正是家族契约所关注的内容。所谓家族契约处理家族成员之间的关系,指的是家族成员之间有关家族社会资本的契约安排,包括家族意愿的统一、家族规则的设定、家族权力的配置三个维度。所以,b-c轴所反映的是不同的家族契约关系,在b-c轴上分布的是各种家族契约治理结构。本章关于家族契约分立治理结构的分析,就在b-c轴上展开。b-c轴上的情况是从现实世界里抽象出来的理想状态,是理想研究的实验空间,真实的家族契约治理结构更多地分布在矩形abcd所包围的空间内。

事实上,一方面,家族企业的集团性发展本身就是家族企业成长的重要路径,是现实世界的普遍现象。另一方面,家族性企业集团也就是以家族社会资本契约为纽带的。所以,讨论家族契约问题,不可避免的研究对象就是家族性企业集团。或者说,研究家族性企业集团,本质上就是分析家族契约的问题。[①] 所以,本章在理论验证部分设计了一个家族性企

---

① 事实上,本书研究的最初立题就是一项国家社科基金项目,项目名为"中国家族性企业集团的分立治理模式:基于家族社会资本结构的研究"。

集团的案例研究。

另一个需要家族契约分立治理结构研究提供理论指导的现实课题,是家族企业的分家问题。作为一种特有的企业分拆行为,分家是悬在家族企业头顶的达摩克利斯之剑。特别在以财产均分制为基本继承规则的中国,分家更是家族企业难以迈过的一道坎。同时,现实世界提供的证据表明,分家往往是家族企业或者走向消亡或者开辟新天地的转折点。然而,目前文献对家族企业分家问题的研究不甚丰富,人们还未能确定何时分家和如何分家等问题。但是如果从家族契约的角度看,分家显然与家族成员关系相关,一般是家族的间隙导致企业的分拆,因此,家族社会资本契约状况是分家发生的前因。另外,分家的形式问题,即分家后新家族单元之间的关系联结和治理规则的安排,其实就是新的家族契约的治理结构的选择问题。所以,分家是讨论家族契约分立治理结构的重要对象,本章在理论验证部分也设计了一个家族企业分家的案例研究。

5.1.4 家族契约的分立治理结构模型

一、家族契约分立治理结构的选择

在图 5-2 中,b－c 轴上分布的是各种家族契约治理结构。b－c 轴与 a－d 轴是一种对应关系,它们沿着相同的逻辑展开治理结构的变迁。前者针对不同疏密状况的家族关系,关于如何治理家族事务;后者则面对着同样的家族关系疏密差异,关于如何建立涉入企业的家族契约治理结构。如果用一个理论变量来刻画这个相同的家族关系因素的话,这个变量就是家族社会资本。围绕着这个家族社会资本,家族成员之间建立了家族契约。显然,家族社会资本的状况不同,家族契约的形式就需要相应的变化。如何选择对应于家族社会资本的家族契约,如何确定各类家族契约的基本性质,就是家族契约治理结构分立分析的任务。所以,家族社会资本是选择家族契约分立治理结构的基础。如前所述,家族社会资本的一个重要属性是专用性,威廉姆森的治理结构分立分析的基础也是资产专用性。于是可以假设,家族社会资本的专用性是选择分立治理结构的关键因素。

家族社会资本专用性的核心作用来自于其对交易成本的处置功能。交易成本可以被理解为经济体系运行的成本,是交易活动不可避免的约束条件。而社会资本的核心功能恰恰就是其对交易成本的节约(Fukuyama,1999)。鉴于制度选择中交易成本的"序数"排列要求,一种治理结构被选择的重要原因是其建立、运行、调整的交易成本更低。又因为家族成员之间的天然血缘纽带,使得家族社会资本具有更高的禀赋值,或者说家族内部交易的交易成本先天更低。所以,在全世界范围内,家族企业成为普遍的企业制度,特别在创业阶段。

然而,专用性的家族社会资本也对家族企业的运行产生了不确定的影响。这个不确定性的重要来源是,家族专用社会资本所产生的可占用准租可能会诱发的家庭单元之间的内耗。在克莱因的不完全契约理论中,可占用准租指的是一项资产的最优使用者与次优使用者使用这个资产时所产生的价值的差额。它产生于专用性投资,会让机会主义行为从可能变为现实(Klein et al.,1978)。家族社会资本的可占用准租反映为使用家族资源与家族外资源的成本之差,比如借用家族资金与外部融资在利息计算、调用速度、约束软硬上的成本差异,又比如聘用家族成员所获得的来自激励相容的代理成本的节约。另外,可占用准租所诱发的机会主义行为,成为家族企业发展进程中随时会爆破的炸弹。这是因为来自于构成家族的产权家庭的共同协作,是团队生产的结果。所谓团队生产意味着,这个准租不是家族成员各自贡献的简单相加,而是一种互动的结果,测定每个家族成员的边际贡献十分困难。火上加油的是,家族契约发生在家族边界之内,市场的价格机制不能产生作用。因而这部分准租金就具有公共产权的性质,也就面临着被攫取的外部性损失。一旦家族关系不再紧密,家族边界内分立出自利的家庭产权单元,尽可能多地索取家族社会资本的利益,尽可能少地进行家族社会资本再投入,就成为家庭产权单元的理性选择。在自利的机会主义行为下,兄弟阋墙、夫妻反目、父子分家的家族企业悲剧比比皆是。于是,可占用准租越大,越需要建立专门的治理结构。

我们认为家族专用社会资本的可占用准租的数值与两项因素有关。一是该社会资本的专用性程度,二是企业经营中调用家族社会资本的程度。首先,资产专用性是一个程度概念,是从通用到完全专用的连续函数。在家族企业中,如果家族圈子内的私人信任远远高于面向外部人的普遍信任,如果互利互惠的家族规则完全不能作为与外部人交往的行为假定,那么该家族社会的专用性程度就高,其产生的可占用准租也高。可占用准租高也意味着,社会互动以及家族圈内的规则、信任所创造的收益,或者说所节约的交易成本,是无法通过市场机制定价的,也难以通过企业行政手段协调,而需要家族契约治理结构来处置。其次,企业经营中调用家族社会资本的程度,反映了家族社会资本所承载资源对于企业的重要性。企业的运行所依赖的各种物质资源、人力资源等,不仅仅来自家族圈子,其他社会网络以及一般的市场机制也能满足企业需要。如果企业需要的多数资源都来自家族关系内部,或者需要频繁调用家族关系,则在相同的专用性程度下,产生的可占用准租也将更高,也就对家族契约治理提出了更高的需要。

于是,家族专用社会资本的这两项因素就决定了家族契约的四种分立治理结构,如表5-2所示。其中,"家族社会资本的专用性属性"对应于威廉姆森的"资产专用性"维度,"家族社会资本的调用程度"与威廉姆森的"交易频率"指标具有相同功效。前者衡量专用性交易的"质",后者衡量专用性交易的"量"。

表 5-2　家族社会资本与分立治理结构的匹配

		家族社会资本的家族专用性		
		非专用	混合	专用
家族社会资本的调用程度	不频繁	市场治理（市场化企业）	第三方治理（家族仲裁企业）	
	频繁		双边治理（家族连带企业）	统一治理（家庭科层企业）

（1）在家族社会资本专用性程度很强,且家族社会资本的调用程度较频繁的情况下,一体化治理机制应被采用。我们称这种治理结构下的企业为家庭科层企业,这里的"家庭"二字强调这是一个没有分家的单一的企业形式,所有的家族成员团结在一个家庭之内。这是一种以家族权威作为企业等级权威的集权治理结构。采用这一治理结构的原因是企业的价值来源多数具有可占用准租的性质。当企业面对高度不确定性和高度危害性的机会主义行为的威胁时,根本性的内部化处理方式成为最优

选择。这时，企业的正式规章制度对家族成员的制约不强，家族规范是引导家族成员行为的原则。这种家族规范主要来自传统文化中的礼治规则。创业阶段的家族企业一般使用该结构。

（2）当家族社会资本的调用程度较频繁，但社会资本的家族专用性减弱时，应采用双边治理机制。家族连带成为家族企业的特有治理结构，我们称其为家族连带企业。这时中等程度的专用性产生了两难困局，一方面若使用市场治理仍可以通过市场激励避免一部分机会主义行为，另一方面在弹性处理不完备契约方面，对于尚存的专用性资产以及附着其上的频繁调用，一体化的科层模式却最具优势。于是，以平衡为原则的家族连带结构被采用，这可以理解为部分的分家，也可以理解为企业集团边界内的法人独立。各分立后的企业通过多种家族连带治理的方式保持家族关系，可以是通过相互参股的资本契约来连带，也可以是通过家族决策会议和信息交流平台来连带，甚至是互派监督人员来连带。家族连带企业的双边治理原则的关键词是民主协商，它是介于礼治和法治之间的治理原则，是家族契约和制度契约相平衡的结果。

（3）当家族社会资本仍有部分专用性，但家族社会资本的调用程度不频繁时，应采用第三方治理模式，家族仲裁成为家族企业的特有治理结构。这时，由于家族专用社会资本在降低交易成本上的功效，使得家族网络内的各个家庭产权单元均有很强的动机维持这种专用的关系。但是，由于家族资源的交易体量不大，一般情况下建立一个专门的治理结构的成本得不到补偿。[①] 于是，家族仲裁作为第三方被引入，用以解决争端和评价绩效，家族契约作为制度契约的补充而共同治理双方关系。

（4）家族社会资本基本不具有专用性特征时，无论是否仍通过家族关系获得企业经营资源，均采用市场治理模式，家族企业成为一般的市场化的科层企业。这时，家族内的各家庭单元之间、家族与企业之间，均成为相互独立的社会个体。即便企业仍使用家族资源，但是由于社会资本不再具有专用性，转移为家族外部资源时也不会产生额外的交易成本。

[①] 理论上，如果这时家族社会资本的专用性过强，可占用准租也会很高，应建立一体化的治理结构。但现实中，对自己人完全相信，对外人完全不相信的"扭曲"人格应该无法在家族边界之外创建企业。

所以，市场价格机制的激励手段就可以避免机会主义行为。在现实世界里，当家族企业引入大量的职业经理并采用现代企业运行规则后，或者由于某些冲突导致家族信任、家族规范不复存在后，市场导向的治理机制就应该被采用。在市场治理结构下，分家后的企业之间仍可以建立关系，但这种关系与家族无关，是一种建立在制度契约之上的交易关系。

此外，与威廉姆森的分立结构分析模型一致，家族企业运行环境的不确定性会对家族契约治理结构的选择产生影响。当不确定性程度高时，家族连带企业和家族仲裁企业需要设计更加复杂的两边治理和第三方治理机制，而这难免带来更高的运行成本。所以，在不确定环境下，家族企业或者会加强统一治理以内部化机会主义行为，或者完全采用市场治理而索性舍弃家族专用社会资本的准租收益。也就是说，不确定性增加后，第三方治理和两边治理的形成条件变得更加严格。所以，现实中第三方治理和两边治理的家族企业是很不稳定的。

二、家族契约分立治理结构的各自特征

表5-3对家族企业的各种治理结构进行比较，横向评价各自的治理特征和治理能力。

表5-3　家族契约分立治理结构的比较

特征		治理结构			
		市场化科层企业	家族仲裁企业	家族连带企业	家庭科层企业
治理特征	模式	市场治理①	第三方治理	双边治理	科层治理
	契约法	古典契约	新古典契约	关系契约	关系契约
	市场自发适应	强	较强	较弱	弱
	家族自觉适应	弱	较弱	较强	强
工具	市场激励	强	较强	较弱	弱
	家族管控	弱	较弱	较强	强

（1）从各种治理结构的契约法本质看，当无家族背景的科层企业参与外部的市场治理时，受到古典契约调节。在这里各个企业与家族都是独立的个体，它们之间的专用社会资本纽带不复存在，维系它们的是正式

---

① 为剥离出家族契约治理结构的特殊性，科层企业作为一个整体参与的是市场治理，其内部的科层治理不在本书分析之列。

的、完备的、以法律为准绳的契约;家族仲裁属于第三方治理,受到新古典契约调节。家族内的成员家庭之间既保持充分的独立性,又借助第三方的力量"填补"家族契约的"缺口";家族连带和家庭科层企业分别属于双边治理和统一治理,它们均受到关系契约调节。前者通过事前设计精妙的双边契约来部署处置事后机会主义行为的框架体系。后者则采用层级化的契约建立一揽子的用权力来运行的自制规则,针对的是家庭和企业完全融为一体的家族企业类型。

(2) 在适应能力方面,随着市场化科层企业向家庭科层企业演进,家族自觉适应越来越重要。这是因为随着家族社会资本专用性程度的提高,契约的不完备程度随之提高,市场自发适应留有的"缺口"越来越大,人们必须诉诸自觉协调的机制来适应环境。当然,家族企业的自觉适应更多地来自于家族规则,而家族规则的自觉性自动继承了大量的文化含义。与之相反,市场自发适应则越来越弱。在此过程中,家族仲裁和家族连带如何平衡两种适应手段,如何选择家族"插手"的程度成为难题。

(3) 市场是"无形的手"的作用发挥最充分的治理结构,会促使各个企业与家族去降低成本、实现有效适应。但是,随着家族社会资本专用性程度的提高,市场激励将无法再发挥作用。这时,取而代之的应该是来自家族规则的控制。但伴随着家族管控的官僚成本,使得对市场激励的替代必须是循序渐进的。

由于家族社会资本专用性是选择治理结构的决定因素,图5-4对其作进一步研究。首先,即便这个社会没有机会主义行为发生的可能,交易成本在现实世界中也不可避免地客观存在,而社会资本却具有减少交易成本的功能。所以,随着家族社会资本专用性的提高,家族成员之间的交易成本随之降低。图5-4中的曲线C描述的就是无机会主义行为之虞时的交易成本。但是显然,真实的世界还要加上机会主义行为产生的影响。令$B(k)$为家族统一治理的成本,$M(k)$为市场治理成本,其中k为家族社会资本专用性指数。设$B(0) > M(0)$,表示社会资本家族专用性为0时,家庭科层企业产生出额外的成本支出。$M' > B' > 0$,表示市场在协调适应方面存在不足。令$\Delta G = B(k) - M(k)$,ΔG与C的函数关系如图5-4所示:

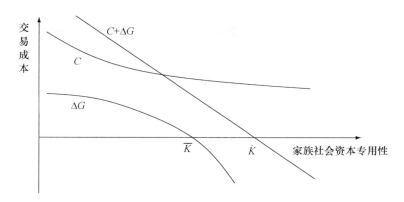

图 5-4　家族社会资本专用性与治理成本

令 K^* 是最优的家族社会资本专用性水平，则有：如果 $K^* < \bar{K}$，则家族不要涉入企业之中，市场化的科层企业是最佳的治理结构。如果 $K^* > \acute{K}$，家族与企业可以考虑统一治理，让家族规则成为家族企业经营的原则。如果 $\bar{K} < K^* < \acute{K}$，此范围左右最有可能出现的是混合治理结构，即家族仲裁和家族连带将被采用。

三、家族契约分立治理结构的家族权威

根据上一章的研究，要解决家族契约下的家族团队生产问题，必须建立家族权威，特别是处于团队生产边界之外的家族权威。表 5-3 的模型说明了不同家族契约的分立治理结构的表现形态和选择依据。这里，对各种分立治理结构下的家族权威的存在方式作一个说明。家族权威的存在是否得当，是决定各类家族契约分立治理结构功效的关键因素。

（1）在家族社会资本专用性程度很强，且调用程度比较高的情况下，一体化治理结构被采用，家庭科层企业出现。对于家庭科层企业，应建立高度集权的家族权威模式，可称为一体化家族权威。这种家族权威是等级性的集权结构，有家族首脑存在，采用命令模式和控制系统处理家族事务，也可称为家长式权威。各产权家庭对家族社会资本准租的边际贡献由家族首脑评价，准租的分配也由家族首脑单边决定。在家族企业里，集权的家族首脑负责命令和决策，其他产权家庭负责服从和执行。由于一般认为家族社会资本的基本特点就是专用性很强，所以这也是家族权威的常见模式。当然，如果此时家族社会资本虽然专用性很强，但家族对企业的涉入非常浅，则可不必在企业内建立专门的家族权威序列。

（2）当家族社会资本的专用性减弱,而家族资源仍是企业经营的重要支柱时,双边治理结构被采用,家族连带企业出现。这时对应的家族权威模式姑且可称为双边权威模式。这时,家族社会资本成为一种集体产权资产,其投资和分配不再依靠命令系统,而是来自集体决策。注意,这里的集权产权不是私人产权,也不是公共产权,社会资本准租既不是由家族首脑私人控制,也不是处于公共产权的众人攫取状态之下。这个双边权威是家族民主的体现,而民主通过集体决策行使。但是需要注意的是,集体决策并不要求每一项决策都要通过民主投票。产权理论告诉我们,对集体产权资产的管理,往往会通过某种投票程序或者既定规则选出一个人作为管理者,由这个管理者进行多数事务的具体决策。双边权威下出现的这个管理者,就类似于武林的盟主、行会的会长、政府的总统。在家族契约中产生的这个"盟主",就成为处于家族团队生产边界之外的家族权威。当然,在双边权威中产生"盟主"的机制比较苛刻,所以双边治理结构也极不稳定,常常出现在一些家族企业的去家族化路径上。

（3）当家族社会资本的专用性不强,而且家族社会资本的调用程度较低时,采用第三方治理模式,家族仲裁成为家族企业的特有治理结构。家族仲裁企业下的家族权威可称为第三方权威。这时由于家族社会资本准租较少,建立专用的权威机构得不偿失,可寻找一个第三方的权威人士来临时处理家族冲突。往往这个第三方权威者是外延更大层面的家族首领,或家族议事机构。第三方这个名称清楚地表明,他是处于家族团队生产边界之外的家族权威。

对于已经去家族化的市场科层企业,自然没有什么家族权威的存在。这时,即便家族成员之间会通过某种权威关系联结在一个经济组织结构之中,这种权威也与家族无关,不是家族权威。

5.2 家族性企业集团中的家族契约分立治理结构——来自 DDZ 集团的案例解析

此前说明,家族契约问题研究中不可避免的研究对象就是家族性企业集团。从另一方面看,研究家族性企业集团,本质上就是分析家族契约的问题。所以,以下设计了一个家族性企业集团的案例研究。通过案例分析方法,证明基于家族专用社会资本的分立治理结构分析模型在家族契约治理中应用的客观性和科学性。首先,案例分析适合于研究"是什么"和"为什么"之类的问题,有助于探索变量之间的动态关系。其次,在研究前若能形成一个明确的理论导向和清晰的分析框架的话,描述性案例研究就可以实现较高的经验效度(Eisenhardt,1989)。需要说明,该案例的调研截止时间是2011年1月。最近三年来,该集团的家族契约治理结构继续演进变化,但完全在本书研究的预测范围之内。

5.2.1 案例研究设计①

一、案例选择及案例企业概述

本案例以企业主原籍在福建省莆田市东庄镇的一家民营医疗企业集团为研究对象。下述一组数据可以表达该研究对象的重要性:"全国至少80%以上的民营医院是东庄人创办的;莆田在全国各省市从事医疗行业的企业共有1万家(东庄镇占93%),资产总数达360亿元,年营业额3050亿元,员工总数63万人;在外医药和医疗器械生产企业500家(东庄镇占80%),资产总数25亿元,年营业额50亿元,员工总数5万人。也就是说,东庄镇人所办的民营医院及相关企业创造的产值,超过了中国中西部个别省的生产总值。"②

在一些人还对民营企业的原罪问题耿耿于怀的时候,我们不禁在问,其成功的积极因素是什么?从中我们可以得出怎样的科学规律?之所以选择以下企业集团为研究案例,还因为:① 该集团的家族关联较强,从家族社会资本关系涉入的意愿、规则、权力各角度看,将其定性为家族企业不会有疑义;② 该集团起步较早,1996年起就开始了规范的民营医院投资和经营,治理结构的选择经历了时间的检验和调整;③ 该集团结构不算复杂,关联路径清晰,研究干扰较少;④ 经初步检验,该集团包含多种形式的家族契约治理结构;⑤ 笔者与该集团的往来已持续了六年以上,

---

① 参见吴炯:《家族企业的分立治理结构选择及案例解析》,载《管理案例研究与评论》2012年第5期。
② 参见朱国栋、李蔚:《性病游医走遍天下 福建莆田东庄掌控中国民营医院》,载《瞭望东方周刊》2006年11月。

掌握的数据比较全面和准确。

考虑到案例涉及家庭关系隐私,为了减少对他人生活的干扰,行文中隐去企业名称以及受访者姓名等信息。莆田系民营医疗主要由陈、詹、林、黄四大家族构成,本研究案例企业集团来自于其中的一支,这里姑且称其为 DDZ 集团。DDZ 集团目前的核心家族成员及其关系如图 5-5 所示。DDZ 集团的"江山"由兄弟俩共同打下。现在作为哥哥的大 A 基本不具体参与经营管理,主要业务活动由其两个儿子和一个女婿分别打理。作为弟弟的大 B 现在是 DDZ 集团的董事长,并亲自管理多家实体,不过其中一家大型综合医院的业务已由其儿子主持。

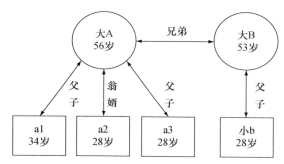

图 5-5　DDZ 集团核心家族成员及关系

图 5-6 显示的是 DDZ 集团目前的组织架构,是大 A、大 B 兄弟俩二十余年共同打拼的结果。基本上,DDZ 集团的发展可概述为四个阶段:① 奠基阶段。从上世纪 80 年代中期到 1996 年,大 A、大 B 兄弟俩并肩合作,走南闯北摸索发展路径,可谓历尽磨难。在逐渐探索出事业方向的同时,最重要的是兄弟俩之间沉淀的社会资本存量成为将来 DDZ 集团发展的重要基础。② 成长阶段。1996 年,兄弟俩共同投资的第一家规模化、规范化医院在泉州开业,从此 DDZ 集团走向良性发展道路。1999 年,在上海的第一家大型综合医院的投资运营,标志着 DDZ 集团的战略重心的转移,也标志着 DDZ 集团的基本成型。在此阶段,大 A、大 B 兄弟俩不分彼此,财务活动一律是简单的、粗线条的五五分账。2003 年,大 A 不幸染病,从此退出业务活动一线,公司主要经营管理工作由大 B 主持。③ 换将阶段。2004 年和 2006 年,大 A 的长子 a1 和女婿 a2,前后开始经营 DDZ 集团下属医院。值得注意的是,此阶段内 DDZ 集团所有的资产仍按

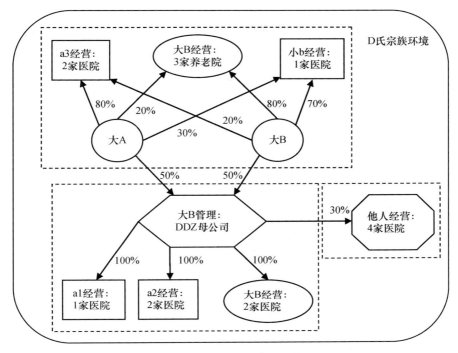

图 5-6 DDZ 集团组织架构

大 A、大 B 各占 50% 的比例计算。图 5-6 下半部分的组织结构就形成于此阶段。④ 扩散阶段。2007 年以后，DDZ 集团的投资活动发生重大变化。新建项目不再是大 A、大 B 五五分账，而形成一方控股、一方参股的格局，亲兄弟开始明算账。新建项目中大 A、大 B 及其子侄的关系体现在图 5-6 的上半部分。

二、数据收集与效度、信度分析

本研究选择 DDZ 集团作为案例对象的一个重要原因是数据资料的丰富和可靠。笔者与该集团重要成员的往来已经持续了六年以上，长期积累的多渠道资料成为案例研究的最初信息来源。在基本形成理论架构后，我们进行了有针对性的信息证实和补充工作。此阶段，包括深度访谈、公司文件调阅、网站信息查核等资料搜集方法被采用，以保证案例研究的三角验证原则。其中，正式访谈四次，非正式访谈近十次。在研究后期，我们邀请受访者就研究论据做客观点评，以排除信息偏差。

根据郑伯埙和黄敏萍(2008)对案例研究方法的严谨性和复制性的要求,我们通过以下几点保证研究品质:① 保证构念效度,使相关概念得到准确衡量。首先,在数据收集上保证多重证据来源的三角验证;其次,遵循事物逻辑关系和系统关联,在访谈等活动中,建立完善的证据链;最后,在补充访谈中,邀请受访人尽量挑战已有论据和论点,避免研究中的选择性偏好问题。② 保证内部效度,提高论证的准确度。首先,在案例的选择中,选择关系比较简单清晰的企业集团,以控制自变量以外信息的干扰;其次,在文献综述阶段和理论建构阶段,保证研究假设提炼基础的牢固。③ 保证外部效度,提高研究结论在其他情景中的可重复程度。我们利用 MBA 课程教学,以及其他各种与实践人士接触的机会,报告研究思路、研究进程和研究结果。我们的论点得到比较一致的肯定。④ 保证信度,提高案例研究过程的可复制性。我们准备了周详的案例研究计划书,建立了比较完整的研究资料库。

5.2.2　案例分析与模型验证

一、统一治理结构的选择与运行

大体说来,DDZ 集团在其发展的奠基阶段、成长阶段,是较标准的家庭科层企业,即采用家族与企业紧密一体化的组织形式,用家族规则建立企业统一权威,选择统一治理结构。在上世纪 80 年代早期,当大 B 还在家乡做临时工时,大 A 与莆田东庄的其他先行者一道,开始了艰辛的创业探索之路,那时他们被称为"游医"。当创业方向初有眉目的时候,作为哥哥的大 A 自然忘不了大 B,哥俩儿开始"携手走天涯",他们到过北京、成都、广州等城市。1996 年,他们的第一家规范化医院在泉州开业,DDZ 集团开始了成长阶段的发展。1999 年,他们将事业的中心移至上海,在上海设立公司总部,在上海开办大型综合医院,以上海为中心在大长三角区域扩张业务。2003 年,大 A 不幸患病退出家族事业的第一线。但此时其长子 a1 和女婿 a2 已经进入公司,在大 B 的指导下积累企业经营技能。

家庭科层企业的典型特征是:第一,同市场化的科层企业一样,都是独立的、不可再分的市场交易主体;第二,不可再分离出具有私利的家庭单元；第三，市场化的科层企业中的官僚等级规则被家族规则替代，家族权威就是企业权威。首先，奠基阶段、成长阶段的 DDZ 集团完全符合第一和第二点特征，是一个完整独立的市场交易主体，也是一个有统一利益诉求的家庭单元。虽然此阶段 DDZ 集团先后投资了八家医院（其中四家后期转让或关闭了），在对其经营上大 A、大 B 也有不同的分工侧重。但大 A、大 B 之间完全没有隔阂，所有的投资都是大致的五五开，所有的收益都放在一个资金池，谁需要谁来拿钱用。其次，此阶段的 DDZ 集团的企业权威完全来自家族权威，家族规则就是企业规则。大 A、大 B 家族就像多数的福建家族一样，家族感极强，但不同的是，在这一家族中，作为弟弟的大 B 反而是家族首领，家族中的大事由大 B 决定，这大概与大 A 的身体状况和性格爱好有关。比如，莆田老家有事情，往往是大 B 赶回去全权处理，而不是哥哥大 A。有一次，大 A 自己的女儿患了重病，结果是大 B 前后张罗，动用各种社会关系，花费二十余万元才治好。值得注意的是，这笔钱来自兄弟俩共有的账户。而这种家族权威延续到企业中，就成为企业权威。在 DDZ 集团大 B 一直是董事长，大 B 负责公司投融资和经营的主体工作，哥哥大 A 仅仅在新建医院的土建工程中负主要责任。大 A 的儿子 a1 于 2000 年进入公司，一直跟随着的是其叔叔大 B 而不是他父亲大 A。特别是兄弟俩共有的账户由大 B 掌握，花多少钱、花在什么地方，完全是大 B 做主，大 A 完全听从和信任。以至于 2003 年，大 A 退出公司一线，对 DDZ 集团的经营几乎没有影响。

根据表 5-2 理论模型的解读，统一治理结构的选择依据是，家族社会资本的专用性很强，同时家族社会资本的调用程度很频繁。此阶段的 DDZ 集团完全满足这两点。首先，兄弟俩共同打天下的经历作为一种社会资本投资，极大地降低了大 A、大 B 之间的交易成本，互惠互利、充分信任将大 A、大 B 紧密地联系在一起。比如，在莆田老家，兄弟俩共建一栋别墅，客厅完全公用。在上海，一次性购买四套连在一起的公寓。但是，对于家族以外的人，信任程度就低很多。比如，对 D 氏宗族中的其他成员的信任度明显符合差序格局的特征。各方都想"收买"对方的"手下人"来为自己刺探"军情"。其次，此阶段的家族社会资本的调用程度很频繁。由于大 A、大 B 完全没有分家，各项投资都来自于家族共有的资金池，并且此阶段的投资除了个别的短期资金拆借,几乎是 100% 的家族独资。

此时,DDZ 集团的统一治理结构也符合表 5-3 分立治理结构比较评价的结论。在治理特征上,这是一种关系契约,大 A、大 B 几乎不分你我的投资和消费活动,已经证明双方契约关系的模糊,以及家族规则框架对契约"缺口"的填补。这也是一种家族自觉适应完全替代市场自发适应的治理结构。大 A、大 B 的行为关系不是靠市场机制来协调,而是靠家族规则来安排。在治理工具上,市场激励机制是无效的,家族权威才是驱动企业运行的动力。在 DDZ 集团,大 B 通过家族权威获取了企业的剩余控制权,而大 A 则出让自己的剩余权力,"享受"稳定安逸的生活。

二、双边治理结构的选择与运行

采用双边治理结构的家族连带企业制度初现于 DDZ 集团的换将阶段。此前,大 A 的长子 a1 和女婿 a2 已经进入公司,在大 B 的指导下学习业务技能。2004 年和 2006 年两人先后"出徒",开始经营 DDZ 集团下属医院,目前 a1 负责一家大型综合医院,a2 负责两家专科医院。伴随着大 A 家庭"走马换将"的是,开始了"亲兄弟明算账",大 A、大 B 在公司的股份被 50% 对 50% 明晰划分。2007 年,DDZ 集团进入扩散阶段,大 A 的二子 a2 和大 B 的长子小 b 也开始独立经营实体。双边治理结构的家族连带企业制度得到进一步明确,大 A、大 B 在家族资金中的边界也更加清晰。在新上马项目中,形成一方控股一方参股的格局。例如,a2 经营的两家专科医院是大 A 占七到八成,大 B 占二到三成,小 b 经营的综合医院由其父亲投资 70% 与伯父投资 30% 构成。

家族连带企业与家庭科层企业的差别是,家族成员之间不再一体化,而是依靠某些家族连带关系维系在一起,具体表现在:一方面,家族企业集团的构成成员开始独立,不仅作为独立个体对外参与市场活动,更重要的是对于家族内部,也有自己独立的意识和要求。另一方面,成员家庭之间虽然仍主要由家族规则来规制,但是,家族统一权威让位于家族连带,体现家族共治权威。首先,家族成员的独立性显然与家族第二代的成熟有关,2004 年起大 A 的儿子和女婿们羽翼丰满,纷纷向大 B 提出自己独管一摊的要求。目前,DDZ 集团的布局很有意思,在上海的业务均由大 B 自己打理,而 a1 负责的领地在福建,a2 管理的医院在江苏,a3 经营江西的公司,连大 B 自己的儿子小 b 主管的医院都在浙江。不论这种地域的隔离是出于什么原因,事实上,集团成员的相对独立是客观存在的。其次,家族等级制下家族统一权威不再是治理 DDZ 集团的原则,取而代之的是各种形式的家族连带和双边权威。DDZ 集团的家族连带包括资本连带,不论是五五开还是三七开的投资,对外独立经营的所有实体都是大 A、大 B 家庭的共有资产,通过激励相容机制,甚至"人质"效应消除对方的机会主义行为;人员连带也被 DDZ 集团采用,a1、a2、a3 经营的医院的核心管理团队都有大 B 的嫡系心腹,或者是长期追随于他本人的非家族伙伴,或者是其儿媳家的亲属,显然这里有监督的目的。相对应的,大 B 所管理的集团总部的一位重要财务人员也是来自于大 A 家庭;信息连带更是 DDZ 集团的重要治理手段。原来 DDZ 集团的决策主要由大 B 进行,大 A 完全放手,也完全放心。但在双边治理结构下,家族核心成员的集体决策被作为制度确定下来,同时每年年底对各家医院的查账活动作为一项重要任务开始执行。目前,DDZ 集团正在投资一家网络公司,其主要业务是为各家医院拓展网络广告,可以算作一种专用性投资连带。

DDZ 集团在换将阶段和扩散阶段选择双边治理结构是符合表 5-2 模型所表达的分立结构选择原则的,这时家族社会资本的专用性减弱,但其相对重要性依然很强。首先,这时 DDZ 集团的各项家族资产的经营者不再是共患难过的大 A、大 B 兄弟,而是大 A 的第二代与他们的叔父。按照人之常情,大 A、大 B 两个家庭之间的相互信任以及互利互惠的规范,很有可能会降低。事实也支持这种判断。比如,在住房问题上,莆田老家的别墅不再公用一栋,而是一家一栋,在上海的公寓也搬迁至不同的小区。在工作关系上,大 B 的绝对权威受到挑战,以往大 B 个人决策的经营方式,被越来越多的家族集体决策会议所取代。当然,这种社会资本的下降是相对的,与对外关系相比较,家族的聚合力仍然较强。虽然这时公司已经开始聘请职业管理者,比如 DDZ 集团的总经理就不是家族成员,但是公司的重大决策会议仅仅只有家族成员才有资格参加。简言之,双边治理结构依靠的不是家族统一权威,而是家族民主和双边权威。其次,此阶段的家族社会资本的调用程度依然很频繁。一方面,虽然此时大 A、大 B 开始"亲兄弟明算账",甚至有各自控股的"自留地"。但是,所有的资金均控制在DDZ集团管理的资金池内。另外,除了短期资金拆借,此阶段的公司发展仍几乎没有依靠家族以外的资源。另一方面,此阶段尽管公司规模很大,但没有多元化发展,任何一家新医院的开业和运营,依靠的都是家族多年经营下来的社会关系和社会资源。

  选择了双边治理结构的DDZ集团具有相应的分立治理结构特征。首先,成员家庭之间仍是一种关系契约,各方的权利义务并不是建立在正式契约安排的基础上,或者说各方权利边界仍很模糊,这种模糊关系通过多种形式的连带建立起事前的治理框架。DDZ集团使用资本连带、人员连带、信息连带、专用性投资连带。其次,家族自觉适应仍很强大,家族民主决策是处理家族关系的核心机制。但是,这时的市场自发适应又具有一定效用,市场的优胜劣汰机制曾让DDZ集团关闭和转让了四家业绩不好的医院。值得注意的是,所有被淘汰的医院都是五五分账的医院,而一方绝对控股的医院即便绩效很糟也在硬挺。由此可见,在治理工具上,市场激励在此阶段的DDZ集团开始发挥效用。当然,总体而言,家族连带、家族民主所代表的家族管控仍是公司运转的核心机制,而这时的家族管控是企业剩余控制权和剩余索取权的双边共享形态。

三、第三方治理结构的选择与运行

  目前在DDZ集团内部,第三方治理结构的应用初现苗头,主要表现在大B主导的养老院项目上。2006年起,全国的工商管理部门对医疗广告进行了全覆盖、高强度的治理整顿,使得严重依赖广告营销的民营医疗业面临着前所未有的危机。在这种形式下,大B作出了转型的战略决策,决定向既有市场空间又受政府扶植的养老业进军。但是没有料到,这种低风险的同时低收益的经营战略,受到了大A第二代的反对。最终,DDZ集团仅大B直接经营的部分发生了转型,缩小现有医院规模,另开办了3家档次一般、规模一般的养老院。此外,DDZ集团本身又是莆田东庄医疗产业的一个成员,千丝万缕的宗族联系是DDZ集团生存的基础,而这种宗族联系也需要一种机制去处理。莆田东庄医疗产业发展到今天,第三方治理结构的运作平台已经成熟。

  目前,DDZ集团的养老院项目采用了家族仲裁的第三方治理结构,它的典型特点是:经营实体与家族以及其他家族企业的关系较远,成为相对独立的业务单位;家族对该类经营实体不建立专用的、日常性质的治理机构,临时性的、就事论事的第三方家族权威被调用。首先,DDZ集团养老院项目的独立性表现在:第一,项目融资以大B为主,占全部股权的80%,剩下的由家族其他成员承担。DDZ集团的一位副总经理说:"a1、a2、a3的投资完全是看在他们父亲大A的面子上,再加上福建人家族意识太强,不象征性地投一点,外人会说闲话,完全是照顾面子"。第二,在项目管理上,a1、a2、a3,包括小b从来不参加,他们基本没有把养老院作为家族事业的一部分。仅仅是年底分红的时候,来确认一下。第三,在养老院管理上,目前均招聘职业经理负责。家族企业的家长作风、裙带关系在这里被弱化。其次,第三方的家族权威成为处理家族与养老院项目关系的基本机制。当大A退出公司一线多年后,大A身份悄然发生变化,由原来的第二号决策者变为处于大B叔侄关系之间的第三方调停者。最近,DDZ集团总部开办了一家小型的网络公司,投资规模不大,主要用来为下属各家实体拓展网络广告(国家加大医疗广告的监管力度后,网络广告成为医疗广告的主要形式),这属于惠及集团全体的公共投资。但是,由于"搭便车",也由于网络公司由大B直接控制,小a们投资不积极,a3更是迟迟不签字认可。最终,是在大A的斡旋下才使得a3同意签字,保证资金到位。此外,大范围的家族会议通过民主决策的模式,也起到了第三方仲裁的作用。2010年上海举办世博会,5月1日到3日整个家族来到上海聚会。但是,家族企业的管理者们仅仅在第一天参观了世博园,后面两天改变了游玩的计划,也浪费了世博指定日门票,召开了整整两天的家族会议。临时召开的非正式的会议上,许多家族企业事务被裁定。事实上,这种大家族会议的仲裁模式在莆田东庄作为一种正式机制被执行。每年春节无论多忙,在外定居的东庄游子都要回到故里,一年一度的宗族会议在这里召开。会议上,几大家族的战略整体布局会被讨论,在不断的争论中矛盾会被化解。其中,化解的力量一方面来自双边的讨价还价,另一方面则来自整体的民主裁决,以及宗族领袖的最终判定。

第三方治理结构发生在DDZ集团扩散阶段的多元化事业领域,它满足表5-2模型所表达的理论基础,即家族社会资本的专用性和调用程度同时减弱。首先,第三方治理与双边治理发生的时间存在重叠,由于家族社会资本专用性减弱的立论依据已有说明,这里不再重述。其次,在养老院项目上,家族社会资本的调用程度也明显降低。一方面,养老院的投资基本来自大 B,大 A 家庭仅仅象征性地投入了一些。另外,凭借着对养老院的专业管理,一部分职业经理也多多少少地获得了一点公司股权。更重要的是,养老院是 DDZ 集团的全新业务,其创建和经营所需的社会关系和社会资源难以取自于家族已积淀的社会资本。

DDZ 集团的养老院事业部分选择第三方治理结构,也符合表 5-3 分立结构比较评价的结论。首先,在契约法方面,关系契约转变为新古典契约,即承认契约的不完全性,但不设计专门的治理体系,一旦出现矛盾,通过第三方仲裁给予判定。这种安排主要是由于家族社会资本相对重要性的减弱,造成设计专门机构在成本上会得不偿失。其次,市场自发适应逐渐替代家族自觉适应,市场激励也成为重要治理手段。目前,DDZ 集团的养老院具有现代公司制度的一些特点,职业经理享有养老院投融资和经营的部分决策权,大 B 外的其他股东以较纯粹的投资人身份出现,他们唯一关心的是红利。最后,家族管控从家族统一权威到家族双边权威又到家族第三方权威,这时的家族权威不再是经营活动中的家族权威,仅仅是针对个别矛盾事件进行仲裁的家族权威,事实上家族管控进一步降低。

此外,总体而言,DDZ 集团还是建立在较强的家族专用社会资本之上,距离市场治理结构还有很长的演进道路。

5.3 分家过程中的家族契约分立治理结构——来自希望集团的案例解析

家族企业分家,表现为家族控制方从一个完整的家族(或家庭)解体为几个新的家族(或家庭),同时企业结构被随之分拆成多个相对独立的单元。它是家族企业不愿面对而又不得不面对的难题。一方面是在感性认识上,家族企业分家时常被认为既是家族繁盛与延绵的终结,也是企业做大做强目标的落空。另一方面是在理性判断上,在资源稀缺的永恒主题下,企业资源终将会走到化解家族冲突的尽头。既然分家是多数家族企业迟早要面对的问题,那么,可否在兄弟阋墙、夫妻反目、父子成仇而家族被迫离析之前适时分家呢?

目前的研究基本可以打开家族企业不愿分家的心结,许多文献发现家族企业分家并不是家族和企业没落的代名词。理论研究发现,家族企业分家是一种特有的企业分拆形式,适时适当的分家有助于降低企业所有权成本(吴炯,2013)。在企业实践中,家族企业分家后走上更高发展平台的案例也不胜枚举,如宋丽红等(2012)在论证家族企业分家的裂变创业价值中讨论的希望集团、奥康鞋业、宅急送、方太厨具、苏宁电器和远大空调,都证明了分家的正面价值。但是,目前的研究还无法对家族企业分家作出具体实践指导,至少在两个问题上还没有充分的答案:第一,有关家族企业分家的依据条件,即分家的触发因素是什么,还没有研究结论;第二,有关分家模式的选择,重点是新家族单元之间的关系联结和治理规则的安排,也没有达成理论共识。

如果从家族契约的分离治理结构的角度看,分家无非就是家族契约的治理结构的变更。而分家问题上的那两个问题恰恰也就是本章研究所要讨论的主体,即家族契约分立治理结构的选择依据和内容属性。为证明此前理论模型对家族企业分家问题的适用性,以下设计一个案例分析加以验证。这个案例也许是中国近年来规模最大也是最为成功的家族企业分家案例——希望集团的分家案例。

5.3.1 案例研究设计

一、研究目的与方法

本节案例研究是从家族企业分家问题上为表 5-2 家族契约分立治理结构模型提供论据。根据表 5-2 的分立结构分析框架,常见的四种家族契约治理结构是统一治理、双边治理、第三方治理和市场治理。现在的任务是了解家族企业分家前后的各种组织形态是否对应于这四种治理结构,更重要的是了解每一种治理结构相匹配的家族契约条件是什么?每一种治理结构中的内容属性是什么?

案例研究方法是管理理论创建的重要研究方法,适合于研究"为什么"和"怎么样"之类的问题,尤其适用于捕捉、追踪和理解管理实践中的新现象(Eisenhardt,1989),与本书所要研究的内容有着很好的契合度。在案例分析的过程中,本书运用内容分析法来进行案例信息的量化处理。

内容分析技术是一种基于定量分析的定性研究方法,通过比较规范的内容编码方式,提炼文章信息,减少研究的主观知觉偏差。

二、案例选择

希望集团是中国规模最大、名声最响的家族企业之一,由刘永言、刘永行、陈育新(曾用名"刘永美")和刘永好四个亲兄弟共同创建。从创业之初的服务于乡里乡亲的育新良种场,发展到现在的由大陆希望集团、华西希望集团、东方希望集团和南方希望集团(新希望)组建的巨型企业航母;从兄弟四人半职业化地养养鹌鹑,发展到现在的集团化、多元化和专业化经营。其间几经波折,完成了多次的治理结构调整,成为中国家族企业的标杆。

希望集团的第一次分家发生在 1992 年。根据战略偏好的差异,刘氏产业被划分为三个部分:刘永言进军高科技产业,陈育新负责维护原有产业并开发房地产,刘永行和刘永好共同专注于饲料行业。同时在公司所有权方面,四兄弟平分股份,各占 25%。1995 年,按照"划江而治"的原则,刘永行和刘永好再次平分资产,完成第二次分家。自此,希望四兄弟产权划分明晰,并各自领军四大企业集团。

本书之所以选择希望集团作为案例研究,更在于:① 希望集团的成长轨迹覆盖了家族企业的全部治理结构形态。② 希望集团的治理结构调整进行得较早,经受了市场的检验。③ 希望集团产权划分明晰,主要成员关系明确。④ 希望集团以及刘氏四兄弟的研究资料丰富,便于我们进行分析总结。

三、数据收集

为确保此分析模型的可验证性,本书搜集的资料均来源于公开渠道。为满足案例研究的三角验证原则,本书以多种渠道进行数据收集,增强证据之间的相互印证,主要包括网络新闻报道、人物访谈视频、期刊论文、人物传记著作。其中,人物传记著作的应用在以往文献中比较少见,但我们认为这是一种比访谈法、观察法获得信息含量更大、受研究者选择性知觉影响更小的数据采集方法。具体的资料搜集过程包括以下三个步骤:

首先,确定资料来源的范围。一般说来,案例研究的资料来源常常包括官网文案、公司年报、公司公告等。但是,由于本书需要测定的信息包括家族成员关系等私隐内容,所以这些渠道不适合本书。经探索,发现关于刘氏四兄弟的人物传记著作,其信息既具有一定客观稳健性,又能涵盖本书所需测量的各变量内容,最为适合。另外,在一定程度上,新闻报道、人物访谈视频、期刊论文中也会出现本研究所需信息,也适合本书研究,但存在信息分布不均匀的问题。

其次,对以上四类资料来源分类处理。使用新闻报道、人物访谈视频、期刊论文这三类资料,用于提取出主要的概念,确立类目表中的类目。在这个过程中为了规避研究者的个人偏见,组成了包括一名副教授和三名硕士生的调研团队,团队成员的不同视角和知识背景有利于收集丰富的数据并发现不同的问题。在确定类目表的过程中,调研团队的所有成员将各自收集的资料定期汇总,然后筛选出客观、有用的信息,并且在此过程中进行资料的分析与讨论,不断缩小类目表的范围、概括类目的内涵、找到最有代表性的类目表现,经过多次探讨后确定出类目表的具体组成。

最后,选择人物传记著作作为内容分析的研究对象。在类目表的确立过程中,研究团队发现过于广阔的数据来源导致了大量的冗余信息,这些信息不但重复、难辨真伪,而且也不利于对数据进行编码和分析。因此本书在确定了类目表之后,决定选取人物传记作为研究的数据来源。本研究所选择的五本传记是目前正在销售的有关希望集团四兄弟的所有传记,包括郑作时(2009)所著的《希望永行——成为首富的短路径》、姜念涛(2005)所著的《希望之路》、刘洪飞与刘雯(2009)所著的《刘永好——赤脚首富》、张小平(2010)所著的《刘永行,刘永好——首富长青》、周桦(2011)所著的《藏锋——刘永好传》。通过对这五本传记进行编码与频次统计,以期验证家族社会资本与家族企业治理结构之间的匹配关系,从而得出结论。

5.3.2 数据处理

一、界定分析单元

在内容分析过程中,计量元素可以是字、词、句,或者整篇文章。经判别,本书以情境段落作为分析单元。所谓情境段落是指文章中描述同一情境事件的自然段落的集合。首先,我们对五本传记分别计为 A、B、C、D、E;然后,全部编码员各自分别在全部传记中,根据类目表所界定的概念,检索和鉴别相关情境段落,并做出标记;随后,全部编码员集体讨论所选择出的情境段落,并一一甄别进入最终讨论的分析单元;最后,对分析单元编号。比如 A-123-2,表示第 A 本传记的第 123 页开始的第 2 个情境段落。

二、建构类目表

表 5-4 家族社会资本、家族契约治理属性的内容分析类目表

类目			含义	具体表现
社会资本家族专用性	信任	家族信任	在企业经营活动中采取内外有别、对外有防的策略	企业的日常经营活动中明确强调对具有亲缘关系的成员的信任和重用
		社会信任	在企业经营活动中采取内外无别、对外无防的策略	组织中成员的委任不以亲疏远近为依据,而是任人唯贤、唯才
	规范	家族规范	家族内部成员各尽所能,按需分配,平均分配	出于共同目标,家族成员不计个人得失,产权模糊表现得较为显著
		社会规范	家庭内部成员之间关系的市场化、交易化	以市场化的契约条款约束彼此的经营行为
	网络	家族网络	重大决策基本由家族内部成员完成,具有天然的外部排他性	涉及重大决策时由家族成员共同参与商讨决定
		社会网络	基于外部信任的决策导向,重视与非亲缘关系成员间的沟通协商	充分尊重组织成员对于公司决策的参与权,开放和健全沟通渠道
家族社会资本调用程度		频繁	企业所需物质、人力资本具有单一性,且承载于家族网络中	专注于主营产业,致力于做大做强
		不频繁	企业经营多元化,较多资源来自家族网络之外	涉足主营产业以外的相关领域或不相关领域

(续表)

类目		含义	具体表现
企业运行治理原则	家族—企业契约	基于家庭关系的制度安排,主要表现为家庭成员间分工协作、各尽所能	家族成员间按能力分工,负责不同领域事宜,充分发挥各自专长
	制度契约	在企业的经营活动中对内约束家庭成员行为,规范制度经营	搁置亲情,以身作则,劝退家族成员,使企业真正朝规范化、制度化发展
家族关系治理原则	礼治	突出企业中家长式的指引作用,表现为全局性、整体性的决策把握	家族中的长者在企业的运营和决策把握上起着主心骨作用
	民主	企业(家族)内部善于采纳多方意见,各抒己见,体现决策的科学性	遇到重大决策问题时采纳多方建议,遇到分歧和矛盾时也能接受磋商和协调
	仲裁	既避免内部矛盾激化,又避免家族事务外部化,建立第三方家族权威	当涉及家族各方目标与利益分歧时,借助第三方的仲裁力量作出评判
	交易	采用市场化手段规范各方行为,清晰的条款、明确的价格是交易前提	涉及双方重大利益时采用市场化的手段,以契约的形式加以约束

表 5-2 模型从两个角度衡量家族社会资本,一是家族社会资本的专用性程度,二是企业经营中调用家族社会资本的程度。而社会资本又可以细化成若干指标,为提高本研究的客观性,我们使用 Putnam(1993)的经典定义,即信任、规范、网络三个维度来刻画社会资本。如何客观地计量这些指标,是建立类目表的基本目标。同时,我们还想了解在不同的治理结构下,企业运行的基本原则是什么?家族关系处理的基本原则是什么?这些类目及其含义、表现总结在表 5-4 中。

三、编码

根据内容分析法的研究流程,需要将各分析单元分别分配到相应的类目系统中,这就构成了表 5-5 所示的编码表。表 5-5 所示的统一治理、双边治理、仲裁治理、市场治理是希望集团不同阶段所呈现出的治理结构。本项编码工作由三位硕士生完成。在编码之前,进行了充分的培训,使编码员清楚地了解此次研究的目的和主题,同时互相讨论内容分析法的概念及操作方法、在编码过程中的注意事项等内容。在整个研究过程中,编码员定期沟通各类目的查找工作,经过多次反馈,使编码员形成比较成熟的思维逻辑和现实操作能力,最终将成果列表整理。

表5-5 家族社会资本、家族治理原则的编码表

类目			统一治理	双边治理	仲裁治理	市场治理
社会资本家族专用性	信任	家族信任	9(69.2%)	3(75.0%)	1(50.0%)	0(0.0%)
		社会信任	4(30.8%)	1(25.0%)	1(50.0%)	6(100.0%)
	规范	家族规范	20(87.0%)	5(71.4%)	2(33.3%)	0(0.0%)
		社会规范	3(13.0%)	2(28.6%)	1(66.7%)	7(100.0%)
	网络	家族网络	12(85.7%)	4(66.7%)	1(100.0%)	0(0.0%)
		社会网络	2(14.3%)	2(33.3%)	0(0.0%)	9(100.0%)
家族社会资本调用程度		频繁	10(100.0%)	11(100.0%)	2(28.6%)	24(31.2%)
		不频繁	0(0.0%)	0(0.0%)	5(71.4%)	53(68.8%)
企业运行治理原则		家族—企业契约	7(50.0%)	5(71.4%)	1(50.0%)	0(0.0%)
		制度契约	7(50.0%)	2(28.6%)	1(50.0%)	5(100.0%)
家族关系治理原则		礼治	8(66.7%)	2(40.0%)	0(0.0%)	0(0.0%)
		民主	4(33.3%)	3(60.0%)	1(50.0%)	0(0.0%)
		仲裁	0(0.0%)	0(0.0%)	1(50.0%)	0(0.0%)
		交易	0(0.0%)	0(0.0%)	0(0.0%)	5(100.0%)

四、信度和效度检验

内容分析方法中的信度是指两个以上参与内容分析的研究者对相同类目判断的一致性程度。我们从新闻报道类文档中随机抽取40份资料作为前测样本,由三位编码员按照编码规则,依次进行编码,并依据如下公式计算:$R = \dfrac{n \times \bar{K}}{1+(n-1) \times \bar{K}}, \bar{K} = \dfrac{2\sum_{i=1}^{n}\sum_{j=1}^{n} K_{ij}}{n \times (n-1)}(i \neq j), K_{ij} = \dfrac{2M}{N_i + N_j}$。其中,$R$为编码信度,$n$为编码员的数量,$K_{ij}$为编码员$i$与编码员$j$的相互同意度,$M$为编码员$i$与编码员$j$意见一致的项数,$N_i$为编码员$i$做出的编码项数,$N_j$为编码员$j$做出的编码项数。在信度检验中,经测算编码员的平均相互同意度$K_{ij} = \dfrac{2M}{N_i + N_j} = (0.865 + 0.905 + 0.830)/3 = 0.867$,编码信度$R = (3*0.867)/(1+2*0.867) = 0.9514$。编码信度高于一般要求的0.8,显示本研究信度较高,可正式进行编码工作。

在正式编码中,以三名编码者的共同编码结果作为分析数据来源,当编码员意见有歧义时,必须进行讨论,以三人共同意见为编码结果。此外,为进一步保证结果信度,研究设计者最后随机抽出一本著作进行独立的判断分析,并与三位编码员的分析结果进行对比,结果显示有93.85%(61/65)的匹配度,因此认为检索结果和分析结果是可信的。

在研究效度方面,通过以下几点保证研究品质:第一,在数据搜集上根据三角验证原则保证构念效度,使相关概念可以得到准确的衡量。同时,把握事物的系统性及相互间的逻辑关系,在进行内容分析时建立完善的证据链。第二,在案例选择时,选择了关系清晰简单的希望集团,尽量减少其他变量的干扰,以保证内部效度。第三,为了保证研究的外部效度,我们邀请同行专家和实践人士提供可能挑战本研究结论的反例,在讨论中说明本研究在其他情形中的可重复性。

5.3.3 内容分析与模型验证

一、第一次分家前:统一治理结构的选择与运行

可以看出希望集团第一次分家之前,属于统一治理的家庭科层企业,其特点表现在:第一,它是独立的、统一的市场交易主体。此时的希望集团经营活动比较单一,经营战略目标也明确聚焦。第二,它是紧密、统一的家族集体。虽然此时刘氏四兄弟已各自成家,但在公司层面的经营活动中,基本没有私利,基本不能分离出独立的小家庭产权单元。第三,市场化的科层企业中的官僚等级规则被家族规则替代,家族权威就是企业权威。虽然刘氏四兄弟的"下海"时间顺序、经营管理能力高低,并非依据兄弟排行排列,但是决策权威的长幼有序、利益分配的谦让有礼,在此阶段相对突出。

此前表5-2的理论框架说明,统一治理结构的选择依据是,家族社会资本的专用性很强,同时调用家族社会资本获取企业所需资源的程度也很高。表5-5内容分析的数据则完全支持这种判断。首先,有关家族社会资本专用性的三个维度都呈现出较强的特征。其中,家族信任与社会信任之比为9:4,家族规范与社会规范之比为10:3,家族网络与社会网络之比为12:2。其次,此阶段希望集团的所有业务活动都与家禽家畜饲养繁殖有关,前期的家族社会资本的投入,如供应商网络、营销渠道的建立直接在后期产生绩效。

表 5-5 的信息也基本反映了未发生分家的家族科层企业的统一治理的内容属性。在企业经营管理层面,规章制度建立的必要性不高,家族规范成为重要的非正式契约类型。在家族成员关系处理层面,中国传统的礼治文化中的家长制规则占据上风。不过,希望集团这部分内容分析的实际结果比预想的要差一些。尽管跟其他治理模式相比,家族—企业契约在统一治理结构下更常见,但此阶段毕竟制度契约也占到 50%。同样,此阶段也不仅仅靠礼治处理家族成员关系,民主方式也占到三分之一。我们认为这与刘氏兄弟的高学历教育背景以及共同创业经历有关,这也可以说明希望集团分家进行得比较早、非常平稳的原因。

二、第一次分家后:双边和第三方治理结构的选择与运行

1992 年,希望集团经历了第一次分家,随即形成了双层差序型的治理结构:内层是处理刘永行和刘永好关系的双边治理结构;外层是刘永行和刘永好作为一个相对紧密的产权个体,与刘永言、陈育新构成的仲裁治理结构。

对于双边治理的家族民主企业,其特点表现在:第一,它由多个独立的市场交易主体构成。第一次分家后,虽然刘永行和刘永好仍然一起合作,继续着饲料行业,但是毕竟分家了,他们各自拥有了占原集团资产 1/4 的企业实体。第二,分家导致了家族边界内家庭产权单元的出现,但新家庭的出现还不足以打破原家族的统一性。此时,刘永行和刘永好在互惠互利的规则下,寻找着自己的发展空间。第三,家族民主和双边权威成为处理兄弟关系和企业行为的准则。对于刘永行和刘永好而言,他们之间的民主规则是信息共享、共同决策。

在希望集团的发展中,第三方治理结构出现的时间短,被关注的程度低。少量的信息大致表现出其与双边治理结构的异同:首先,在企业产权分割和家庭边界划分方面与双边治理结构类似,甚至更加清晰一些。其次,不同的是,第三方治理结构下处理家族成员关系的方式不是常态性的民主决策模式,而是就事论事的仲裁模式。表现为,一方面家族成员之间的接触大量减少;另一方面,第三方家族成员对偶发冲突充当仲裁角色,

比如刘家的五妹,刘永红在兄弟之间起到的润滑剂作用。

表 5-2 的理论模型要求,双边和第三方治理结构的适用条件之一是家族社会资本具有部分专用性。表 5-5 显示的数据支持这一判断。由于家族仲裁企业存在的时间短,有关第三方治理结构的信息少,我们将两种结构放在一起讨论。数据显示,此时家族信任与社会信任之比是 4:2,家族规范与社会规范之比是 7:3,家族网络与社会网络之比是 5:2。这与统一治理结构中一边倒的数据呈现鲜明的差别,也与随后分析的市场治理结构的数据显著不同;区分双边和第三方治理结构的要点在于,两者所调集的附着在家族资本上的资源不同。表 5-5 显示双边治理结构下的家族连带企业专注于主营产业,100% 的新投资决策都围绕饲料业务,家族社会资本对企业发展具有重要的经济价值。而第三方治理结构的家族连带企业则完全不同,刘永言和陈育新 71.4% 的新项目决策与原家族产业无关。

表 5-5 显示了双边和第三方治理结构的治理属性。在企业运行方面,家族礼法与企业规章共同构成了家族企业的契约制度。当然,由于希望集团第一次分家与第二次分家仅间隔三年,这期间的信息较少。所以,表 5-5 在这方面的数据不是很理想,难以区分其与统一治理结构的差异。但是,与随后的市场治理结构相比,其差异是显著的。在家族关系的治理原则方面,尽管信息仍不充分,但是数据仍可显示,双边治理结构下处理家族关系的标志性原则是民主,占其全部准则的 60%。第三方治理结构下处理家族关系的标志性原则是仲裁,占其全部准则的 50%。这两个指标在其他治理结构下明显与之不同。

三、第二次分家后:市场治理结构的选择与运行

1995 年希望集团进行了第二次分家,伴随着刘永行和刘永好各自选择"单飞"后,刘氏四兄弟彻底明晰了产权关系、划分了经营范畴。希望集团成为主要依据亲缘关系而不是资本纽带联结的企业集团。希望系下的大陆希望集团、东方希望集团、华西希望集团、南方希望集团(新希望集团)成为独立的产权个体。这四家企业在所有权上,由一人控股,不受其他兄弟牵制。在经营权上,由一人做主,其他兄弟不插手决策。四家企业之间的合作和竞争也基本采用的是市场交易规则。至此,希望集团进入

市场治理结构阶段。

表 5-2 的理论框架强调,市场治理结构的运行条件是家族社会资本的专用性程度较低,而家族资源是否重要则无关紧要。对此,表 5-5 的数据给予了支持。在涉及信任问题时,非家族成员不再被排除在圈子之外,社会规范也完全替代了家族规范,企业的决策活动也不再局限在家族网络之中。需要注意的是,这些数据不代表刘氏四兄弟之间的社会资本减弱了,而是其专用性减弱了,这意味着大量的家族外部的社会资本被引入,家族化治理的优势相对不明显了。

在治理属性方面,内容分析的数据清晰地表明,企业运行的依据不再是家族契约,完全由制度契约所替代,两者在数据上的比例是 0:5。在家族成员关系处理方面,家族化的礼治、民主和仲裁准则未被检索到。我们看到的是"亲兄弟明算账"般的交易规则在处理着此阶段的家族成员关系。

本章小结

作为本书研究的核心章节,此前讨论已为本章论证提供了多点前提认识:第一,家族企业是通过家族活动,而涉入了家族意愿、家族规则、家族权力的企业。或者进一步讲,家族企业就是涉入了家族社会资本的企业。第二,家族社会资本的高效调集和使用是家族企业的独特制度特征。基于企业是一系列契约的联结的理论视角,与一般企业相比,家族企业还联结进了一种新的契约——家族契约。家族契约是家族成员之间关于家族专用社会资本的契约,包括家族意愿的统一、家族规则的设定、家族权力的配置三方面内容。第三,从威廉姆森治理结构理论的制度选择和契约治理的视角看,家族企业治理的首要任务是决定各种家族契约的组织形式和内容属性。这强调家族企业不仅是一种经济交易的治理结构,也是一种家族契约的治理结构。第四,家族契约的治理结构具有多种形式。比如,从一个家庭企业的分家开始算起,到分拆后的新企业仅具有市场关系,往往存在某种过渡的组织形式。这说明,家族契约的治理结构是一组而非一个。第五,从公司治理的查缺、补缺的一般逻辑看,要理解家族契约治理结构的形态和运行,关键要发掘出家族契约的缺口,这就治理家族契约的目的所在。而社会资本作为广义的资本的一种形态,也具有资产专用性的属性。专用性资产产生的可占用准租,在家族中可分离出多个产权家庭的情况下,也就是家族具有团队生产性质的时候,就成为导致各种机会主义行为的诱因。这就是家族契约的一项重要缺口。

在认识到这些前提条件之后,寻找家族社会资本专用性属性与家族契约治理结构选择之间的动态关联,就是解读家族企业分家现象的切入点。同样在认识到这些前提条件之后,一个成熟的理论框架就可以为我们所用,这就是威廉姆森理论的分立结构分析模型。研究发现,当家族社会资本的专用性很强,且其相对重要程度也很高时,应采用统一治理结构的家庭科层企业形式。通过家族统一权威获得企业完整剩余权利,并以此进行等级制的集权管理。当家族社会资本的相对重要程度仍很高,但专用性减弱时,可以双边治理结构下的家族连带企业形式。这时,各家族成员企业以家族民主和双边权威的方式建立家族契约。当家族社会资本的专用性略弱,且相对重要程度也较低时,应采用第三方治理结构的家族仲裁企业形式。各家族成员企业之间的关联较少,以至于不需专门的机构处理家族冲突,偶发的矛盾通过第三方仲裁的形式解决即可。当家族社会资本的专用性变得很弱的时候,维持家族企业单一产权主体完整性的价值就很小了,彻底的去家族在所难免。

在本章讨论中,为证明以上理论假说,进行了两项案例研究:一是对DDZ集团的案例解析,重点探索家族性企业集团中的家族契约分立治理结构选择,二是对希望集团的案例解析,重点探索分家过程中家族契约分立治理结构的选择。之所以采用典型案例的质性研究范式,在于我们对家族契约分立治理结构的分析还处在理论创建阶段,而案例研究比较关注"为什么"和"怎么样"之类的问题。当然,以后进一步扩大样本,采用更普遍的经济计量,是必须跟上的工作。

第6章 家族社会资本对家族契约的影响机理
——以家族权力成本为中介变量

　　家族契约是家族成员之间有关家族社会资本的契约安排。家族契约性质的不同造成了家族企业基本形态的不同。家族契约的性质类型，是统一治理结构、双边治理结构还是第三方治理结构，甚至是去家族化的市场治理结构，决定是形成家庭科层企业、家族连带企业、家族仲裁企业，或是市场化企业。而决定家族契约性质的根本因素正是家族社会资本的专用性。为证明这一点，上一章使用了威廉姆森的分立结构分析理论。这里的"分立"二字表明，已完成的讨论是一种的"质"的讨论，也是一种"比较静态"的讨论。此外还应该有"量"的分析和"动态"的分析。比如，同样是家庭科层企业，同样是强调家族统一权威，但是权威的大小，或者说家族权力集中度，是否还是有差异的？又比如说，同样是向市场结构演变，其路径是否也是有差异的？本章将从"量"和"动态"的视角说明家族社会资本对家族契约的影响。更重要的是，本章将引入一个重要的概念——家族权力成本。家族权力的中介变量性质和交易成本属性，说明了家族社会资本对家族契约的影响机理，对它的揭示是本章的研究重点。

6.1 家族社会资本对家族契约治理结构变更的影响——家族企业分家的多案例研究

　　上一章我们通过一个家族企业的分家案例，证明了家族专用社会资本在决定家族契约分立治理结构中的作用。本章仍然从分家的视角展开讨论，毕竟所谓分家就是家族契约治理结构的重新选择。不同的是本章将更关注分家的过程，更关注家族契约治理结构变更的路径。从家族契约治理结构的变更路径中寻找家族社会资本影响家族契约的内在机理。

6.1.1　分家形式与家族契约治理结构变更路径[①]

"分家",是悬在家族企业头顶的达摩克利斯之剑。特别在以财产均分制为基本继承规则的中国,分家更是家族企业难以迈过的一道坎。然而分家不仅发生在承继阶段,个别家族成员携带部分资产剥离出原有企业可以视为一种分家,企业的分权调整和企业集团性经营也具有分家性质,家族成员分崩离析也是分家。总之,分家具有不同的形式和过程。但是,分家的结果是统一治理结构下单一的家庭科层企业不复存在,市场关系进入家族契约中。也就是说,不同的分家方式代表了不同的家族契约治理结构的变更路径。

企业分拆是一种资产重组方式,是企业并购的逆过程。企业分拆表现出多种形式,大体由三种基本形式演化而来。根据毛蕴诗和徐志科(2005)的划分,分别是剥离(Divestiture)、分立[②](Spin-off)和分拆(Split-up)。以下结合家族企业的实际案例,解释这三种形式的表现形态,并以此说明企业分拆就是家族企业分家的经营战略概念,也代表了各种家族契约治理结构的变更路径。

一、剥离

剥离或称资产剥离,是指企业将其现有的资产、部门、子公司等出售给其他企业的资本收缩行为。图6-1的左上部分说明了家族企业剥离的特点。假设原家族企业 A 的所有权由甲、乙等一干家族成员拥有。若发生剥离则意味着:① 原企业 A 仍然存在,其经营模式未发生重大变化;② 原企业 A 的所有权结构未发生重大变化,仅乙一人,或少数成员离开 A;③ 家族企业分家中的剥离,不强调企业 B 原先是否存在。关键点是 B

---

① 参见吴炯:《家族社会资本、企业所有权与家族企业分拆案例研究》,载《管理学报》2013年第2期。
② 需要特别留意,这里所指的"分立"是一种企业分拆方式,概念上完全不同于分立结构分析理论中的"分立"。这两个"分立"分属于不同的研究领域,翻译自不同的外文术语。笔者在研究早期试图采用"离散"结构分析的译法,以示区别。但考虑到这两个"分立"已成为标准的中文术语,故不加以变更,以避免另一方面的混淆,好在两个"分立"不会在同一个研究主题下出现。

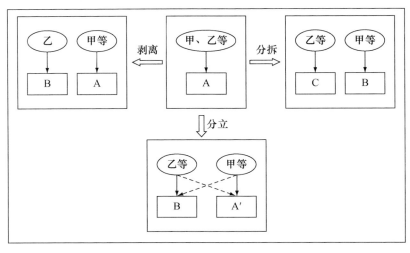

图 6-1　家族企业分家形式

存在与否对 A 无影响。从家族契约的角度看,企业的管理权①、所有权在家族成员中的配置结构基本没有变化,仅仅是分享家族权力的主体被剥离了一部分而已,并且剥离出的家族成员不在专用于原企业的家族社会资本圈子之内。可见我们在刻画家族契约的时候,仅仅就家族契约的三个维度,即家族意愿、家族规则、家族权力中的一个维度进行分析。这是因为研究条件所致,家族意愿和家族规则数据既难刻画也难获得。正如第 1 章在综述家族企业和社会资本时所发现的那样,人们关于家族企业和社会资本的界定可以构成一个完整的概念空间,但在研究不同的学术主题时会选择不同的研究维度。其中,所有权、管理权是实证研究家族企业和社会资本问题时普遍应用的视角。

宁波方太厨具有限公司,是中国厨卫行业最具实力的企业。被人津

---

① 家族对企业的权力涉入,有多种刻画指标,本书使用的是所有权、控制权和管理权。所有权体现了家族对企业股份的持有,控制权衡量了家族的投票权占有比例,管理权反映了家族通过占据企业职位而对企业经营管理活动的掌控。这三种权力在不同的文献中,常常有不同的使用习惯。比如在终极控制权问题研究中,人们使用"现金流权与控制权分离"的术语,这个现金流权对应的就是我们所称的所有权,而控制权的含义与我们的没有差异。又比如,伯利—米恩斯命题中的"所有权与控制权分离"问题,其控制权实际对应的是我们的管理权,所有权的含义与我们的没有差异。另外,人们也习惯使用经营权来替代管理权,本节内容最初以论文形式发表的时候,使用的就是经营权。

津乐道的还有其成功的家族企业治理模式,特别是茅理翔、茅忠群父子之间的权利交接过程,成为家族企业解决好接班人问题的典范。然而,在这个家族企业传承的故事里,还有一个主角,就是茅理翔的女儿茅雪飞。为了防止女儿留在方太可能引起家族矛盾,茅理翔拨出一笔资金让女儿创业。对此,茅理翔还提出了"口袋理论":钱最好放在一个口袋里,自己的儿子与自己属于同一个口袋,而女儿却不是。很多人认为这种做法避免了今后的分家冲突。但在我们看来,这本质上也是一种分家,是一种主动的战略行为,性质上属于资产剥离。① 剥离活动对方太公司的经营管理无重大影响。② 剥离后,方太公司的所有权结构未发生重大变化。女儿茅雪飞虽然仍持有一部分股份,但该股份事实上仅有现金流权而无实际控制权。③ 女儿并未分割走方太企业,而是新创立一家企业。

二、分立

分立(Spin-off)是指企业用其部分资产设立一家新的企业,或者将原子公司从母公司中脱离出来而成为独立的新企业,新企业的所有权在原股东群体内部一般按照原持股结构进行分配,其间一般不接收新资本的注入。企业分立具有其他一些变形。如果新的持股结构变为原母公司由一部分人持股,而原子公司由另一部分股东持股,则可称为换股分立(Split-off)。如果独立出来的新企业接收了其他投资,可称为股权分割(Equity Carve-out)。目前,中国常见的分拆上市就是属于股权分割。这几种分立方式都具有图6-1下部分所示的特点:① 原企业的法人资格仍然存在,但经营模式发生重大变化,因为原企业的一部分已经分立出去,故分立后改称 A 为 A′。② 若将分立后的企业仍看作是一个整体的话,企业所有权结构并未发生重大变化。特别是对于标准形式的分立(Spin-off),各分立企业仍持续原来的持股结构。③ 分立出的企业 B 与企业 A′ 是平等的法人关系,但原来的母子公司关系使其难免保持一定的战略协调性。总之,家族企业分立本质上更近似于管理权上的分家,大致属于企业集团内部的权利分配。从家族契约治理结构变更的角度看,企业分立是一种近似于混合治理的契约结构,双边治理和第三方治理均属于这一类,或者也可以理解为家族契约从统一治理向市场治理的过渡阶段。从管理权层面看,分家后各家族成员之间由市场契约来处理双方关系。在所有权层面,家族规则依然起到重要调节作用。

荣氏家族是中国近代最大也是最成功的家族企业集团之一。从其成立到新中国成立的半个世纪里,荣宗敬、荣德生兄弟及其一干子侄围绕着四十多个企业单位,构成了多种家族契约关系,展示了企业分立的战略价值。荣氏企业的基本情况是,兄弟俩在创业初期不分彼此,但随着茂新、福新、申新三大业务系统的规模扩张,形成了典型的企业分立特征:① 最初的企业分立与两兄弟对纺织、面粉两大产业以及上海、无锡两地的不同战略偏好有关。后期的企业分立则随着集团的扩张而展开,一项新业务的开展都伴随着一家新企业的设立。逐渐形成的格局是,茂新系统下的多数面粉企业由荣德生经营,申新系统下的多数纺织企业由荣宗敬经营。每一次的分立都影响了企业的管理权配置,但并未改变原企业的法人地位。② 从所有权角度看,荣氏企业的分立基本没有改变企业由家族整体共有的格局。在四十多个企业单位中,绝大多数都是荣氏兄弟寡头持股的格局。甚至,在荣德生主持经营的茂新系多数企业中,第一大股东是荣宗敬。③ 各分立出的企业保持独立的法人地位,虽然之间有竞争甚至有激烈的冲突,但总体上还是具有相当高的战略协同性,仍然在同一个家族边界之内。它们构成了一个由家族亲缘关系维系的企业集团。改革开放之后,荣氏第二、第三代留在国内的荣毅仁、荣智健能迅速地成立和发展中国国际信托投资公司,与他们调用了大量的荣氏家族海外社会资本不无关系。

三、分拆

分拆是企业重新组合资产,设立两个或两个以上的独立企业,而原企业不再存续的战略行为。图 6-1 的右上部分说明了家族企业分拆的特点:① 尽管有时分拆出的企业会沿用原企业名称,但原企业本质上不再存在,其经营模式和业务结构发生重大变化。图 6-1 显示,企业 A 分拆成了企业 B、C。② 企业的所有权结构发生重大变化,原家族集体共享模式被分割为个体或小集体分别控制模式。③ 新独立的分拆企业之间基本没有关联,或者仅是较纯粹的市场契约关系。可见,家族企业的分拆与狭义的分家概念一致。而在家族契约治理结构方面,分拆是将统一治理结构直接变更为市场治理结构的最快捷路径。

兄弟阋墙、夫妻反目、父子成仇导致的家族企业分家,基本都属于企业分拆行为。但是,企业分拆绝不仅仅都是反面案例,好离好散的故事也不少见。远大空调,这个因在国内第一家购买私人飞机而受人瞩目的家族企业,由张跃、张剑兄弟俩创业,曾一度占据国内90%的市场。在1997年后一拆为二,哥哥张跃继续执掌远大空调,而弟弟张剑分得远铃,转型进入整体浴室产业。在这个分拆案例中:① 在业务经营方面体现了一个"拆"字,任何一家新企业都无法代表原企业。虽然远大空调的业务架构仍在,但销售额在两年时间里由20亿元跌落到10亿元,刚好缩水一半。② 在所有权上也体现了"拆",远大和远铃没有股权关系,控制权和现金流权互不相干。③ 新企业之间的关系也体现了"拆",它们不再属于同一个战略群体,基本没有任何业务关联。

6.1.2 家族权力成本及其影响

一、汉斯曼的企业所有权理论

无论家族企业采用何种分拆形式,都导致家族契约治理结构的变化。该问题在理论上属于契约理论范畴,而在契约理论体系中,汉斯曼所创立的企业所有权理论体系融合了契约理论的经典成果,并独树一帜,其研究视角是适合本书的研究主题的。因为家族企业分家的发生前提是存在一个多人共享企业所有权的现实,而汉斯曼理论的"主要研究对象是那些由多人共享所有权的企业"(汉斯曼,中译本,2001)。[①]

汉斯曼理论重点探讨了谁应该掌握企业所有权的问题。汉斯曼(中译本,2001)认为,企业将选择交易成本最小化的所有权配置形式。而交易成本又可以分为两种类型:一是拥有所有权者与未获得所有权者之间的"市场交易成本",二是企业所有人拥有企业的"所有权成本"。在此,我们对汉斯曼的观点作进一步界定,将前者称为家族权力配置成本,后者

---

① 家族权力成本的最初发现并不是来自本章的研究,而是笔者在一次应用扎根理论的研究中发现的,而后又发现家族权力成本与汉斯曼的企业所有权理论的有关界定极其相似。根据理论知识的逻辑关系,那次扎根理论的研究发现将在下一节介绍。在这一节中则直接从汉斯曼的企业所有权理论中引导出企业所有权的概念。其实在实际研究过程中,那次扎根研究进行到一半的时候就插入并完成了本章的研究主题。

称为家族权力使用成本。家族权力配置成本与未满足家族权力欲的一方有关,是其抗争、不满或者未能人尽其才的成本,家族权力使用成本是获得家族权力一方使用权力时发生的成本。然而,在本章所研究的分家活动中,家族权力配置成本的影响不明显,毕竟"分"家意味着原有的家已配置在一个暂时均衡的状态。事实上,家族权力使用成本,也是就汉斯曼所称所有权成本,是汉斯曼的创见,也是他认为最重要的变量,它包含三种成分,即对管理者的监控成本、所有者之间的集体决策成本和风险承担成本。

汉斯曼理论与契约理论其他学派的研究范畴基本一致,但侧重点有所不同。威廉姆森的交易成本理论主要集中在汉斯曼的"市场交易成本"研究空间。詹森、麦克林的代理成本与汉斯曼的"所有权成本"中的监控成本、风险承担成本有很大重叠。但是汉斯曼的"所有权成本"中的集体决策成本,以及监控成本之内的所有人之间的信息沟通成本等,在其他学派未被重点关注。这又恰恰是汉斯曼所认定的决定企业所有权形式的关键因素。

事实上,之前有学者尝试用科斯和威廉姆森的交易成本理论对企业分拆问题进行过探讨(王发清,2006)。但是,这些讨论说明了交易成本"为什么"会决定企业的分拆,却不能解释交易成本是"怎样"决定企业分拆的。这一方面是因为传统的契约理论中忽视了汉斯曼所重点考察的集体决策成本等因素,另一方面是传统的契约理论专注于"企业一体化"行为,基本忽视了其逆过程——企业分拆。而汉斯曼理论恰恰关心"是什么决定了所有权在客户之间的分配"(利克特,中译本,2006)?此外,正如本章开篇所说,基于威廉姆森的理论体系,有利于进行"质"的讨论和"比较静态"的讨论,而对于"量"的分析和"动态"的分析,则比较薄弱。

二、家族权力成本视角下家族企业制度的优势

用汉斯曼理论来讨论企业的家族化制度选择问题是有效的。首先,汉斯曼的市场交易成本,也就是下一章我们将详细挖掘的家族权力配置成本,清晰地解释了为什么企业的家族化所有是世界范围内最普遍的企业制度模式。汉斯曼(中译本,2001)强调,一个或一类企业要素投入者成为企业所有者后,其本身可能与企业发生的市场交易成本就被内化了。

所以,企业所有者的价值在于,当他不拥有所有权时,会给企业带来高昂的市场交易成本。而家族企业是家族系统与企业系统的混合者,家族系统向企业系统投入了多种要素,包括人力资源、财务资源、品牌资源和社会资源等。于是,家族拥有企业所有权,就避免了多种市场交易成本的发生,进而家族企业具有调集多种生产要素的成本优势。

其次,如果家族企业不面临分家的问题,从汉斯曼的所有权成本理解,也就是从下一章我们将详细挖掘的家族权力使用成本理解,家族企业也具有低成本优势。家族企业采用家族经营方式,若将家族理解为一个单一的产权个体,家族企业的所有权与管理权就是合一的,这就极大地解决了股东、经理间的委托代理问题。于是,汉斯曼的监控成本在家族企业中一般较低;此外,家族权威的存在也是家族企业的重要特征(李新春,1998)。当家族内部存在自上而下的家族规范时,家族权威会部分取代集体决策机制,至少有助于解决集体决策中的分歧,从而汉斯曼的集体决策成本在家族企业中一般也较低。另外,家族企业所调用的家族财务资源具有流动性威胁弱的特点,同时家族成员间的团结奉献精神是家族企业摆脱企业困境的文化资源。所以,汉斯曼的风险承担成本在家族企业中一般也较低。

三、家族权力成本对家族企业分家的影响

以上分析说明,满足一定的条件后,家族企业的家族权力成本会很低。但这个条件若无法满足,则家族企业的制度优势会瞬间逆转,分家就在所难免。这个促使家族权力成本变高的条件与传统上关于家族企业的假设有关。在家族企业问题研究早期,人们就将利他主义行为与家族企业联系在一起,认为利他主义创造了一个自我实施的激励系统,促使家庭成员共同维护家族利益,实现家庭成员个人利益和家庭集体利益的高度合一(Becker,1974)。在利他主义原则的维系下,家族被假设成为一个独立的产权单位。但是在后续的研究中,一方面,Schulze 等(2003)发现当企业主与家族其他成员的利他行为不对称时,利他主义行为本身就会产生代理成本。另一方面,Sharma(1998)等发现在家族内部,也不是所有人的利益都完全一致。所以,利他主义对家族企业代理成本的影响是复杂的、动态的(Sharma,1997)。但是我们认为,无需考虑利他主义行为的两面性,只要打破原有的将家族理解为单一行为主体的假设,即可理解家族企业代理成本的变化。这涉及对家族、家庭两个概念的辨析。事实上,"在中国家族企业的研究中,一直存在一个令人困惑的问题,那就是对家庭和家族的界定是模糊甚至是不加以区分的"(陈凌、应丽芬,2006)。根据潘必胜(2001)的定义,家庭是以婚姻关系和生养关系为纽带结成的社会单元,它在经济上的基本特征是作为一个产权单位。无论是夫妻与未成年子女组成的核心家庭,还是夫妻与成年子女组成的主干家庭或拓展家庭,甚至有独立权利诉求的个人,若判定为家庭,都是因为它们是单一的产权单位。而家族则是有血缘关系的多个家庭的集合,是多个产权单位的集合。进而,利他主义原则的适用范围不是家族,而是家庭。在家族边界之内,但在家庭边界之外,当家庭作为一个基本的产权单元参与家族活动时,交易性的经济人行为假设比利他主义行为假设更为恰当。对此,4.3.1 节有详细阐述。

当家族被考虑成多个产权主体的集合后,就意味着家族企业所有权的拥有者是一个异质性的群体,他们有着独立的利益偏好。当各自的利益诉求不一致时,相互信任变得不可靠,家族规范不再有效,家族关系出现裂痕。进而,家族企业的权力成本变高。

第一,对于家族权力配置成本,即汉斯曼的市场交易成本,将随家庭产权单元的增加而增加。权力是获得各种私利益的基础,同时在后天需要理论中,权力本身也是人类偏好的三大需要之一。而一旦家族中出现了多个产权主体,一定有不满家族权力配置的一方或多方,进而程度不同的冲突就难免会发生,其向家族企业的投入也不会再如从前,这就造成了重大损失。

第二,在家族权力使用成本方面,即汉斯曼的所有权成本方面,家庭产权单元增加带来的影响也很明显而隐蔽。首先,对于监控成本。家族经理也许是一个小家庭的代表,甚至仅仅一个人成为一个家庭产权单元。他与家族整体的目标函数无法确保一致,所有权与管理权合一的假设并不必然存在。而若当真不存在,家族企业所有权在监控成本方面的优势便荡然无存。其次,对于风险承担成本。只有当全体或者多数家族成员具有利他主义行为意愿,才能通过预算软约束、救急资源调集等方式对抗风险。但当利他主义原则无法穿越家庭边界时,家族企业排斥风险的程度会降低,同时家族关系的锁定又使其缺乏分散风险能力,其风险承担成本反而更高。

更加严重的是,若一个家族被分为多个产权单元后,汉斯曼的集体决策成本将发生重大变化。集体决策成本是全体家庭产权单元在利益上存在异质性而产生的额外成本。这种利益异质性或许来自于利益偏好的不同,比如父一辈的家庭单元对企业投资扩张可能比较谨慎,但这往往会被子一辈的家庭单元批评为小富即安。利益异质性也可能简单地来自于利益冲突,比如各家庭单元对企业收益分配的不公平感。这些利益诉求上的差异需要某种集体决策机制解决,但集体决策是需要成本的。第一种集体决策成本是决策无效率产生的成本,是决策结果未实现家族整体最优的损失。根据公共选择理论的解读,它或者通过"少数服从多数"的原则使得多数派家庭侵占少数派家庭的利益,或是通过少数派家庭对决策权或决策信息的掌握而剥夺多数派的利益。第二种集体决策成本是决策过程本身制造出的成本。这涉及信息的收集成本、参会的机会成本以及各种为制定和落实集体决策而必须付出的成本。

成也萧何,败也萧何。当家族一心时,低水平的家族权力成本实现了家族企业的制度优势。但当家族之内的家庭产权单元出现并表现出异质性的利益追求后,也是家族权力成本的原因造成了家族企业面临分家的问题。

6.1.3 家族社会资本、家族权力成本与家族企业分家

一、家族权力成本与家族社会资本的关联

以上分析说明,对于处于均衡状态下的家族契约治理结构,也就是无分拆之虞的常态下的家族企业而言,具有较低的家族权力成本。这个家族权力成本具有市场交易成本的属性。而本书之前的研究已经讨论了从家族社会资本的视角,证明家族企业制度的低交易成本特征。这就将企业权力成本与社会资本联系在了一起。

但是,汉斯曼的企业所有权理论和社会资本理论看问题的视角不一样。企业所有权理论清晰地说明了家族企业低交易成本的具体表现形

式,但对其产生原因没有形成系统的理论支撑。而社会资本理论不同,其社会学研究视角充分地研究了社会群体互动的基础和过程,但对于其导致的低交易成本具体表现在哪些方面,却研究不充分。

可见,企业所有权理论和社会资本理论用于研究家族企业各有所长。更重要的是,两者互为因果。企业所有权理论揭示了事物的"果",社会资本理论说明了事物的"因"。于是,将两者整合在一起恰好可以构成家族企业产权制度研究的完整体系。具体到本书的研究就是,家族社会资本因素决定了家族企业的交易成本,特别是家族权力成本的大小及分布规律;而将家族权力成本最小化是家族企业决定是否调整家族契约治理结构的重要前提。同时,家族权力成本的构成情况又是影响家族契约治理结构变更路径选择的基本因素。

二、家族权威与家族信任对家族权力成本的影响

社会资本是一个宽泛的概念,要详细理解其对家族权力成本的影响,必须事先明确研究层次和研究构面。根据第1章关于社会资本概念空间的界定,中观层次的概念范畴符合本书研究主题。使用它可以将家族成员纳入一个集体,一个缔结家族契约的集体,从而关注家族集体内部的一些特征对家族行为的影响。在中观层次上,社会资本理论主要探讨认知、关系和结构三个构面上的特征。其中,中观认知构面刻画了家族集体主义的情况,说明了家族成员是否达成统一的愿景、价值观和信仰等。显然,这是最深刻地判断家族机会主义行为能否发生,揭示家族契约治理结构是否稳定的核心因素。但是,该构面的社会资本因素很难衡量,或者即使可以衡量也难以被当事人所认同。所以,本书的研究不对此进行分析。此外,中观关系面社会资本关注集体成员之间的信任、规范、义务等关系,以此说明成员间的互动行为和过程,而中观结构面社会资本从群体网络的中心度、小团体程度等方面着手,刻画群体的社会结构以及互动状态。这是两个有交互影响的概念,先天的家族社会资本结构会影响家族社会资本关系的形成,而家族社会资本关系的演进又决定了后天家族社会资本结构的变化。当我们选择家族企业分家的研究主题,也就决定了本书更关心家族社会资本关系对家族社会资本结构的影响,更倾向于将家族社会资本关系处理为最终的解释变量。这是因为家族社会资本结构与家

族契约治理结构可能过于相关,在实证处理上会存在类似于共线性的问题。而在家族关系面社会资本的各项因素中,我们认为家族权威和家族信任对家族权力成本的影响最大。

权威反映了人们交往之中的支配和服从关系。根据前两章的研究,树立家族权威是家族契约治理的基本原则。由于本章讨论家族企业分家问题,这里的家族权威特指统一治理结构下的一体化家族权威,是家族内部成员自愿服从和支持的一种集权化权力配置模式。家族权威的存在很重要,因为家族内部成员不是依靠交易过程达成正式契约,而是借助家长权威、差序格局、尊卑有序等传统的家族伦理来协调关系(雷丁,中译本,2009)。在传统的"五伦""十义"价值观引导下,中国家族企业的家族权威具有明显的集权化特征。家族首脑位于家族权威的顶点,其他成员辈分越高、年龄越长、亲缘关系越近,在家族权威体系中的位置越高(杨学儒等,2009)。贺小刚和连燕玲(2009)认为,将家族权威集中于个别家族成员有助于避免具有公共产品性质的家族财产的耗散,有助于将家族成员的自利性寻租活动降低到最低程度。所以,李新春(1998)提出:"无权威,则家族难存。家族不存,则企业何能存?"

家族权威对家族权力成本中的权力配置成本的节约意义非常直接,家族权威"先天"地确立了家族权力的控制者和被控制者,"先天"地规划了家族成员的权利义务关系。这种家族契约的缔结来自于文化的力量,是社会礼治秩序的自然表现。顺从家族权威安排,是守规矩,不顺从,则家族权力配置成本高企。在家族权力使用成本方面,顺从家族权威的意义在于:首先,在一般情况下,家族权威链与企业权力链是基本重合的。这就减少了权力的冲突,从而降低了监控成本。其次,家族权威产生的凝聚力,会促进家族成员间的资源流动和资源援助,会降低边际风险排斥程度,从而降低风险承担成本。最后,家族权威存在的重要意义是对集体决策成本的节约。事实上,根据汉斯曼(中译本,2001)的观点,集体决策成本的高低是决定企业所有权形式的最关键因素。一方面,家族权威存在时,本身就减少了家庭产权单元间的矛盾爆发的概率,也就减少了集体决策的必要性。另一方面,即便需要集体决策的活动,家族权威对于降低决策过程中发生的成本也十分有效。比如,当表决结果形成均势对立,或者循环僵局时,家族权威将有利于打破均势和僵局。

信任是中观关系面社会资本的核心构件。它是一种积极的态度,是相信他人不会在事后采取机会主义行为的预期。它是建构集体的基础,是个人之间对于相互合作所持有的信心(李新春,2002),有助于人们在集体活动中为共同目标而团结合作(福山,中译本,2001)。而家族信任则是家族契约范畴内的私人信任,是家族亲缘利他主义的来源,是将家族成员聚合为一个整体的黏结剂。当然,并不是所有的家族都拥有家族信任,也不是所有的家族信任都表现出两两交互的均质分布。它受到家族内的差序格局,以及家庭单元间的利害冲突等因素的影响,表现出多样性和复杂性。

假如一个家族内部实现了家族全体成员的两两信任,家族信任程度充分,则会极大地降低家族企业的家族权力成本。对于家族权力配置成本,信任清除了家族成员之间隔膜,基于合作的协调有利于创造最佳的权力配置格局,也有利于降低配置过程的交易成本。对于家族权力使用成本,信任的价值更为明显。首先,对于监控成本。如果家族经理与家族整体建立起了信赖关系,家族代理人就被预期为不会从事机会主义行为,家族委托人也无需进行大量的监管活动。其次,对于风险承担成本。信任这个概念本身就具有自愿冒险的含义。家族信任程度高,意味着家族成员间愿意承担其他成员的机会主义行为的损失,意味着家族企业不会因为防备投机风险而错过投资机会。最后,对于集体决策成本。在高度的信任关系下,利他行为是穿越小家庭边界的,整个家族是一个产权主体。于是,基于利益异质性的集体决策活动本身就少。即便家族中已经独立出了产权家庭单元,相互之间的信任也会弱化冲突、促进资源的共享。

三、一个理论框架

图6-2说明家族社会资本是如何影响家族企业分家行为的。其中,家族社会资本是自变量,家族权力成本是中介变量,家族企业的分家行为是因变量。

根据图6-2,对于家族社会资本,此后的分析仅考虑中观层面下关系构面的家族权威和家族信任要素。正如以上讨论,中观层面的认知构面

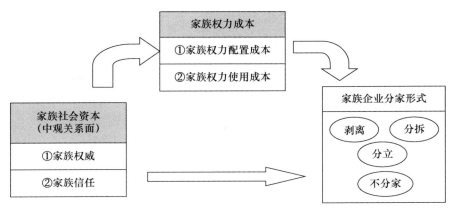

图6-2 家族社会资本、家族权力成本与家族企业分家的理论框架

和结构构面的社会资本同样会对家族权力成本产生影响。本书仅考虑关系构面的因素，无非是基于研究便利性的考虑。鉴于三构面内容存在着紧密联系，当我们突破了一点，其结论完全可以扩展到其他构面。事实上，从关系构面角度完成本节以下的案例研究后，我们将展示其分析结论对结构构面社会资本的适用性。

在图6-2中，家族权力成本处于中介变量的地位。其理论分析已由以上内容完成，而其客观存在性、系统构成性，以及中介变量性质的证明，将在6.2节中完成。也就是说，图6-2是本章全部内容的理论概括，对其验证将由本章各节共同完成。

6.1.4 多案例比较研究设计

一、研究方法与案例选择

以上分析形成的理论架构是，家族权威和家族信任是影响家族权力成本高低的重要社会资本变量，而家族权力成本在家族契约治理结构变更决策中起到决定性作用。鉴于家族权威和家族信任形态的多样性，以及企业分拆模式的多变样，于是本书的研究假设是：不同的企业分拆模式与不同的家族权威和家族信任情况相关。

对该研究假设的论证，有利于解释"为什么"家族社会资本因素会影响家族企业分家行为，也有利于说明家族社会资本因素"怎样"通过家族权力成本决定家族企业分家决策。而案例研究方法是处理"为什么"和"怎样"这两类问题的首选研究策略,尤其适合于理解新的现象,探索新的概念、创建新的理论(Eisenhardt,1998)。另外,一方面企业分拆模式以及家族社会形态具有多样性,另一方面,多案例分析相对于单案例分析,往往被认为其结论更具说服力,其构建的理论概念更稳健(殷,中译本,2010)。因此,这里选择多案例比较研究方法。

本书在案例选择中关注三个重点:第一,案例的代表性。根据Pettigrew等(2001)的观点,案例研究选择的样本应具有典型性。而本书研究目的要求案例分析的重点是案例企业的横向比较,因此,案例企业必须分属企业分拆的三种形式——剥离、分立和分拆,以涵盖家族契约治理结构变更的各种路径。第二,控制变量的相近性。如前所述,影响家族权力成本的社会资本构面,除了关系面还有结构面。虽然根据研究目的,本书以讨论关系面社会资本为主,但是结构面社会资本对家族权力成本的影响是客观存在的,在实证研究中必须加以控制。为此,我们选择"宗申摩托""希望集团""苏宁企业"为案例企业。它们都是兄弟创业企业,具有近似的家族社会网络结构。同时,三家企业创业时间相仿、企业实力相当、创业者年龄和学历等背景相近。第三,经营绩效的相近性。这三家企业还有一个共同点是,分家前企业已经十分成功,而分家后的企业经营状况没有变坏,甚至更好。此外,还应该选择一个没有经历分家的样本作为比较,我们选择了"华谊兄弟"。除创业时间略晚几年,其他企业及家族背景与对比样本大致相仿。这四家案例企业的基本情况见表6-1所示:

表6-1 案例企业背景资料

	宗申摩托	希望集团	苏宁企业	华谊兄弟
核心家族成员	左宗申、左宗庆	刘永言、刘永行、陈育新、刘永好	张桂平、张近东	王中军、王中磊
核心家族成员关系及其他背景	兄弟关系;出生于1953和1962年;左宗庆有大学学历	兄弟关系;出生于1945到1951年之间;均有大学学历	兄弟关系;出生于1951和1963年;均有大学学历	兄弟关系;出生于1960和1970年;均有大学以上学历

(续表)

	宗申摩托	希望集团	苏宁企业	华谊兄弟
创业时间及项目	20世纪80年代初创立摩托车修理铺	20世纪80年代初创立种禽场	20世纪80年代中期创立空调专营店	1994年创立华谊兄弟
分家时间	2003年	1992年和1995年	1999年	未分家,已上市
分家模式	剥离	分立	分拆	
分家后走势	一家成为上市公司;一家被重组	四家企业规模相当,其中一家上市	各自发展成上市公司	

二、数据来源及处理方法

案例研究可以从多个渠道获得数据,包括文件档案、访谈调查、观察参与等。殷(中译本,2010)建议应该综合使用多个渠道以形成三角检定。但是本书研究涉及家族关系等隐私内容,直接的访谈和观察方法无法实现。故而,本书仅采用二手资料作为数据来源。毫不讳言,这是本书的一处欠缺。但是,为了将实证研究的主观性降到最低,我们在资料来源和处理方式上进行了细致的设计。

第一步,通过网络搜索引擎、CNKI数据库、书刊资料,获得家族企业分家事件的典型案例。其中,宋丽红、李新春和张书军(2012)的研究对本书帮助很大。在搜索过程中采用满意原则,以可以挖掘出全部模式类型的典型企业分拆案例为原则。最后,分拣出六个案例,分属三类模式。其中,将家族、企业背景相似的"宗申摩托""希望集团""苏宁企业"作为此后实证讨论案例。用"方太厨具""荣家企业""远大远玲"说明家族分家形式与企业分拆模式的概念一致性,这在此前理论分析中已被使用。

第二步,使用百度搜索引擎,获取每一家家族企业的分析资料。首先,以分家当事人,比如"刘永言 刘永行 陈育新 刘永好",加上"分家"为关键词,进行百度新闻搜索。新闻报道类信息受作者主观认知影响较小,一般更为准确,同时也有利于去除大量冗余信息。在搜索中,使用了百度的自动功能,去除了相互转载的相同新闻。对于未发生分家事件的"华谊兄弟"公司,则将检索关键词"分家"改为"家族企业"。然后,逐条阅读,去除涉及家族信息较少的文章。最后,得到相关新闻报道,"宗申摩托"

14 篇,"希望集团"42 篇,"苏宁企业"22 篇,"华谊兄弟"16 篇。

第三步,应用内容分析法对文档进行分析。内容分析技术是一种基于定量分析的定性研究方法,通过比较规范的内容编码方式,提炼文章信息,减少研究的主观知觉偏差。其中重点环节设计为:

① 确定分析单元。在内容分析过程中,计量元素可以是字、词、句,或者整篇文章。经判别,本书以整篇文章作为分析单元。一是因为本书计量的变量仅仅涉及家族权威和家族信任两类,二是因为这些变量仅围绕着一件分家事件展开,三是因为这些变量基本属于隐性知识的范畴,需要意会判断。

② 确定编码规则。本书所研究的家族权威指的是家族权力的集中程度,拟采用层次分析法作定量评估,而层次分析法使用的前提是家族成员权力的两两比较,故对每个案例企业建立如表 6-2 所示的成对比较阵。

表 6-2　家族社会资本成对比较阵

	成员 1	成员 2	成员 3	成员 4
成员 1	0	a_{12}	a_{13}	a_{14}
成员 2	a_{21}	0	a_{23}	a_{24}
成员 3	a_{31}	a_{32}	0	a_{34}
成员 4	a_{41}	a_{42}	a_{43}	0

表 6-2 中,a_{ij} 所代表的含义是家族成员 i 与家族成员 j 相比谁更有权威,若 i 更有权威,a_{ij} 值加 1,若相反减 1,若相当则计为 0。其编码规则如表 6-3 所示。a_{ij} 的编码工作邀请三位研究生共同完成。在编码之前,进行了充分的研究主题、研究方法的介绍和培训。

本书所研究的家族信任是一种家族成员之间的两两信任。表 6-2 的成对比较阵也适用于对家族信任的编码,不过这时的 a_{ij} 表示为家族成员 i 与家族成员 j 之间的信任情况。当双方存在两两信任关系时,a_{ij} 和 a_{ji} 值各加 1,否则各减 1。可见,本研究所指的两两信任是不考虑方向的。其评判规则见表 6-3 所示:

表 6-3 编码规则

主类目	次类目	含义	典型情景
家族权威	非对称分布	行为一方处于指挥支配地位,行为另一方面处于服从执行地位	"家族企业高层决策最能统一思想,也最快捷、灵活,家长就是创业者、领导者,家庭成员是董事会成员,生活起居办公都在一起,利益冲突最小,决策速度最快。像我们二次创业,搞个太油烟机,决策前我们进行三个月详细深入的市场调研,也征求了不少专家的意见,后来决策的时候,尽管厂内厂外有很多不同意见,但我们开了个家庭会议,就这么拍板了。"
	对称分布	行为双方处于平等立约的地位	"根据一位长期给张跃提供咨询服务的经济专家透露,张跃张剑兄弟俩在是否移师北京的问题上存在分歧,张剑根本就不打算到北京发展,每次媒体问及张剑关于远大进入北京的问题,他都说与自己无关。但是张跃却是铁了心去北京。"
家族信任	两两信任	两方对互惠合作都持有信心	"'口袋论'最早是由浙江方太集团掌门人茅理翔提出来的,老茅在谈到其家族产权问题时,将其观念归结为'口袋论',就是把利益放在一个袋子里面,同一个口袋的人可以一起经营,会有同样的利益。他提出夫人和自己与儿子在同一口袋,不会与自己争利益。而为了防止公司成为家族冲突的牺牲品,老茅给了自己女儿另外一个口袋。"在这个情景中,茅理翔与其儿子之间可判定为存在两两信任关系,而他与其女儿之间则可判定不存在两两信任关系。
	非两两信任	至少一方对互惠合作不持有信心	

③ 确定计量方法。对于家族权威的定量测算使用层次分析法。层次分析法是一种多指标、多方案的优化决策方法,一般包含四个步骤:第一,构造同一层次各指标之间两两重要性比较的判断矩阵。第二,在一致性检验基础上,计算各指标的相对权重。第三,归纳系统全体权重排序。第四,评价各方案。本书仅作单准则排序,不涉及方案评价的步骤。根据样本文档内容分析所得出的表 6-2 所示家族权威成对比较阵,现在的重点工作是将其转换为正互反判断矩阵。这里仍采用层次分析法的一般比例标度,1 到 9,并建立规则 $\gamma = a_{ij}/A$。其中,A 为样本文档总数。当 $\gamma \leqslant 10\%$ 时,在判断矩阵中与 a_{ij} 对应的 b_{ij} 计为 1,表示同等重要。当 γ 在 10% 与 20% 之间,b_{ij} 计为 2。至此类推,当 $\gamma > 80\%$ 时,b_{ij} 计为 9,表示家族成员

i 对家族成员 j 有绝对权威。此后的权重计算中,采用和法。

对家族信任的定量测算使用社会网络技术的网络密度测算方法。网络密度是集体关系面社会资本中关于两两信任的基本测量指标,其计算公式为 $\Delta = L/g(g-1)$。其中,g 为家族成员总数,L 为家族成员间存在两两信任关系的总数。根据表 6-2 得到的家族信任成对比较阵,我们设定,当 a_{ij} 和 a_{ji} 大于 0 时,表示家族成员 i 与 j 之间存在两两信任关系,当 a_{ij} 和 a_{ji} 小于等于 0 时,表示不存在信任关系。

三、信度和效度

在应用内容分析法进行案例分析之前,需要测定内容分析的信度,即编码员理解类目含义及使用编码规则所得结果的一致性程度。信度检验前,使用"方太厨具""荣家企业""远大远玲"三家企业分拆事件的各两份报道作为前测样本,由三位编码员按照编码说明,依次进行编码,随后依据公式计算 $R = \dfrac{n \times \bar{K}}{1+(n-1) \times \bar{K}}$,$\bar{K} = \dfrac{2\sum_{i=1}^{n}\sum_{j=1}^{n}K_{ij}}{n \times (n-1)}(i \neq j)$,$K_{ij} = \dfrac{2M}{N_i + N_j}$。其中,$R$ 为编码信度,n 为编码员的数量,K_{ij} 为编码员 i 与编码员 j 的相互同意度,M 为编码员 i 与编码员 j 意见一致的项数,N_i 为编码员 i 做出的编码项数,N_j 为编码员 j 做出的编码项数。在信度检验中,经测算编码员的平均相互同意度 $\bar{K} = \dfrac{2(0.962 + 0.902 + 0.885)}{3 \times 2} = 0.916$,编码信度 $R = \dfrac{3 \times 0.916}{1+(3-1) \times 0.916} = 0.970$。编码信度高于一般要求的 0.8,显示本研究信度较高。此外,在实际编码中,当编码员出现分歧时,要求其充分讨论并达成一致意见。

在研究效度方面,注重以下几个环节:① 在构念效度方面。以新闻报道类文章为案例材料,加强内容分析材料的客观性;区分前测案例和实证案例,使相关概念得到准确衡量。② 在内部效度方面。在案例的选择中,选择家族及企业背景接近的企业,以控制自变量以外信息的干扰。在文献综述阶段和理论建构阶段,保证研究假设提炼基础的牢固。③ 在外部效度方面,提高研究结论在其他情景中的可重复程度。我们利用 MBA

课程教学,以及其他各种与实践人士接触的机会,报告研究思路、研究进程和研究结果。我们的论点得到比较一致的肯定。

6.1.5 案例分析

一、宗申摩托

(1) 家族企业背景与企业分拆模式

宗申摩托是世界主要的摩托车生产企业之一,旗下包括两家上市公司——"宗申动力"国内 A 股上市,股票代码:001696;"宗申派姆"加拿大多伦多上市,股票代码:ZPP。宗申摩托发端于 20 世纪 80 年代初由左宗申夫妇、左宗庆共同创业的摩托修理铺。分家之前,左宗申夫妇占有 90% 的股份,而左宗庆所占股份仅为 3%。左宗申主管公司全局,左宗庆是负责营销的副总裁。2003 年,左宗申、左宗庆分家。左宗庆获得现金和实物补偿后与宗申集团彻底脱钩,所得大致在 1 亿元左右。后与人合资,在原宗申集团下属一家企业基础上,创立"宗庆机车有限公司"。伴随着左宗庆离去的是另一个重要家族人家,左宗申女儿左颖的上位。后来左宗庆创业不顺,2008 年底以职业经理人身份回归宗申摩托。

根据此前界定,左家兄弟的分家属于剥离模式。① 原宗申摩托仍然存在,左宗庆带走的3%资产对公司的经营管理无重大影响。② 左宗庆离开后,左颖上位,宗申摩托的所有权结构进行了调整。但是,如果将左宗申家庭看为一个产权单位的话,则公司所有权结构未发生重大变化。③ 剥离后,新创立的宗庆公司对宗申摩托的经营发展基本无影响。

(2) 家族社会资本分析

宗申摩托的家族化运营特征明显。在 2003 年分家事件前后,拥有企业所有权的家族不仅有左宗申、左宗庆兄弟,还有左宗申的女儿左颖、左宗申的妻子及妻子的两个兄弟。但是,此时左宗申的妻子及其兄弟已基本退出经营的第一线。左颖虽然也基本处于幕后,但在左宗庆离去后左颖持股额大涨。所以,在宗申摩托的案例中所考虑的家族成员是左宗申、左宗庆和左颖。遵照此前的研究设计,根据 14 篇新闻报道的内容分析,左氏家族的家族权威和家族信任的评估值见表 6-4。数据显示,左宗申无疑掌握着绝对的家族权威。这也造成了左宗庆与左颖并无太多直接的关联,他们之间的家族权威关系、两两信任关系的重要性程度不高,在文档资料中也较难挖掘。

表6-4 宗申摩托家族社会资本成对比较阵

	家族权威				家族信任		
	左宗申	左宗庆	左颖		左宗申	左宗庆	左颖
左宗申	0	12	10	左宗申	0	-11	6
左宗庆	-12	0	-1	左宗庆	-11	0	-2
左颖	-10	1	0	左颖	6	-2	0

根据此前对层次分析法的研究设计,宗申摩托家族权威的判断矩阵整理为表6-5所示情形。使用和法进行计算,得到左宗申、左宗庆和左颖获得的家族权威权重分别为0.809、0.094、0.097。进一步做一致性检验,其最大特征根 λ_{max} = 3.004,一致性指标 CI = 0.002,一致性比率 CR = 0.003。一致性比率远小于0.1,表示具有相当的一致性。所以,在宗申摩托中,左宗申具有绝对的权威。

表6-5 宗申摩托家族权威的判断矩阵

	左宗申	左宗庆	左颖
左宗申	1	9	8
左宗庆	1/9	1	1
左颖	1/8	1	1

根据此前的研究设计对家族信任的计算规则,可得出,在分家事件前后宗申摩托的两两家族信任的网络密度 $\Delta = 0.333$,即由信心建立的基于互惠合作的家族关系仅占1/3。

以上分析表明:一方面,宗申摩托的分家具有典型的剥离特征;另一方面,宗申摩托分家阶段的家族社会资本条件是,家族权威强,家族信任偏弱。

二、希望集团

(1)家族企业背景与企业分拆模式

希望集团由刘永言、刘永行、陈育新(原名刘永美)和刘永好四兄弟创立。在20世纪80年代初,他们从养鹌鹑开始,一步一步发展成为中国最大的民营企业。四兄弟多次被评为中国首富,多次荣获CCTV年度经济人物称号。希望集团的成功与其战略性地调整企业产权结构不无关系。1992年,四兄弟明晰产权,均分了希望集团的资产,并各自选择了战略方向。刘永言主攻高科技产业,刘永行和刘永好共同对外拓展创立饲料王国,陈育新负责现有产业运转并开拓房地产。随后,在1995年,刘永行和刘永好又进行了一次"划江而治"战略空间分配。如今,四兄弟分别领军大陆希望集团、东方希望集团、华西希望集团、南方希望集团(新希望集团)。他们分开是各自行业的翘楚,合起来则是中国最大的民营企业。

根据此前界定,刘家兄弟的分家属于分立模式,是基于管理权分拆为主的分家。① 经营模式发生重大变化,这从四兄弟各自不同的战略方向和旗鼓相当的资产规模上可以明显看出。② 在所有权结构上,产权边界明晰,但产权关系比较紧密。对于不同战略空间内的增量资产部分,基本属于各自的"私产"范畴。但也存在互相持股现象,比如刘永好的新希望(000876)的第二大股东很长一段时间都是陈育新。而对于分家前的存量固定资产部分,则一直是四兄弟共有。③ 所有权的联系,使得分家后兄弟之间依然保持默契,依然保持在家族边界之内。一方面,刻意避免业务冲突,比如刘永行和刘永好"划江而治"的约定。另一方面,保持合作共赢状态,比如华西希望与大陆希望近期联合投资近十亿元共同进入酒店业。

(2) 家族社会资本分析

本研究将希望集团的家族成员锁定为刘永言、刘永行、陈育新和刘永好。另一点需要说明的是,希望四兄弟经历了两次分家。鉴于两次分家前后接连发生,且距离今天已比较久远,所以分析中不作区分。在对希望集团的42篇新闻报道进行内容分析后,得出表6-6所示的家族社会资本成对比较阵。其中,四兄弟之间的权力分配非常平均,极少有资料可以反映出支配与服从的关系。在家族信任方面,则多数资料反映出兄弟一心和互帮互惠的信息。其中,刘永行和刘永好之间的关系稍有差异。在第二次分家之前,四兄弟中他们俩走得更近一些,这也造成第一次分家后他们俩在经营活动上仍是一体。但在关于第二次分家事件的资料中,可以发现刘永行和刘永好出现了短暂的矛盾。于是总体上,四兄弟相互之间的信任关系基本没有表现出差异。

表 6-6 希望集团家族社会资本成对比较阵

	家族权威					家族信任			
	刘永言	刘永行	陈育新	刘永好		刘永言	刘永行	陈育新	刘永好
刘永言	0	2	5	2	刘永言	0	33	33	32
刘永行	-2	0	3	-1	刘永行	33	0	33	31
陈育新	-5	-3	0	-3	陈育新	33	33	0	33
刘永好	-2	1	3	0	刘永好	32	31	33	0

根据研究设计,希望集团家族权威的判断矩阵整理为表 6-7 所示情形。使用和法进行计算,得到刘永言、刘永行、陈育新和刘永好获得的家族权威权重分别为 0.297、0.246、0.211、0.246。进一步做一致性检验,一致性比率为 CR=0.022,通过一致性检验。总体说来,家族权威没有集中在刘家四兄弟中的任何一个人身上,仅仅是陈育新拥有的权威略微弱一些。

表 6-7 希望集团家族权威的判断矩阵

	刘永言	刘永行	陈育新	刘永好
刘永言	1	1	2	1
刘永行	1	1	1	1
陈育新	1/2	1	1	1
刘永好	1	1	1	1

根据研究设计,可得出希望集团家族信任的网络密度 $\Delta=1$,反映出这是一个基本没有间隙的紧密家族。

以上分析表明:一方面,希望集团的分家具有典型的分立特征;另一方面,希望集团分家阶段的家族社会资本条件是,家族权威弱,家族信任强。

三、苏宁企业

(1) 家族企业背景与企业分拆模式

在中国的上市公司中有两家同署名"苏宁"的企业——苏宁电器和苏宁环球。虽然两者业务类型截然不同,也无持股关联,但它们是有联系的,它们因分家而形成的。20世纪80年代中期,哥哥张桂平和弟弟张近东创立了专业经营空调的"苏宁实业公司"。这就是苏宁电器的前身,随后兄弟俩又涉足房地产业。但是,1999年战略兴趣的不同导致了分家,张近东继续专注于家电连锁,而张桂平则完全转向房地产领域。

根据此前界定,张家兄弟的分家属于分拆模式,是基于所有权分拆为主的分家。① 分拆后,经营结构发生重大变化,任何一个新企业都无法代表原企业。简单地从企业体量上看,张家兄弟的资产拥有量均在百亿元人民币以上。② 在所有权上体现了"拆",体现了控制权和现金流权的互不相干。苏宁电器和苏宁环球的前十大股东中均无控制人兄弟的名字。③ 新独立的企业之间基本没有关联,它们不再属于同一个战略群体。苏宁电器和苏宁环球之间无业务关联。

（2）家族社会资本分析

尽管今天苏宁环球的掌门人被认为是张桂平和张康黎父子两人,但在我们所讨论的分家事件发生前后,苏宁企业中的家族成员仅张桂平和张近东兄弟俩。这也使得我们的数据分析工作极其简便。

通过对22篇新闻报道的内容分析,发现2篇文章大致表现出张桂平更掌握家族权威,3篇文章的语义表明张近东更有家族权威。总体上,按照层次分析法的规则,张桂平和张近东各掌握50%的家族权威。在家族信任问题上,没有1篇文章提及兄弟两人在分家事件发生前后仍保持对合作互惠的信心,反倒有4篇文章透露出不信任的意味。总之,苏宁企业的家族信任的网络密度 $\Delta = 0$。

以上分析表明:一方面,苏宁企业的分家具有典型的分拆特征;另一方面,苏宁企业分家阶段的家族社会资本条件是,家族权威和家族信任均不强。

四、华谊兄弟

华谊兄弟在本书中是一个未分家的个案。它由王中军、王中磊兄弟创立于1994年,2009年在创业板上市,证券代码为300027。华谊兄弟投资及运营领域涉及电影、电视剧、唱片、艺人经纪等领域,且均取得了骄人成绩。兄弟俩性格不同,却能取长补短,完美配合。王中军性格强硬,他在幕后把握大局,运作资本。王中磊更具亲和力,他在台前运营操作,与媒体打成一片。

在16篇华谊兄弟的文档中,有9篇文章反映出王中军掌握着家族权威,没有1篇文章认为王中磊更有家族权威。通过层次分析,王中军、王中磊掌握的家族权威权重分别为0.857和0.143。而对于家族信任,有10篇文章透露出兄弟俩相互信任的语义,没有1篇文章表现出相反的含义。即华谊兄弟的家族信任的网络密度 $\Delta = 1$。

以上分析表明:没有发生分家的华谊兄弟的家族社会资本条件是,家族权威和家族信任均强。

6.1.6 案例分析结论

以上基于内容分析法的案例分析,使用的是新闻报道类资料,为保证研究成果的客观稳健,我们使用了相关企业家传记著作、视频访谈等资料对其进行了三角验证。本书作者和编码员一致认为内容分析的结论是稳健的。

表6-8 中观关系面社会资本与家族企业分拆模式

家族社会资本(中观关系面)		家族企业分拆模式	案例企业
家族权威	家族信任		
强	强	不分拆	华谊兄弟
强	弱	剥离	宗申摩托
弱	强	分立	希望集团
弱	弱	分拆	苏宁企业

案例研究所得的数据证明了家族社会资本条件与家族企业分拆模式的对应关系。表6-8是对这一对应关系的总结。总体来说,随着家族社会资本专用性的减少,家族企业分家的可能性在增加,分家的形态也更加彻底。相对来说,家族权威对保持家族企业的完整性更加重要。只要家族权威集中于家族领袖手中,原有的家族契约治理结构的主体就可以保持不变。即便出现家族信任降低的情况,也可以用剥离的方式重塑家族和企业的凝聚力。一方面,这种部分资产的剥离对家族企业管理权和所有权结构并无太大影响;另一方面,这种家族肃清活动对家族完整性的影

响也不太大。可见,在剥离的路径上,家族契约的市场治理结构的应用是局部的,家族社会资本对家族企业的支持基本得以延续。欧美、日本等国的长子继承制,大致就是这种枝节剥离、主干延续的发展路径。

但是,如果家族权威减弱了,则比较激进的分家形式就会出现。这时如果家族信任仍比较强,则更可能出现一种主要基于管理权的分家,称为企业分立。家族信任的维系使得企业之间仍然可以存在所有权的联系,企业经营管理上也可以实现协调互惠。于是从外在表现看,这种分立在企业行为上属于未突破企业集团边界的内部结构重组,在家族行为上属于未突破家族边界的家庭产权单位的独立。如果家族权威减弱的同时,家族信任也不复存在,则分拆模式更容易出现。它是一种基于所有权的分家,同时产生了管理权的分割,以及企业经营管理活动的割裂。这种分拆是彻底的分家,是对原来的企业结构和家族结构全盘否定的分家。从家族契约治理结构的视角看,分拆是一种彻底的向市场治理模式的转型,而分立具有过渡的色彩,其本身含有混合治理结构的特征。在以上讨论的希望集团的治理结构分立案例中,希望集团的分家可以细分为两次,这两次之间存在着双边治理和第三方治理两类结构。在第5章中,有对希望集团更详尽的分析。不过,混合治理结构的稳定性不高,仅仅3年后希望集团就进行了第二次分家,市场治理结构被全盘采用。

根据研究主题,本章确定中观社会资本为研究对象。但是,在这个社会资本的研究层次上有认知、关系和结构三个研究构面,而本书仅选择了关系面的研究视角。这是因为认知面社会资本涉及家族成员的态度、价值观和信仰等心理因素,在案例研究中无从考察。而结构面社会资本刻画了家族边界之内有独立产权诉求的家庭单元的结构关联,在一定程度上是认知和关系面社会资本的"果"。事实上,当我们得出了表6-8的研究结论后发现,它可以直接转变为结构面的结论,如表6-9所示:

表6-9 集体结构面社会资本与家族企业分拆模式

家族社会资本(中观结构面)		家族企业分拆模式
群体中心度	小团体化	
高	无	不分拆
高	有	剥离
低	无	分立
低	有	分拆

中观结构面社会资本主要考察群体中心性和小团体化两个指标。群体中心性反映了群体内活动聚焦于少数人的程度,小团队化刻画了群体中存在着的小圈子或者派系的状况。而本书所讨论的家族权威关系,表征的是家族权力的集中程度。可以想见,家族权威越强,家族中的群体中心性程度越高。此前的家族信任考察的是家族成员的两两信任程度,它与群体的小团队化之间也有密切联系。小团队化的存在一定会导致家族信任的下降。表6-9是本书研究中得到的一个启示,当然其是否确定存在还需要相应的实证考察。

在案例研究部分,我们证明了家族社会资本对家族企业分家的影响。它们之间的联系,在理论分析中,被认为是通过家族权力成本串接起来的。我们提出,家族权威和家族信任同时具备时,家族企业的家族权力成本是最低的,应该保持统一的家族契约治理结构和完整的企业形态。但是当家族社会资本专用性减少时,家族权力成本会上升。不过遗憾的是,家族权力成本的中介作用,在本章的案例证明中无法被设计进去直接进行考察。这也是本案例设计的遗憾之处。不过,我们认为即便如此,家族权力成本的提出与以往研究相比还是有一定的突破。在以往对企业分拆动因的研究中,交易成本被作为考察重点,其理论依据是科斯的企业边界理论(王发清,2006)。但是,交易成本如何决定企业分拆,在以往的文献中是比较模糊的。本书则将笼统的交易成本进一步明确为由家族权力配置成本和家族权力使用成本构成的家族权力成本,并从理论上阐述其作用机理。

6.2　家族权力成本的内容构成与影响因素[①]

此前的理论研究和案例讨论证明,树立家族权威是创建家族契约治理结构的基本原则。而在统一的家族契约治理结构中,家族权威就是强调家族权力集中于个别的家族成员或成员群体。在上一节关于家族企业从统一治理结构向市场治理结构变更的案例研究中,我们留下了一个问题,即家族权力成本的内容构成和影响因素是什么。为解决这一问题,自然要将家族契约统一治理结构中的家族权威作为研究对象。于是,家族权力集中度成为本节的研究切入点。事实上,家族企业治理的许多重要问题,归根结底与家族权力的集中度有关。例如,代际传承中的长子继承制与诸子均分制之争,属于家族权力集中度的选择问题。家庭产权单元间的分家矛盾,来自于家族权力独占对家族权力分享的挑战……那么,家族权力集中度的选择依据是什么？在现有的文献中鲜有系统答案。

所谓家族权力集中度,指的是家族对企业的所有权以及管理权在家族成员间分配时,集中于个别家族成员或成员群体的程度。这里的家族权力,是家族契约的三要素之一,另外两项要素是家族意愿和家族规则。所以,本节与上一节一样,仅讨论家族契约的一个侧面,当然这个侧面也是目前研究集中关注的。于是,这个家族权力不涉及个人专家权力、魅力权力,以及亲缘宗法权力等。同时,将所有权和管理权理解为家族权力的两个维度,而且行文中的一些地方并不刻意区分。[②] 这是因为,一方面根据杨学儒和李新春(2009)对家族涉入企业的多维度路径的揭示,所有权和管理权可以纳入到同一个有关家族控制企业的权力指数之中。另一方面,如果在家族内部出现了所有权与管理权分离的情况,也可以理

[①]　本节以下内容的主要论点最早在第八届创业与家族企业国际研讨会上交流,并被评为优秀论文一等奖,后修改为《家族权力成本对家族权力集中度的影响》,发表于《管理学报》2014年第6期。

[②]　这里所称的所有权和管理权,在伯利—米恩斯的两权分离命题讨论中被称为所有权和控制权。这里不使用"控制权"一词是因为随着终极控制权问题研究的深入,人们已习惯将控制权理解为投票权。更重要的是,本书的研究此前已统一将家族通过占据企业职位而掌控企业经营管理的权力称为管理权。事实上,本节内容最初单独在学术会议上交流的时候,使用的是控制权而非管理权,个别地方还使用了经营权。

解为一种权力分散。但其实,李新春和檀宏斌(2010)发现"内部两权分离是短暂和不稳定的"。此外,这里的家族权力配置也仅指家族权力在家族成员间分配的问题。跨越家族边界的所有权制衡、管理权让渡等问题,虽然也是家族企业治理的重大问题,但与本书无关。

对家族权力集中度优化等权力配置问题的研究,发端于对家族企业治理的一项传统研究假设的重新审视。在比较主流的研究中,人们"不区分家族成员个体的差异,而将家族系统当作一个研究单元"(Claessens et al.,2000)。然而,事实上家族成员之间的利益存在着非一致性(Sharma et al.,1997)和非对称性(Becker,1974),因而家族系统内部存在着严重的代理问题(Schulze et al.,2003)。于是,人们开始从家族权力配置的角度,解读家族治理问题。Eddleston等(2008)发现家族权力分布会对家族冲突产生影响,贺小刚等(2011a)发现家族成员的权力集中度与企业绩效存在倒U型关系。

可见,家族权力配置问题已得到国内外研究的重视,家族权力集中度也成为此类研究的核心变量。但是,目前文献主要集中于判断家族权力配置的事后效应,而影响家族权力配置的事前因素和作用机理尚未被直接、系统地关注。为此,本书拟利用香港利丰集团百年来的家族权力集中度变动等案例,采用扎根理论分析工具,探索这一课题。

6.2.1 研究方法和数据来源

一、研究方法的选择

扎根理论植根于搜集和整理质性资料,以现实归纳为研究基础,是一种构建和发展理论的质性研究方法。它不同于量化实证研究从理论框架演绎并验证假设的研究原则,强调自下而上的对资料信息进行理论归纳。它也不同于量化实证研究将数据收集和分析分开进行的技术路线,强调持续比较的研究过程,形成数据收集与理论构建循环进行,直到理论饱和的互动过程。简言之,扎根理论是一种立足于基础资料,螺旋式地提升概念及其关系的抽象层次,最终创建和发展理论的质性研究方法(Suddaby,2006)。

之所以采用扎根理论来研究家族权力集中度的决定问题,出于三个方面的考虑:第一,此前文献研究发现,在关于家族权力配置的理论研究中,其变量的确定还不完整,变量间的互动关系更为模糊,尚未构成清晰的概念体系。量化实证方法不适合本研究,甚至内容分析等需要研究对象内涵外延相对清晰的其他质性分析方法也不适合本研究。第二,本研究所讨论的家族权力问题涉及敏感和保密数据,一般很难获得。同时,这些数据需要在一定的背景环境下才能解读出其真实含义。所以,量化实证研究方法对此有些无能为力。第三,扎根理论经过多年的发展,演变出了经典型、程序型和建构型三大流派。其中,Strauss 和 Corbin(1990)发展完善的程序型扎根理论方法使用最为广泛。该方法通过规范的研究流程以及开放性编码、主轴编码和选择性编码的三阶段分析技术,既发挥了扎根理论探索未知知识的特长,又满足了科学研究的信效度要求,成为本研究的方法基础。

二、案例背景介绍

利丰集团的家族传承事件是本节研究的核心案例。香港利丰集团创立于1906年,历经了家族三代人的经营,也创造了三阶段的辉煌成就。今天的香港利丰集团被人所知的,也许是其香港最大贸易公司的经济地位,也许是其提炼的上升到理论高度的整体供应链管理模式。但是,其百年来"富过三代"的家族治理历程充满着"一波三折"的戏剧性场景,自然也成为家族企业制度研究的典范。李新春和檀宏斌(2010)关于利丰集团的案例分析是目前家族企业治理研究中的经典论文,引用率颇高。关于利丰集团发展历程的更详尽的一般性介绍可以参见该文。图6-3反映的是利丰百年来家族权力集中度的变迁过程。

① 第一阶段。1906年,冯柏燎先生在广州创立了利丰贸易公司,号称中国第一家由华商创办的进出口贸易公司。其好友李道明先生入股49%,但不参与经营。

② 第二阶段。在独掌大权一段时间后,1930年前后,家族第二代中一共四人进入企业,分别是侄子冯友仁、次子冯慕英、女儿冯丽华、三子冯汉柱,从此家族经营管理权集中度下降。此阶段还发生了冯友仁"政变"事件。

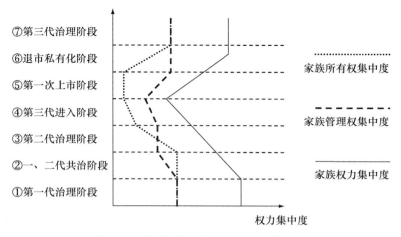

图6-3 利丰集团家族权力集中度的变迁

③ 第三阶段。二战中,利丰公司迁至香港。1943年冯柏燎病逝,利丰进入长期平稳的第二代治理阶段。在管理权方面,冯慕英、冯丽华、冯汉柱"三足鼎立"支撑全局。在所有权方面,类似于"诸子均分"(李新春、檀宏斌,2010),冯慕英和冯汉柱各持股13.18%,冯丽华持股11.32%,没有在利丰工作的5位第二代成员都获得了9.45%的股份。可见,此阶段家族权力集中度较低。

④ 第四阶段。1970年前后,冯氏第三代开始进入利丰集团,截止到1972年,冯慕英的两个儿子、冯丽华的一个儿子、冯汉柱的一个儿子和他们的父母共七人分享了集团的重要经营岗位。家族管理权集中度进一步下降。此外,家族所有权集中度下降的趋势更明显,因为此时利丰已有35名直系三代成员。

⑤ 第五阶段。1973年利丰上市,成为一家家族控制下的公众公司。之所以仍为家族企业,因为公众股仅占25%,这是香港法律规定的上市底限。"利丰上市的真实目的,用冯国纶的话说,就是为了让所有权与经营权分离,只不过这种分离主要指家族内部的分离"(李新春、檀宏斌,2010)。但从另一个角度看,上市的好处是避免家族股东对经营管理权的觊觎,是保证家族管理权集中度的举措。1975年,冯慕英去世,冯汉柱担任董事长兼总经理。不久,冯慕英和冯丽华的子女纷纷退出利丰,冯汉柱

的另一子则进入利丰。如果此时家族权力以家庭产权单元而论的话,家族管理权集中度变高。

⑥ 第六阶段。成为上市公司 15 年后,1988 年利丰又完成了退市的私有化计划。表面上,利丰私有化是为了避免当时股市暴跌而造成的外部接管风险。但是私有化的效果是,大部分家族股东将股权卖给冯汉柱的两个儿子,即已掌握家族管理权的冯国经、冯国纶兄弟。至此,包括管理权和所有权的家族权力全面向冯国经、冯国纶兄弟集中。

⑦ 第七阶段。1991 年利丰再次上市,而目前利丰集团更拥有三家上市公司。在最近 20 年的时间里,作为一家公众企业,跨越家族边界的权力有此消彼长的情况。但是,家族边界之内的家族权力配置始终稳定在高集中度的状态,始终为冯国经、冯国纶兄弟合伙所有。

利丰集团是本节的研究对象,但是囿于利丰集团直接数据缺乏的限制,为提高理论饱和度,我们还对最近一段时间港澳著名家族企业的权力配置案例进行了分析。这些案例对研究起到补充和验证的功能。其一,亚洲首富李嘉诚的析产案例。2012 年 5 月 25 日,亚洲首富李嘉诚公布了家产所有权继承分配计划。李嘉诚旗下市值逾 8000 亿港元的上市王国所有权,交给长子李泽钜,二子李泽楷则将获得李嘉诚对其生意上的资金支持。其二,澳门赌王何鸿燊的家产纷争案例。2009 年 7 月,时年 87 岁的何鸿燊因病住院后,赌王的四位太太及 17 位子女围绕庞大的家产明争暗斗,出演了一场华人世界群体围观的"宫心计"。其三,新鸿基郭氏三兄弟阋墙案例。香港第二富豪家族的郭氏三兄弟的家族权力之争由来已久,2012 年 3 月 29 日香港廉政公署拘留郭炳江和郭炳联的事件,更让郭氏内讧成为媒体焦点,因为此事据称与老大郭炳湘的幕后活动有关。

三、数据来源与数据处理

利丰集团的百年跨度,使其成为案例研究的纵向理论建构的典范。纵向理论建构对事件因果关系的关注,使我们在看到事件的发生情况后,不仅能向前了解事件产生根源,更在于能发觉其产生的后果,客观地辨析出其"对"与"错"。在利丰百年的发展历程中,存在着大量的有关家族权力配置的"试错"过程,利丰案例具有解读家族权力集中度优化的充分数据。

然而,利丰案例的研究也存在着困难,我们很难近距离地接触利丰集团和冯氏家族。卡麦兹(中译本,2009)所称的扎根研究数据收集三大来源的民族志方法和深度访谈方法在本案例的研究中无法使用。于是,文本分析成为本研究收集数据的主要渠道。为了满足案例研究的数据三角支撑原则,文本来源于三方面:第一,专著。冯邦彦(2011)所著《百年利丰——从传统商号到现代跨国集团》是本研究的重要数据来源。其内容的丰富、可靠程度,用利丰现任董事会主席冯国经在该书序言中的话来讲就是,"通过大量的资料收集整理及访问,将百年来几代利丰成员艰苦创业、拼搏及创新求变的种种事件展现眼前"。另一本专著是哈特臣(1993)的《锦霞满天——利丰发展的道路》。这是一本基于利丰家族成员访谈的概述利丰集团发展历程的手册。这两本专著都是公开发行的书籍,特别是第一本专著仍是目前的畅销读物。第二,网络搜索引擎和CNKI电子期刊数据库收集的相关的新闻报告和学术论文。其中,在建立新闻报告资料库时,全面调用了百度、谷歌、雅虎、搜狗等常用引擎,同时尽量仅使用其中的新闻或资讯频道,剔除可信度低的网络消息,并且尽可能使用香港主流媒体的新闻报告,以及财经类媒体上知名人士的新闻评论,比如范博宏教授开设的专栏。在学术论文方面,李新春和檀宏斌(2010)的《家族企业内部两权分离:路径与治理——基于百年家族企业香港利丰的案例研究》对本研究帮助很大。第三,上市公司官网资料。通过利丰官网 http://www.lifunggroup.com 以及各项内容的链接,查阅了利丰及其子公司官方发布的年报、管理层演讲报告、学术研究报告等。

此外,鉴于殷(中译本,2010)认为的多案例分析结论更具说服力、其构建的理论概念更稳健,本案例研究尽管以利丰为研究对象,在完成理论建构之后仍进一步收集了其他一些重要案例,用以验证和补充研究的理论饱和度。当我们分析了李嘉诚对其两个儿子的继承权分配计划、澳门赌王何鸿燊的四房权力大战、新鸿基的郭氏三兄弟权力斗争之后,发现本研究已达理论饱和,很难获取新数据以扩充概念范畴。这三家家族企业的案例资料均来源于2011年和2012年的香港主流报纸媒体的新闻报告,如《大公报》《文汇报》《明报》等。

在数据分析阶段,本案例严格遵守 Strauss 和 Corbin(1990)的程序型编码流程和方法,保证研究的信效度要求。第一,为了规避研究者选择性知觉对编码质量的影响,邀请两名研究生组成编码小组。在编码之前,进行了充分的培训,使编码员清楚地了解此次研究的目的和主题,以及扎根理论的研究流程和编码方法等。在整个研究过程中,编码小组成员共同进行数据标签和数据编码,当出现意见分歧时,相互讨论直至观点一致。第二,建立研究备忘录。我们以研究工作时间为依据,为每一次综合编码和理论提炼工作建立了一个备忘录表单,记录理论建构以及修改的过程。第三,依据资料内容丰富程度,确定理论抽样和持续分析的顺序。在此过程中,不断循环"收集数据——完善理论"的过程,螺旋式地提炼概念和范畴以及归纳范畴间的关系。在利丰案例研究完成后,我们又对李嘉诚传承计划、澳门赌王家产暗战和新鸿基兄弟阋墙案例进行了相同的研究工作。这一过程中,未产生新的类属范畴,鲜有的新概念也仅在该过程早期进入已有范畴,可以判定理论逐渐达到饱和。

6.2.2 家族权力成本的模型建构

一、开放式编码

开放式编码是形成理论的初始环节,通常需要逐句地对原始资料进行分析,以保持开放态度,发现资料的细微之处,然后产生初始概念以及发现概念范畴。鉴于本案例是通过已有文本资料挖掘数据,所以在编码之前需要排除与本研究主题无关的段落和章节。另外,为了降低研究者个人的选择性知觉影响,我们尽量使用文本中的原始语句作为标签,然后再从中发掘初始概念。最终,一共得到231条原始语句,并总结为47个初始概念。其中,有些语句可归纳出多个概念。随后,对这些零散的概念进行比较和提炼,将相关的概念整合在一起,实现概念范畴化。最后,我们形成16个范畴。表6-10为开放式编码得到的初始概念和范畴。为了节省篇幅,每个初始概念只对应一条语句。

表 6-10　开放式编码概念化与范畴化

原始语句摘录	概念化	范畴化	
1976 年利丰还正式聘用了另外一位家族经理——哈佛大学教授冯国经	学识程度	个体学识积累	家族人力资本
冯氏家族部分股东对持股不感兴趣的原因之一是一些家族股东已成为专业人士,不再想继续经营这门生意	学识维度		
冯慕英告诉他(冯国础),要从低层做起才能懂得公司的运作	基层锻炼	个体职业经历	
所谓分家三年显高低,现在是两兄弟以其才能向公众投资者说明孰强孰弱了	高层培养		
冯氏不仅可以在整个家族(而不是在某房,如长子)范围内培养和选择优秀的家族经理	规模范围	群体才识分布	
并非所有家族股东都有经营企业的能力	能力结构		
李嘉诚从李泽钜出生那刻起,就以"未来守业人"的目标对其精心培养	家族目标	家族意愿	家族社会资本
传统的意思,是指公司存在的价值主要为家族服务,假如想在家族中受益,就要变成公司的成员,在公司里工作	家族利益		
面对父亲的要求,公司的危机,冯汉柱还是回到广州,加入利丰,服从家族事业的需要	家族秩序	家族规则	
郭炳江和郭炳联对于赎金由谁负担略有微词,导致大哥郭炳湘在箱子里呆了一星期后才被释放,为后来的新的争产事件埋下伏笔	族内信任		
其亲侄子冯友仁给他的惨痛教训仍记忆犹新,他不敢再轻易相信别人。冯柏燎思考再三,决定派冯汉柱去挑这一重任	排他信任		
冯氏家族第二代共有八个核心家庭,家庭间的子女数和男女比例差异较大,这无疑使所有权结构变得复杂	总体规模	家族网络结构	
由于冯柏燎的长子早年过身,冯慕英成为一众兄弟姐妹的大哥	纵向序列		
新鸿基地产内讧的问题是三兄弟都是家族信托基金的受益人,三人都是决策制定者。这就很容易造成矛盾	横向关系		
家族经理冯汉柱也觉得自己年事已高,大部分的时间又要花在市政局和立法局的工作上,非常希望有一位子女回来协助	小群体化		

(续表)

原始语句摘录	概念化	范畴化	
到了第三代,仅作为股东已经不能取得更多利益,必须投入这项事业中	资产规模	总体资本存量	家族物质资本
40年代利丰规模较小,仅有三十多名职员,若家族股东都在企业工作,没有足够的管理岗位	岗位机会		
冯慕英是为利丰付出最多的人之一,从毕业到去世,他一直在利丰工作,其子女对利丰也别有一番情感,并不愿意出售利丰股份	劳动贡献	个体资本贡献	
当冯氏家族第二代掌管利丰,李道明不愿再与其合作,他声称新的领导层经营失当,要求银行冻结利丰户头,还试图自立门户	资本投入		
重组后的利丰涉及贸易、地产和财务投资业务,其中贸易业务为主要业务,地产业务为重要业务,财务投资是新兴业务	业务类型	企业系统因素	
公司的管理制度从老板一人说了算的旧式商号模式逐渐转变为现代经理负责制度	治理模式		
利丰私有化后,包括冯汉柱先生在内的全体冯氏家族成员(冯国经和冯国纶兄弟除外),均退出利丰管理层	职业经理		
利丰新一代高级行政人员,均受过专业或大学教育	经营水平		
李道明"打本",占49%的权益,冯柏燎负责经营,占51%的权益	族外制衡		
60年代中期,利丰的成衣生意越做越大,在成衣出口行中数一数二	经营状况		
中国人并不习惯投票。这个家族听父亲的,如果父亲过世,就听长子的	社会文化	环境系统因素	
股市下跌并没有给利丰带来外部接管威胁,但确实降低了收购股权(包括管理层收购)的成本	经济形势		
1943年,冯柏燎病逝。1945年,日军投降,冯汉柱重掌香港分公司,广州总行则由冯慕英和冯丽华负责	社会局势		
香港这个在"一国两制"原则下运作的中国特别行政区,将继续从过去赖以成功的各种因素受惠	政策法规		

(续表)

原始语句摘录	概念化	范畴化
冯氏家族部分股东对持股不感兴趣的原因之一是一些家族股东已成为专业人士,不再想继续经营这门生意	专用锁定成本	权力配置成本
一些家族股东由于对利丰缺乏了解,而没有充分的信息进行决策	私人信息成本	
冯汉兴成为家族领军人物,加上其家族股东和董事身份,要强行接管利丰似乎不费吹灰之力	规则破坏成本	
为分散战乱风险,冯柏燎曾将四名子女转移至海外,这些子女后来在国外完成学业并成为专业人士,回利丰工作的动机不大	权力动机系数	
其亲侄子冯友仁给他的惨痛教训仍记忆犹新,他不敢再轻易相信别人。冯柏燎思考再三,决定派冯汉柱去挑这一重任	监督成本	权力使用成本
有部分家族成员反对上市,但上市建议得到利丰董事局主席冯慕英和董事总经理冯汉柱的支持	集体决策成本	
冯氏家族中不少成员也欢迎利丰上市的决定,这样他们可以定期收取股息,但不再参与企业的管理	风险承担成本	
如果你相信今后50年家族企业不会出现纷争,就统一起来让子女们打理。如果不行,就分家	分家	家族平衡打破
家族内代与代之间的矛盾以至于争权	继承	
随着企业家族从第一代到第二代、三代,两权分离程度不断加深,冯氏家族开始出现了严重的内部代理问题	冲突	
冯慕英身体状况欠佳,冯国础中断海外学业返港陪伴父亲,并加入利丰	成员变更	
冯慕英主内,负责公司的财政和管理,冯汉柱主外,负责货品来源及销售,冯丽华负责会计和人事工作	管理权配置	权力格局形成
何鸿燊今次将所持澳娱股份分配给二、三房,早前将澳博股份分配给四房,有互相制衡作用	所有权配置	
家族股东退出管理层,家族经理掌控管理层	管理权巩固	权力格局巩固
让有兴趣继续经营下去的利丰管理层掌握公司的控股权,更好地经营下去,而让缺乏兴趣的股东有机会售权套现	所有权巩固	
利丰上市的真实目的,用冯国纶的话说,就是为了让所有权与经营权分离,只不过这种分离主要指家族内部的分离	两权调整	

(续表)

原始语句摘录	概念化	范畴化
部分家族股东欲"内部接管"获取经营控制权	管理权斗争	家族权力斗争
部分家族股东欲抛售利丰股票	所有权斗争	

二、主轴编码

主轴编码是理论建构的第二阶段,其任务是发现各范畴之间的逻辑线索,在范畴之间建立联结,最终发展出主范畴。这是一个将被分解的资料重新整合的聚类分析过程。本研究运用典范模型的因果条件、现象、脉络、中介条件、行动策略和结果六方面逻辑关系,在主轴编码阶段共得到两个主范畴:降低权力配置成本和降低权力使用成本。具体见表6-11:

表6-11　主范畴和典范模型

典范模型	主范畴之"降低权力配置成本"	主范畴之"降低权力使用成本"
因果条件	家族平衡打破、企业系统因素、环境系统因素	
现象	家族权力斗争	
脉络	权力配置成本	权力使用成本
中介条件	家族人力资本、家族社会资本、家族物质资本、企业系统因素、环境系统因素	
行动策略	家族权力格局形成	家族权力格局巩固
结果	降低权力配置成本	降低权力使用成本

三、选择性编码

在主范畴及其逻辑关联的指引下,通过选择核心范畴,把各范畴系统地整合在一起,从而建构起一个扎根理论模型。这一过程的关键在于寻找"故事线","故事线"能将绝大多数的范畴提纲挈领地串接起来,完成"故事线"也就发展出新的理论构架。本研究所确定的核心范畴是"决定家族权力集中度的家族权力成本的内容构成与影响因素",围绕核心范畴的"故事线"如图6-4所示。

图6-4说明,家族权力集中度的理性调整在于降低家族权力成本,它是家族制度建立和运行的主要交易成本。家族权力成本包含两大类别,

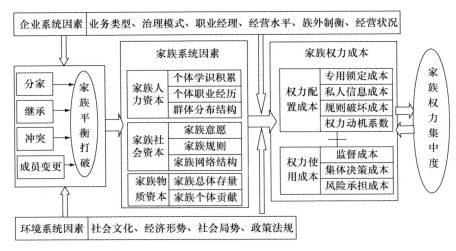

图 6-4 家族权力集中度与家族权力成本

一是家族权力配置成本,包括专用锁定成本、私人信息成本、规则破坏成本和权力动机系数等,它是权力配置造成的不能通过交易行为和家族规则消除的交易成本,反映了未获家族权力的家族成员,由于抗争、不满等原因造成的家族福利损失。另一类是家族权力使用成本,由监督成本、集体决策成本和风险承担成本构成,反映了获得家族权力者使用权力时造成的家族福利损失。而家族权力成本的影响因素主要与家族系统的各成分有关,它们可概括成家族人力资本、家族社会资本和家族物质资本三大类。这三类因素在分家、继承、冲突、成员变更等家族平衡被打破时,会发生重要变化。此外,企业系统因素和环境系统因素对家族权力配置的因素是全流程的,是家族企业运行的基本背景。

四、理论饱和度检验

扎根理论强调"持续比较"直至"理论饱和",于是理论建构的第四步是进行理论饱和度检验,判断何时停止采样。所谓理论饱和是指新收集到的数据可以被已有范畴包含,而不再产生新的范畴。在本研究中,当我们使用补充的澳门赌王家产暗战和新鸿基兄弟阋墙案例时,已不能产生新的范畴,甚至新的概念,仅仅个别语句比已有语句更能体现概念含义。

6.2.4 家族权力成本的案例研究发现

在图 6-4 的理论模型中,家族事件对家族权力集中度优化的触发,以及企业和环境因素对家族系统的影响,自然是理论架构的重要部分。但是,本研究的重心是决定家族权力集中度的家族权力成本的内容构成与家族系统影响因素。所以,以下仅就图 6-4 模型的主线进行分析。总体说来,家族权力集中度是响应家族权力成本最小化的内生结果。家族权力成本在性质上属于交易成本,在构成上包含配置成本和使用成本两大类,在影响因素方面,来自家族系统的人力资本、社会资本和物质资本对其影响显著。

一、家族权力成本的内涵与构成

家族权力在本书指的是家族所拥有的企业所有权和管理权,严格讲,是企业剩余索取权和剩余控制权为家族所掌握的一部分,在本质上与任何私人拥有的对企业的权力无差别。但是,当这一权力被一个称为家族的群体所拥有,就更为重要而复杂了。

首先,家族权力配置是家族企业治理的核心问题。如果说公司治理是有关公司剩余管理权和剩余索取权分配的制度性安排,那么公司治理的核心问题是,这些剩余权力如何在股东与经理,以及控制股东与非控制股东之间分配;国有企业治理的核心问题是,当其国有的身份"天然"地得到了剩余权力后,"缺位"的所有者代表人如何人格化地尽到所有者职责;而家族企业的治理核心就是,家族同样"天然"地得到了剩余权力后,剩余权力如何在家族成员之间二次分配。所以,在本书所涉及的几个案例企业里,无论是香港第一、第二富有的李嘉诚家族、新鸿基郭氏家族,还是最大的贸易公司利丰集团、称为赌王的何鸿燊家族,决定家族企业存亡的关键问题都与家族权力的分配有关。而人们常常关心的家族系统与企业系统的矛盾,反在其次了。

其次,家族权力配置的基础来自于家族权力成本在不同方案下的权衡。在威廉姆森的治理结构理论体系里,不同的权力配置模式体现为不同的治理结构,而不同的治理结构将产生不同的交易成本,最佳的治理结构就是交易成本最低的权力契约模式(Williamson,2002);又由于交易成本是与转让、获取和保护产权有关的成本（巴泽尔，中译本，1997），那么，家族权力成本就是有关企业所有权和管理权在家族内部分配的成本，具有交易成本的本质属性，是家族权力配置的基础。

根据以上模型的结论，家族权力成本包括两项内容，即家族权力配置成本和家族权力使用成本。假设这样一种情况，有甲乙兄弟两人，现在将家族权力分配给了甲。此时的权力成本之一来自于乙由于没获得权力而抗争、不满或者未能人尽其才的成本。注意，这种成本在市场健全的条件下是可以避免的，比如给予相当的经济补偿或者权力分享。在权威不容挑战的家族规则体系里也是可以减少的。但是，市场是有缺陷的，家族规则也有局限，在一定的情况下，补偿是无法衡量和进行的，这种成本一定会发生。所以，这种成本本质上是一种交易成本，我们称其为家族权力配置成本。而家族权力成本是另一项来自于甲获得权力后使用权力的成本，比如他滥用权力和避免他滥用权力的成本。我们称其为家族权力使用成本。

在对利丰集团等案例的分析中，发现家族权力配置成本由多项内容构成：其一是专用锁定成本。当家族成员的人力资本只有在一定的企业中应用才能体现出完整价值时，则该成员的人力资本就具有较高的资产专用性，他也就被锁定在这个家族企业里。同时，他的专用的人力资本由于无法找到市场定价，就处于被攫取的地位。如果这时他不能获得家族权力，获得补偿自己人力资本投入的主动权，他就会减少自己人力资本的发挥，也会减少专用性的人力资本的再投入。这对于整个家族而言就是一种权力配置成本。那么，好的家族权力结构，就是让专用性人力资本更强的家族成员获得家族权力，以减少这类成本。其二是私人信息成本。与经典理论假设相比，现实世界的市场缺陷之一是信息的不对称分布。在一个家族群体里也是这样。当某家族成员拥有自己的私人信息时，他可能因为自己的行动无法被人观察，而发生有悖家族整体最优的各种道德风险问题，也可能因为自己的才能等信息无法被人评价，而发生减少人力资本投入等的逆向选择问题。显然，越难以被监督，越受到信息不对称困扰的家族成员越应该获得家族权力。其三是规则破坏成本。家族运行在一定的家族规则之下，它也许构成长幼有序、内外有别的差序格局，也许遵循平等民主、公平交易的契约原则。但无论怎样,家族权力配置不能破坏家族规则下成员之间的家族契约,否则,其结果就是其他家族成员直接或间接的行为退缩,进而产生额外的损失。其四是权力动机系数。当家族成员或者对资产的要求或者对控制欲的渴望,具有更强的动机时,不公平的心理感受会更强烈,以上三种成本将会有倍数的增长。关于权力配置的非经济性、情感性因素,均对权力动机系数产生影响。

对利丰集团等案例的分析表明,家族权力使用成本由监督成本、集体决策成本和风险承担成本构成。第一,监督成本基本等同于 Jensen 和 Meckling(1976)定义的代理成本,由家族权力拥有者的非最优行为的剩余损失、家族对其监督费用、获得权力的保证支出组成。第二,集体决策成本显然发生在家族权力并未集中在一个人身上时,是家族成员在利益上存在异质性的偏好甚至根本性的冲突而产生的额外成本,是集体决策机制本身固有的缺陷。一种集体决策成本是决策无效率产生的成本,是决策结果未实现家族整体最优的损失。根据公共选择理论的解读,它或者通过"少数服从多数"的原则使得多数派家庭侵占少数派家庭的利益,或是通过少数派家庭对决策权或决策信息的掌握而剥夺多数派的利益。另一种集体决策成本是决策过程本身制造出的成本。这涉及信息的收集成本、参会的机会成本以及各种为制定和落实集体决策而必须付出的成本。第三,如果说企业家就是风险承担者,那么,获得家族权力的就应该是那些能够抵御风险或者本身承担的风险小的成员。否则,企业家精神的丧失对企业的损害是巨大的。风险承担成本是不容小觑的。

本书对家族权力成本内涵和构成的研究在汉斯曼(中译本,2001)的企业所有权理论中可以找到理论基础。汉斯曼的理论以交易成本最小化为原则,探讨了在企业各类利益相关者之中谁应该掌握企业所有权的问题。汉斯曼的交易成本可以分为两种类型:一是企业所有人与非所有人在市场上交易的成本,二是作为企业所有人拥有企业的所有权成本。汉斯曼的市场上交易的成本与本研究挖掘的家族权力配置成本比较相似。不同的是汉斯曼更多地强调市场缺陷问题,而我们则说明市场和家族规则缺陷是根本,但其成本损失通过未获权力者的抗争、不满展露出来。此外,汉斯曼的所有权成本与本书的家族权力使用成本在内涵和外延上基本一致。汉斯曼是当代企业理论的领军人物,他讨论了各种非股东控制的企业类型,但并未发觉家族企业治理的特殊性,未涉足家族治理问题。所以,本研究结果也是对企业所有权理论的一点发展。

二、家族权力成本的影响因素——家族系统部分

显然,影响家族权力成本的因素包括企业系统的因素以及各种环境系统的因素,这在图 6-4 所示的理论模型中也反映出来。不过,在案例分析中发现,人们对家族系统部分的因素更为关注,这也引导我们把主要目光集中于此。事实上,文献研究发现,目前关于具体的家族权力配置活动的影响因素的文献还是比较充分的。但是,本研究对家族权力成本这个中介变量的发现,让我们得到了另一有新意的影响因素的系统构成。即来自家族及其成员的影响因素可归纳为家族人力资本、家族社会资本和家族物质资本三大类。①

家族人力资本因素由三个二级指标构成,即个体学识积累、个体职业经历、群体才识分布。它们又分别对应了六个三级指标,即学识程度和学识维度、基层锻炼和高层培养、规模范围和能力结构。这里重点说明两点:第一,个体学识维度很重要。利丰集团虽然后代众多,但权力冲突相对不甚激烈。一个原因是其二三代成员中大多数都具有其他专业才能,不用锁定在家族企业内部,反映为家族权力配置成本中的专用锁定成本较低。第二,群体才识分布是以往文献中较少涉及的。而在我们看来,利丰集团第三代权力能快速集中到冯国经、冯国纶兄弟身上的重要原因是,他们具有非常突出的人力资本竞争力——哈佛大学商科的求学和任教经历。

家族社会资本因素也由三个二级指标构成,分别是家族意愿、家族规则、家族网络结构。此前研究证明,家族社会资本的高效调集和使用是家族企业的独特制度优势,家族契约的存在是家族企业的独特制度现象。而家族契约是指家族成员之间有关家族社会资本的契约安排,包括家族

---

① 由此可见,本研究从家族社会资本的角度讨论家族企业治理问题,但并不否认其他因素对家族企业治理的影响。我们的逻辑是要解决家族企业治理问题,必须找到家族企业不同于一般企业之处。这处特殊点是使用一般的公司治理方法无能为力的,也是进一步科学研究的着眼点。而家族社会资本的涉入正是家族企业的独特制度特征。

意愿的统一、家族规则的设定、家族权力的配置三个维度。这三个维度恰好被本研究的案例分析所概括。第一,家族意愿是家族企业运行的价值观基础。在本研究中归纳出家族目标和家族利益两个三级指标,它们形成了家族成员的价值观体系。第二,家族规则主要与家族秩序和家族信任有关。家族秩序规定了家族权威的行使原则,家族信任是对家族团结的体现,也是衡量家族社会资本专用性的重要指标。家族信任反映在两个维度上,一是家族成员之间是否相互信任并和谐相处。二是家族成员对家族之外的他人是否信任。前者好、后者坏,将保持家族化经营。前者坏、后者好,就推动家族企业职业化。两者都坏,则家族权力配置会充满矛盾和变数。三是家族网络结构。在案例研究中整理出总体规模、纵向序列、横向关系、小群体化四个三级指标,体现了对家族社会资本结构面的刻画。家族网络结构是家族权力在涉入企业之前在家族系统内部的配置格局。若从动态的权力配置的角度看,前一阶段家族权力配置的结果就形成了下一阶段家族权力配置的家族网络结构条件。在强调等级高低秩序和差序格局关系等的中国文化中,家族成员身份构成的网络结构与家族权力的配置结构若出现不统一,必将导致短期或者长期、轻微或者激烈的冲突,对家族权力配置成本和使用成本将造成全方位的影响。

家族物质资本因素相对简单。由资产规模和岗位机会构成的总体资本存量指标,反映了家族权力的吸引力以及权力分散的可能性。由劳动贡献和资本投入构成的个体资本贡献指标,不仅与权力动机有关,也确定了权力博弈的地位和身份。

三、对利丰案例的解读

这里应用理论模型对利丰案例作一个简单的解读。我们集中目光到两个阶段,一是冯氏第二代的冯慕英、冯丽华、冯汉柱三足鼎立阶段,二是冯氏第三代的冯国经、冯国纶兄弟齐心阶段。它们分别对应的是图6-3所示的利丰百年发展的第三和第七阶段,表6-12是这两个阶段主要特点的比较。

表 6-12 利丰集团两个阶段主要特点的比较

		第二代之三足鼎立阶段	第三代之兄弟齐心阶段
家族权力集中度	管理权	在八位二代成员中,分散于冯慕英、冯丽华、冯汉柱三人	在35位三代成员中,集中于冯国经、冯国纶亲兄弟两人
	所有权	八位二代成员基本平均分配,冯慕英、冯丽华、冯汉柱略多	家族所有权也向冯国经、冯国纶集中
家族系统影响因素	家族人力资本	家族事业的经营经验集中于冯慕英、冯丽华、冯汉柱;此三人专长不同经营领域	冯国经、冯国纶学识突出,且有家族事业经营经验;其他成员各有其他专业特长
	家族社会资本	创业家长既定了家族规则;成员之间普遍信任;家族结构与权力结构相符	小家庭产权单位出现;家庭间的不信任感出现;家族结构、家族涉入企业结构复杂
	家族物质资本	资产总量偏小;各成员前期对家族的贡献比较平均	资产总量大;冯慕英、冯丽华、冯汉柱三个家庭单元外,其他对家族事业无甚贡献
家族权力成本	权力配置成本	冯慕英、冯丽华、冯汉柱不可拆分,否则引致极高的专用锁定成本和私人信息成本	冯国经、冯国纶掌权的权力配置成本低。而若不掌权,对他们的浪费将极大
	权力使用成本	冯慕英、冯丽华、冯汉柱三人相互合作和信任,分权的权力使用成本不大	如果权力不集中,仅三个核心家庭单元就将带来巨大的集中决策成本

三足鼎立阶段,是利丰第一代创始人离去而第三代尚未进入,由冯慕英、冯丽华、冯汉柱兄妹三人共同支撑大局的阶段。此阶段的家族权力是比较分散的。一方面,所有权基本是诸子均分,仅冯慕英、冯丽华、冯汉柱略高一点。另一方面,管理权比较分散。虽然第二代中有五人没有进入管理层,但是,这五人中有四人从来就没有在利丰工作的经历,甚至没有在利丰工作的打算。另外,比较一下第七阶段的情形,更可得出权力分散的结论。那么,权力分散的基础是什么?

首先,考察家族人力资本因素。可以发现,冯慕英、冯丽华、冯汉柱一直在利丰成长,都是一点一点从基层锻炼出来的。另外,他们的专长不同,长期以来冯慕英主内,冯汉柱主外,冯丽华负责会计人事,使得他们谁也离不开谁。这种职能分工看起来比后期的事业部分工更有利于凝聚家族。其次,从家族社会资本看。利丰发展的中早期与大多数成功家族企业一样,充分利用了家族社会资本的优势。一是与第一代共同创业的经历形成了强烈的家族意识和家族愿景;二是既定的家族秩序和专用性的家族信任构建了通畅的家族规则体系;三是家族成员网络结构简单,"长兄为父"的文化构造了清晰的权威序列,平行分工的合作经历避免了小群体的出现;四是在家族物质资本方面,不多的资产存量和岗位供给,以及仅限于冯慕英、冯丽华、冯汉柱三人内部的平均的前期投入,使得其他二代成员无心、也无力觊觎家族权力。

这样的家族系统因素配合分散的权力体系,导致家族权力成本较低。首先,冯慕英、冯丽华、冯汉柱兄妹三人共同构成一个整体。他们中每一人都有其专用的人力资本,每一人都掌握一定的私人信息。任何一人离开权力中心,都会导致管理层能力和信息缺失,引致极高的专用锁定成本和私人信息成本。另外,三人从小打理家族生意的经历,也使得若他们不掌权则垄断损失成本和权力动机系数会较高。其次,特别是家族社会资本的支持,使得冯慕英、冯丽华、冯汉柱三人共同掌权的过程很自然。既定的家族规则、充分的兄妹信任下,无须过分的互相防备和监督,集体决策也会目标一致、过程流畅,进而实现了较低的权力使用成本。

兄弟齐心阶段,是利丰第二代和第三代中其他成员离去,仅由冯国经、冯国纶亲兄弟两人"掌门"的阶段。此阶段的家族权力相当集中。一方面,通过此前的上市、退市、再上市运作,原来的家族股东基本悉数将股票卖给了冯国经、冯国纶兄弟,家族对企业的所有权高度集中于兄弟俩。这里再次强调,本书所论述家族权力集中度并未跨越家族边界。比如,即便家族对企业的所有权不足10%,但只要这些所有权集中个别成员身上,也称为高度的家族权力集中度。另一方面,家族管理权集中度也极高。同样的上市、退市、再上市运作,原来与冯国经、冯国纶平起平坐的冯家三代成员均离开利丰,现在冯国经、冯国纶一个是董事局主席、一个是总经理。此外,认定此阶段家族权力集中度极高的一个重要背景是,冯氏第三代有35人之多。

对于此阶段的家族因素背景,首先考察家族人力资本的特点。冯国经、冯国纶的学识明显突出,两人都有在哈佛大学求学甚至任教的经历。同时,两人为利丰服务的时间也比较早。而家族其他成员中,除了冯慕英、冯丽华的后人,基本缺乏经营家族事业的知识和经验。另外,此阶段前家族第三代的分工是以事业部为边界的,看似"封疆大吏",其实没有不可替代的竞争力。其次,在家族社会资本方面,比起三足鼎立阶段,出现了家族企业发展后期普遍遇到的障碍。关键问题是小家庭产权单元的出现,冯慕英、冯丽华、冯汉柱的后人已各成一派,相互之间的信任关系被打破。原来的家族规则也很难支撑庞大的家族产业。家族结构变得复杂,家族涉入企业的情形也多变。其实,冯国经、冯国纶后来掌权,应该与他们的父亲是最后一个退出利丰的第二代有关系。最后,在家族物质资本方面,庞大的家业足够吸引大家的眼光。不过,竞争也仅会在冯慕英、冯丽华、冯汉柱三人的后代展开,因为其他成员缺乏此前的资金和精力投入。

面对这样的家族系统因素,利丰采取家族权力集中策略是明智的,有利于降低家族权力成本。首先,对于家族权力配置成本。冯国经、冯国纶掌权,其他成员相对而言并没有什么专用的人力资本,也没有什么独特的信息优势,并不会发生更多的权力配置成本。而若相反,将是对冯国经、冯国纶极其突出的经营管理才能的极大浪费。从现在的情况看,利丰集团是香港的最大贸易公司,冯国经和冯国纶总结的整体供应链管理模式甚至成为一项学术研究成果。其次,当家族成员已有数十位之多,特别是当存在大量潜在的利益冲突后,权力集中既必要也可行。而从目前的情况看,由冯国经、冯国纶亲兄弟集中掌权,是降低权力使用成本的最佳方案。

本章小结

本章通过一横一纵两个案例研究,证明了家族权力成本在家族契约形成过程中的中介作用。家族权力成本的发现有利于更加精细地说明家族社会资本对家族契约的影响,这是对上一章研究的补充。上一章研究发现,家族专用社会资本决定了家族契约治理结构的选择,其分析工具是威廉姆森的治理结构理论。在该理论中,是交易成本的分立比较完成了制度的选择。而本章的研究就是将这个笼统的交易成本理解为家族权力成本。

家族权力成本的内涵属性是交易成本,由家族权力配置成本和家族权力使用成本构成。前者是权力配置造成的不能通过交易行为和家族规则消除的交易成本损失,包括专用锁定成本、私人信息成本、规则破坏成本和权力动机系数等。后者则体现为家族权力行使中发生的监督成本、集体决策成本和风险承担成本等。家族权力成本的发现来自我们对利丰集团冯氏家族的案例分析。分析中还发现,家族权力成本最低化是家族权力配置的目标,而家族权力成本的大小与包括家族社会资本在内的家族、企业、环境等多项因素有关。这提供了实证方面对家族权力成本中介作用的证据。在另一项基于家族企业分家的多案例研究中,本章通过匹配家族社会条件与分家形式,直接证明了家族社会资本与家族契约治理结构之间的对应关系。需要注意的是,在利丰集团案例分析中,所谓家族权力集中度是对家族契约中的家族权力涉入情况的一种度量,在分家案例分析中,所讨论的分家形式是对家族契约变更路径的一种代替。

至此,一个理论模型的全部路径均得以证明。在这个模型中,家族社会资本是自变量,家族权力成本是中介变量,家族契约治理结构是因变量。该模型说明,家族企业的多种形态在家族系统中的反映是,形成了多种形式的家族契约治理结构。家族契约治理结构是优化家族契约的适应性结果,而家族契约就是关于家族社会资本的契约。在这个优化适应过程中,是家族权力成本起到了中介作用,家族权力成本的最小化是优化适应的目标所指。

参 考 文 献

[1] 埃里克·弗鲁博顿, 鲁道夫·芮内特. 新制度经济学：一个交易费用分析范式[M]. 姜建强, 罗长远, 译. 上海：上海三联书店, 上海人民出版社, 2006.

[2] 埃莉诺·奥斯特罗姆. 社会资本：流行的狂热抑或基本的概念?[J]. 经济社会体制比较, 2003, (2)：26—34.

[3] 埃瑞克·G. 菲吕博顿, 鲁道夫·瑞切特. 新制度经济学[M]. 孙经纬, 译. 上海：上海财经大学出版社, 1998.

[4] 奥利弗·E. 威廉姆森. 资本主义经济制度——论企业的签约与市场签约[M]. 段毅才, 王伟, 译. 北京：商务印书馆, 2002.

[5] 奥利弗·E. 威廉森. 治理机制[M]. 王健, 方世建, 译. 北京：中国社会科学出版社, 2001.

[6] 白奚. 儒家礼治思想与社会和谐[J]. 哲学动态, 2006, (5)：15—20.

[7] 边燕杰, 丘海雄. 企业的社会资本及其功效[J]. 中国社会科学, 2000, (2)：87—99.

[8] 伯利, 米恩斯. 现代公司与私有财产[M]. 甘华鸣等, 译. 北京：商务印书馆, 2005.

[9] 曹荣湘, 罗雪群. 社会资本与公民社会：一种元制度分析[J]. 马克思主义与现实, 2003, (2)：70—74.

[10] 陈建林. 上市家族企业管理模式对代理成本的影响——代理理论和利他主义理论的争论和整合[J]. 管理评论, 2012, (5)：53—59.

[11] 陈凌, 应丽芬. 从家庭/网络家庭到企业/企业网络——家族企业成长的本土视角[J]. 学海, 2006, (4)：161—165.

[12] 陈爽英, 井润田, 龙小宁, 邵云飞. 民营企业家社会关系资本对研发投资决策影响的实证研究[J]. 管理世界, 2010, (1)：88—97.

[13] 程民选. 论社会资本的性质与类型[J]. 学术月刊, 2007, (10)：62—68.

[14] 程小可, 孙健, 姚立杰. 科技开发支出的价值相关性研究——基于中国上市公司的经验证据[J]. 中国软科学, 2010, (6)：141—150.

[15] 储小平. 家族企业研究：一个具有现代意义的话题[J]. 中国社会科学, 2000, (5)：51—58.

[16] 储小平. 中国"家文化"泛化的机制与文化资本[J]. 学术研究, 2003, (11)：15—19.

[17] 储小平. 社会关系资本与华人家族企业的创业及发展[J]. 南开管理评论, 2003, (6)：8—12.

[18] 储小平, 李怀祖. 信任与家族企业的成长[J]. 管理世界, 2003, (6)：98—104.

[19] 储小平. 华人家族企业的界定[J]. 经济理论与经济管理, 2004, (1)：49—53.

[20] 范博宏. 关键世代[M]. 北京：东方出版社, 2012.

[21] 方竹兰. 从人力资本到社会资本[J]. 学术月刊, 2003, (2)：80—86.

[22] 费方域. 什么是公司治理？[J]. 上海经济研究, 1996, (5)：36—39.

[23] 费孝通. 乡土中国[M]. 南京：江苏文艺出版社, 2007.

[24] 冯邦彦. 百年利丰——从传统商号到现代跨国集团, 第二版[M]. 北京：中信出版社, 2011.

[25] 冯果, 李安安. 家族企业走向公众企业过程中的公司治理困局及其突围[J]. 社会科学, 2011, (2)：98—107.

[26] 福布斯中文版佚名作者. 福布斯2012年中国家族企业调查报告[EB/OL]. (2012-09-03)/[2013-05-26] http://www.forbeschina.com/review/201209/0019773_2.shtml.

[27] 弗兰克·H. 奈特. 风险、不确定性与利润[M]. 安佳, 译. 商务印书馆, 2006.

[28] 弗兰西斯·福山. 信任——社会美德与创造经济繁荣[M]. 彭志华, 译. 海口：海南出版社, 2001.

[29] 郭萍, 陈凌. 华人家族企业如何基业长青？[J]. 管理世界, 2010, (1)：152—156.

[30] 哈特臣. 锦霞满天——利丰发展的道路[M]. 黄佩仪, 汤丽仪, 译. 广州：中山大学出版社, 1993.

[31] 贺小刚, 李婧, 陈蕾. 家族成员组合与公司治理效率：基于家族上市公司的实证研究[J]. 南开管理评论, 2010, (6)：149—160.

[32] 贺小刚, 李新春. 家族控制的困境——基于广东中山市家族企业的实证研究[J]. 学术研究, 2007, (4)：25—30.

[33] 贺小刚,李新春,连燕玲.家族权威与企业绩效：基于广东省中山市家族企业的经验研究[J].南开管理评论,2007,(5):75—81.

[34] 贺小刚,李新春,连燕玲.家族成员的权力集中度与企业绩效——对家族上市公司的研究[J].管理科学学报,2011,14(5):86—96.

[35] 贺小刚,连燕玲.家族权威与企业价值：基于家族上市公司的实证研究[J].经济研究,2009,(4):90—102.

[36] 贺小刚,连燕玲,李婧,苗藤藤.家族权威的配置效应分析与实证检验[J].财经研究,2010,(10):122—132.

[37] 亨利·汉斯曼.企业所有权论[M].于静,译.北京：中国政法大学出版社,2001.

[38] 黄少安."交易费用"范畴研究[J].学术月刊,1995,(1):38—44.

[39] 加里·S.贝克尔.人类行为的经济分析[M].王业宇,陈琪,译.上海：格致出版社,上海三联书店,上海人民出版社,2008.

[40] 姜念涛.希望之路[M].杭州：浙江人民出版社,2005.

[41] 李春涛,宋敏.中国制造业企业的创新活动：所有制和CEO激励的作用[J].经济研究,2010,(5):55—67.

[42] 李东."家族理性"与家族企业治理的几个问题[J].学术交流,2004,(2):85—89.

[43] 李东.家族理性——家族企业研究的新假设[J].南开经济研究,2005,(1):31—34.

[44] 李慧斌.什么是社会资本[A].李慧斌,杨雪冬.社会资本与社会发展[C].北京：社会科学文献出版社,2000.

[45] 李晓红,黄春梅.社会资本的经济学界定、构成与属性[J].当代财经,2007,(3):17—20.

[46] 李新春.中国的家族制度与企业组织[J].中国社会科学季刊,1998,(3):109—120.

[47] 李新春.信任、忠诚与家族主义困境[J].管理世界,2002,(6):87—93.

[48] 李新春.家族企业的成长困境与持续创业[J].学术研究,2010,(12):65—68.

[49] 李新春,陈灿.家族企业的关系治理：一个探索性研究[J].中山大学学报(社会科学版),2005,(6):107—115.

[50] 李新春,何轩,陈文婷.战略创业与家族企业创业精神的传承——基于百年老字号李锦记的案例研究[J].管理世界,2008,(10):127—140.

[51] 李新春,刘莉.嵌入性—市场性关系网络与家族企业创业成长[J].中山大学学报,2009,(3):190—202.

[52] 李新春,任丽霞.民营企业的家族意图与家族治理行为研究[J].中山大学学报(社会科学版),2004,(6):240—248.

[53] 李新春,檀宏斌.家族企业内部两权分离:路径与治理——基于百年家族企业香港利丰的案例研究[J].中山大学学报(社会科学版),2010,(4):178—188.

[54] 连燕玲,贺小刚,张远飞.家族权威配置机理与功效——来自我国家族上市公司的经验证据[J].管理世界,2011,(11):105—117.

[55] 林南.社会资本——关于社会结构与行动理论[M].张磊,译.上海:上海人民出版社,2004.

[56] 林其锬."五缘"文化与亚洲的未来[J].学术季刊,1990,(2):118—127.

[57] 刘洪飞,刘雯.刘永好——赤脚首富[M].北京:现代出版社,2009

[58] 刘仁军.关系契约与企业网络转型[J].中国工业经济,2006,(6):91—98.

[59] 刘运国,刘雯.我国上市公司的高管任期与R&D支出[J].管理世界,2007,(1):128—136.

[60] 卢梭.社会契约论[M].李平沤,译.北京:商务印书馆,2011.

[61] 吕源,姚俊,兰海林.企业集团的理论综述与探讨[J].南开管理评论,2005,(4):28—35.

[62] 罗伯特·K.殷.案例研究:设计与方法(中文第二版)[M].周海涛等,译.重庆:重庆大学出版社,2010.

[63] 罗家德.组织社会资本的分类与测量[A].陈晓萍,徐淑英,樊景立.组织与管理研究的实证方法[C].北京:北京大学出版社,2008.

[64] 罗纳德·伯特.结构洞:竞争的社会结构[M].任敏,李璐,译.上海:格致出版社,上海人民出版社,2008.

[65] 马丁·利克特.企业经济学——企业理论与经济组织导论[M].范黎波,宋志红,译.北京:人民出版社,2006.

[66] 康芒斯.制度经济学[M].于树生,译.北京:商务印书馆,2009.

[67] 凯西·卡麦兹.建构扎根理论:质性研究实践指南[M].边国英,译.重庆:重庆大学出版社,2009.

[68] 柯武刚,史满飞.制度经济学——社会秩序与公共政策[M].韩朝华,译.北京:商务印书馆,2000.

[69] 马克斯·韦伯.儒教与道教[M].王容芬,译.北京:商务印书馆,1995.

[70] 马丽波,付文京. 产权契约与家族企业治理演进[J]. 中国工业经济,2006, (5): 120—126.

[71] 毛蕴诗,徐志科. 以分拆为特征的公司重构[J]. 首都经济贸易大学学报, 2005, (1): 33—37.

[72] 宁向东. 公司治理理论(第2版)[M]. 北京:中国发展出版社,2006.

[73] 潘安成. 家族性、社会认知与家族创业行为[J]. 南开管理评论,2011,(3): 91—100.

[74] 潘必胜. 中国的家族企业:所有权和控制权(1895—1956)[M]. 北京:经济科学出版社,2009.

[75] 潘必胜. 产权、家庭效率与家族非效率——农业社会中家庭经济行为分析[J]. 中国农村观察,2001,(4): 27—35.

[76] S·戈登·雷丁. 华人资本主义精神[M]. 谢婉莹,译. 北京:格致出版社,上海人民出版社,2009.

[77] 宋丽红,李新春,张书军. 从家族企业到企业家族:基于分家的多案例研究[J]. 管理学报,2012,(6): 800—808

[78] 托马斯·福特·布朗. 社会资本理论综述[J]. 木子西,编译. 马克思主义与现实,2000,(2): 41—46.

[79] 王昶. 企业集团战略重组决策研究[M]. 长沙:湖南人民出版社,2008.

[80] 王发清. 企业分拆与效率改进的相关性研究[J]. 管理世界,2006,(7): 147—148.

[81] 王凤彬. 集团公司与企业集团组织——理论·经验·案例[M]. 北京:中国人民大学出版社,2003.

[82] 王宣喻,储小平. 私营企业内部治理结构演变模式研究[J]. 经济科学,2002, (3): 89—93.

[83] 王跃堂,赵子夜,魏晓雁. 董事会的独立性是否影响公司绩效?[J]. 经济研究,2006,(5): 62—73.

[84] 王志明,顾海英. 家族企业成长与治理结构的变迁[J]. 财经科学,2004, (5): 1—5.

[85] 魏刚,肖泽忠,Nick Travlos,邹宏. 独立董事背景与公司经营绩效[J]. 经济研究,2007,(3): 92—105.

[86] 魏明海,黄琼宇,程敏英. 家族企业关联大股东的治理角色——基于关联交易的视角[J]. 中山大学学报,2013,(3): 133—147.

[87] 魏志华,林亚清,吴育辉,李常青. 家族企业研究:一个文献计量分析[J]. 经

济学(季刊), 2013, 13, (1): 27—57.

[88] 吴敬琏. 现代公司与企业改革[M]. 天津: 天津人民出版社, 1994.

[89] 吴炯. 现代公司制度的内涵延伸及治理: 一个分析框架[J]. 改革, 2006, (11): 86—91.

[90] 吴炯. 从公司治理起源看其制度治理内涵[J]. 经济管理, 2007, (19): 86—88.

[91] 吴炯. 专用社会资本外部性视阈下的家族企业治理模式[J]. 经济理论与经济管理, 2010, (10): 53—59.

[92] 吴炯. 家族企业的分立治理结构选择及案例解析[J]. 管理案例研究与评论, 2011, (6): 444—458.

[93] 吴炯. 社会资本规制与产权安排的替代效用与替代规则[J]. 当代财经, 2011, (7): 24—32.

[94] 吴炯. 董事会的功能范畴与功能定位——一个动态匹配框架及来自中国的经验证据[J]. 经济经纬, 2012, (3): 100—105.

[95] 吴炯. 家族涉入、家族理性与家族企业目标偏好——基于一项比较案例的探索[J]. 商业经济与管理, 2012, (5): 23—30.

[96] 吴炯. 独立董事、资源支持与企业边界连结: 由上市家族公司生发[J]. 改革, 2012, (7): 138—145.

[97] 吴炯. 家族社会资本、企业所有权成本与家族企业分拆案例研究[J]. 管理学报, 2013, (2): 179—190

[98] 吴炯. 团队生产契约下家族治理的动因与对策[J]. 华东经济管理, 2013, (11): 45—49.

[99] 吴炯. 家族权力成本对家族权力集中度的影响[J]. 管理学报, 录用待刊.

[100] 吴延兵. 自主研发、技术引进与生产率——基于中国地区工业的实证研究[J]. 经济研究, 2008, (8): 51—64.

[101] 晓亮. 论家族企业的健康发展[J]. 经济研究资料, 2002, (12): 13—17.

[102] Y. 巴泽尔. 产权的经济分析[M]. 费方域, 段毅才, 译. 上海: 上海三联书店, 上海人民出版社, 1997.

[103] 杨光飞. 家族企业的关系治理及其演进——以浙江异兴集团为个案[M]. 北京: 社会科学文献出版社, 2009.

[104] 杨光飞. 家长式权威、关系契约和华人家族企业的组织成长[J]. 社会科学, 2009, (11): 41—47.

[105] 杨光飞. 财富分化、子承父权与华人家族企业的代际传承[J]. 社会科学,

2010,（7）：27—35.

[106] 杨光飞.家族伦理、家族愿景和华人家族企业的内部治理[J].伦理学研究,2010,（1）：40—47.

[107] 杨学儒,李新春.家族涉入指数的构建与测量研究[J].中国工业经济,2009,（5）：97—107.

[108] 杨学儒,朱沆,李新春.家族企业的权威系统与代际传承[J].管理学报,2009,6(11)：1493—1500.

[109] 谢宏.家族治理与家族企业治理模式发展研究——关系契约与企业规则融合的困境与出路[M].杭州：浙江大学出版社,2011.

[110] 叶康涛,陆正飞,张志华.独立董事能否抑制大股东的"掏空"？[J].经济研究,2007,（4）：101—111.

[111] 叶康涛,祝继高,陆正飞,张然.独立董事的独立性：基于董事会投票的证据[J].经济研究,2011,（1）：126—139.

[112] 叶银华.家族控股集团、核心企业与报酬互动之研究——台湾与香港证券市场之比较[J].台湾：管理评论,1999,18,（2）：59—86.

[113] 伊迪丝·彭罗斯.企业成长理论[M].赵晓,译.上海：上海三联书店,上海人民出版社,2007.

[114] 张其仔.社会资本论——社会资本与经济增长[M].北京：社会科学文献出版社,2002.

[115] 张维迎.所有制、治理结构及委托—代理关系——兼评崔之元和周其仁的一些观点[J].经济研究,1996,（9）：3—14.

[116] 张维迎.法律制度的信誉基础[J].经济研究,2002,（1）：3—13.

[117] 张文宏.社会资本：理论争辩与经验研究[J].社会学研究,2003.（4）：23—35.

[118] 张小平.刘永行,刘永好——首富长青[M].北京：中央编译出版社,2010.

[119] 赵德武,曾力,谭莉川.独立董事监督力与盈余稳健性——基于中国上市公司的实证研究[J].会计研究,2008,（9）：55—63.

[120] 赵武阳,陈超.研发披露、管理层动机与市场认同：来自信息技术业上市公司的证据[J].南开管理评论,2011,（4）：100—107.

[121] 周黎安,罗凯.企业规模与创新：来自中国省级水平的经验证据[J].经济学季刊,2005,（3）：623—638.

[122] 朱红军,喻立勇,汪辉."泛家族化",还是"家长制"？[J].管理世界,2007,（2）：107—119.

[123] 朱卫平. 论企业家与家族企业[J]. 管理世界,2004,(7):100—107.

[124] 郑伯埙,黄敏萍. 实地研究中的案例研究[A]. 陈晓萍,徐淑英,樊景立. 组织与管理研究的实证方法[C]. 北京:北京大学出版社,2008.

[125] 郑也夫. 信任论[M]. 北京:中国广播电视出版社,2006.

[126] 郑作时. 希望永行——成为首富的短路径[M]. 北京:中信出版社,2009.

[127] 中国民(私)营经济研究会家族企业研究课题组. 2011年中国家族企业发展报告[M]. 北京:中信出版社,2011.

[128] 周红云. 社会资本:布迪厄、科尔曼和帕特南的比较[J]. 经济社会体制比较,2003,(4):46—53.

[129] 周立新. 家族企业网络化成长模式与机制[M]. 北京:科学出版社,2009.

[130] 周立新. 家族企业网络化成长模式对企业成长的影响及机制:基于东西部地区的实证研究[J]. 南开管理评论,2009,(3):74—83.

[131] 周立新. 家族权力、组织认同与家族企业网络模式选择[J]. 管理工程学报,2013,(1):1—7.

[132] 周立新,陈凌. 家族控制、企业目标与家族企业融资决策——来自浙江和重庆两地家族企业的经验证据[J]. 管理工程学报,2009,(4):6—13.

[133] 周燕,葛建华. 权威、认同与家族企业代际传承问题[J]. 当代财经,2011,(3):73—79.

[134] 周桦. 藏锋——刘永好传[M]. 北京:北京大学出版社,2011

[135] 朱沆,陈文婷,刘佳. 剩余控制权配置与家族企业继任冲突——香港新鸿基地产控制权争夺事件的案例研究[J]. 管理案例研究与评论,2011,(2):1—13.

[136] 朱沆,何轩. 家族企业的关系治理与正式治理——相互控制的视角[J]. 中大管理研究,2007,2,(4):19—31.

[137] Agrawal, A. and C. Knoeber. Firm Performance and Mechanisms to Control Agency Problems between Managers and Shareholders[J]. Journal of Finance and Quantitative Analysis,1996,31,(3):377—397.

[138] Agrawal, A. and C. Knoeber. Do Some Outside Directors Play a Political Role? [J]. Journal of Law and Economics, 2001, 44, (1):179—198.

[139] Alchian, A. A. Property Rights. in: The New Palgrave Dictionary of Economics, Second Edition [M]. London: MacMillan, 1998.

[140] Alchain, A. A. and H. Demsetz. Production, Information Cost and Economic Organization[J]. Academia Economic Review, 1972, 62, (5):777—795.

[141] Allik J. and A. Realo. Individualism-Collectivism and Social Capital[J]. Journal of Cross-Cultural Psychology, 2004, 35, (1): 29—49.

[142] Anheier H. K, Gerhards J. and F. P. Romo. Forms of Social Capital and Social Structure in Cultural Fields: Examining Bourdieu's Social Topography[J]. The American Journal of Sociology, 1995, 100(4): 859—903.

[143] Anderson, R. C. and D. M. Reeb. Founding-family Ownership and Firm Performance: Evidence from the S&P 500 [J]. Journal of Finance, 2003. 58, (3): 1301—1327.

[144] Anderson, A. R., Jack, S. L. and S. Drakopolou Drodd. The Role of Family Members in Entrepreneurial Networks: Beyond the Boundaries of the Family Firm [J]. Family Business Review, 2005, 18, (2): 135—54.

[145] Arregle, J. L., Hitt, M. A., Sirmon, D. G. and P. Very. The Development of Organizational Social Capital: Attributes of Family Firms[J]. Journal of Management Studies, 2007, 44, (1): 73—95.

[146] Astrachan, J. H., Klien, S. B. and K. X. Smyrnios. The F-PEC Scale of Family Influence: A Proposal for Solving the Family Business Definition Problem [J]. Family Business Review, 2002, 15(1): 45—58

[147] Astrachan, J. H. and M. C. Shanker. Family Businesses' Contribution to the U. S. Economy: A Closer Look [J]. Family Business Review, 2003, 16, (9): 211—219.

[148] Barach, J. A. and J. B. Ganitsky. Successful Succession in Family Business[J]. Family Business Review, 1995, 8 (2): 131—155.

[149] Barclay, M. J. and C. G. Holderness. Private Benefits from Control of Public Corporations[J]. Journal of Financial Economics, 1989, 25, (2): 371—395.

[150] Becht, M., Bolton, P. and A. Roell. Corporate Governance and Control[J]. 2002, NBER Working Paper.

[151] Becker, G. A. Theory of Social Interactions[J]. Journal of Political Economy, 1974, 82, (6): 1063—1093.

[152] Blair, M. Ownership and Control: Rethinking Corporate Governance for the Twenty-first Century [M]. Washington: the Brookings Institution, 1995.

[153] Cheng, S. The Contractual Nature of the Firm[J]. Journal of Law and Economics, 1983, 26(1): 1—21.

[153] Chua, J. H., Chrisman, J. J., P. Sharma. Defining the Family Business by

Behavior[J]. Entrepreneurship Theory and Practice, 1999, 23, (1):19—39.

[155] Chung, Chi-Nien. Markets, Culture and Institutions: The Emergence of Large Business Groups in Taiwan, 1950s—1970s [J]. Journal of Management Studies, 2001, 38, (5): 719—745

[156] Claessens, S., Djankov, S. and L. Lang. The Separation of Ownership and Control in East Asian Corporations[J]. Journal of Financial Economics, 2000, 58, (1—2): 81—112.

[157] Coase, R. H. The Nature of the Firm [J]. Economica, 1937, 16, (4): 386—405.

[158] Coase, R. H. The Problem of Social Cost[J]. Journal of Law and Economics, 1960, 3: 1—44.

[159] Coleman, J. Social Capital in the Creation of Human Capital[J]. American Journal of Sociology, 1988, 94: S95—S120.

[160] Coleman, J. The Foundations of Social Theory[M]. Cambridge, MA: Belknap Press of Harvard University Press, 1990.

[161] Daily, C. M. and M. J. Dollinger. An Empirical Examination of Ownership Structure in Family and Professionally Managed Firms[J]. Family Business Review, 1992, 5, (2): 117—136.

[162] Daily, C. M. and M. J. Dollinger. Alternative Methodologies for Identifying Family-versus Nonfamily-managed Business [J]. Journal of Small Business Management, 1993, 31, (2): 79—90.

[163] Dakhli, M. and D. De Clercq. Human Capital, Social Capital, and Innovation: a Multi-country Study[J]. Entrepreneurship and Regional Development, 2004,16, (2): 107—128.

[164] Davis, J., R. Schoorman and L. Donaldson. Toward a Stewardship Theory of Management[J]. Academy of Management Review, 1997,22, (1):20—47.

[165] Demsetz, H. Toward a Theory of Property Rights[J]. American Economic Review, 1967, 57, (2): 347—359.

[166] Demsetz, H. and K. Lehn. The Structure of Corporate Ownership: Causes and Consequences[J]. Journal of Political Economy, 1985, 93, (6): 1155—1177.

[167] Donaldson, L. and J. Davis. Stewardship Theory or Agency Theory: CEO Governance and Shareholder Returns[J]. Australian Journal of Management, 1991, 16, (1): 49—64.

[168] Donckels, R. and E. Fröhlich. Are Family Businesses Really Different? European Experiences from Stratos[J]. Family Business Review, 1991, 4, (2): 149—160.

[169] Donnelley, R. G. The Family Business[J]. Harvard Business Review, 1964, 42, 93—105.

[170] Eddleston, K. A., Otondo, R. F. and F. W. Kellermanns. Conflict, Participative Decision-making and Generational Ownership Dispersion: A Multilevel Analysis[J]. Journal of Business Management, 2008, 46, (3): 456—484.

[171] Eisenhardt, K. M. Agency Theory: An Assessment and Review[J]. Academy of Management Review, 1989, 14, (1): 57—74.

[172] Eisenhardt, K. M. Building Theories from Case Study Research[J]. Academy of Management Review, 1989, 14, (4): 532—550.

[173] Eshel, I., Samuelson, L. and A. Skaked. Altruists, Egoists, and Hooligans in a Local Interaction Model[J]. American Economic Review, 1998, 88, (1): 157—179.

[174] Faccio, M. and L. Lang. The Ultimate Ownership of Western European Corporations[J]. Journal of Financial Economics, 2002, 65, (3): 365—395.

[175] Fama E. F. and M. C. Jensen. Separation of Ownership and Control[J]. Journal of Law and Economics, 1983, 26, (2): 301—325.

[176] Fukuyama, F. Social Capital and the Civil Society[EB/OL]. (1999-11-09)/[2012-05-02] http://www.imf.Org/external/pubs/ft/seminar/1999/reforms/Fukuyama.htm.

[177] Furubotn, E. G. And S. Peiovich. Property Rights and Economic Theory: A Survey of Recent Literature [J]. Journal of Economics, 1972, 10, (4): 1137—1162.

[178] Gerisick, K. E., Davis, J. A., Hampton, M. M. and I. Lansberg. Generation to generation: Life Cycles of the Family Business[M]. Cambridge, MA: Harvard Business School Press, 1997

[179] Gedajlovic, E. and M. Carney. Markets, Hierarchies, and Families: Toward a Transaction Costs Theory of the Family Firm[J]. Entrepreneurship Theory and Practice. 2010, 34(6): 1145—1172.

[180] Granovetter, M. The Strength of Weak Ties[J]. American Journal of Sociology, 1973, 78, (6): 1360—1380.

[181] Granovetter, M. Economic Action and Social Structure: The Problem of Embed-

dedness[J]. American Journal of Sociology, 1985, 91, (3): 481—510.

[182] Granovetter, M. Business Groups[A]. Smelser, N. J. and R. Swedberg. Chapter 18 in The Handbook of Economic Sociology[C]. New York: Russell Sage Foundation, 1994.

[183] Grossman, S. and O. Hart. The Costs and Benefits of Ownership: A Theory of Vertical and Lateral Integration[J]. Journal of Political Economics, 1986, 94, (4): 691—719.

[184] Habbershon, T. G. andM. L. Williams. A Resource-Based Framework for Assessing the Strategic Advantages of Family Firms[J]. Family Business Review, 1999, 12, (1): 1—25.

[185] Halman, L. and R. Luijkx. Social Capital in Contemporary Europe: Evidence from the European Social Survey[J]. Portuguese Journal of Social Science, 2006, 5, (1): 65—90.

[186] Hambrick, D. C. and P. A. Mason. Upper Echelons: The Organization as a Reflection of Its Top Manager[J]. Academy of Management Review, 1984, 91, (2): 93—207.

[187] Hansen M. The Search-transfer Problem: The Role of Weak Ties in Sharing Knowledge Across Organizational Subunits[J]. Administrative Science Quarterly, 1999, 44, (1): 82—111.

[188] Hart, O, and J. Moore. Property Rights and the Nature of the Firm[J]. Journal of Political Economy, 1990, 98, (6): 1119—1158.

[189] Helena, Y., Autio, E. and H. J. Sapienza. Social Capital, Knowledge Acquisition, and Knowledge Exploitation in Young Technology-Based Firms[J]. Strategic Management Journal, 2001, 22, (7): 587—613.

[190] Homström, B. Moral Hazard in Teams[J]. Bell Journal of Economics, 1982, 13, (2): 324—340.

[191] Holmström, B. and J. Tirole. Market Liquidity and Performance Monitoring[J]. Journal of Political Economy, 1993, 101, (4): 678—709.

[192] Jara-Bertin, M., López-Iturriaga, F. J. and Ó López-de-Foronda. The Contest to the Control in European Family Firms: How Other Shareholders Affect Firm Value [J]. Corporate Governance: An International Review, 16, (3): 146—159.

[193] Jensen, M. C. and W. H. Meckling. Theory of the Firm: Managerial Behavior, Agency Costs and Ownership Structure[J]. Journal of Financial Economics, 1976,

3, (4): 305—60.

[194] Johnson, J., Daily, C. and A. Ellstrand. Boards of Directors: A Review and Research Agenda[J]. Journal of Management, 1996, 22, (3): 409—438.

[195] Karra, N. Tracey, P. and N. Phillips. Altruism and Agency in the Family Firm: Exploring the Role of Family, Kinship, and Ethnicity[J]. Entrepreneurship Theory and Practice, 2006, 30, (11): 861—877.

[196] Khanna, T. and J. W. Rivkin. Estimating the Performance Effects of Business Groups in Emerging Markets[J]. Strategic Management Journal, 2001, 22(1): 45—74.

[197] Khanna, T. and Y. Yafeh. Business Groups in Emerging Markets: Paragons or Parasites? [J]. Journal of Economic Literature. 2007, 45, (2): 331—372.

[198] Klein, B., Crawford, R. and A. Alchian. Vertical Integration, Appropriable Rents and the Competitive Contracting Process[J]. Journal of Law and Economics, 1978, 21, (2): 297—326.

[199] La Porta, R., Lopez-de-Silanes, F. and A. Shleifer. Corporate Ownership around the World[J]. Journal of Finance, 1999, 54, (2): 471—517.

[200] Lansberg, I. Succeeding Generations: Realizing the Dream of Families in Business [M]. Boston, MA: Harvard Business Harvard Business Press, 1999.

[201] Leff, N. H. Industrial Organization and Entrepreneurship in the Developing Countries: The Economic Groups [J]. Economic Development and Cultural Change, 1978, 26, (4): 661—675.

[202] Li, J. J., Poppo, L., Zhou. K. Z. Do Managerial Ties in China Always Produce Value? Competition, Uncertainty, and Domestic vs. Foreign Firms[J]. Strategic Management Journal, 2008, 29, (4): 383—400.

[203] Lubatkin, M. H., Durand, R. and Y. Ling. The Missing Lens in Family Firm Governance Theory: A Self-other Typology of Parental Altruism[J]. Journal of Business Research, 2007, 60, (10): 1022—1029.

[204] Ocasio, W. and J. Joseph. Cultural Adaptation and Institutional Change: The Evolution of Vocabularies of Corporate Governance, 1972—2003. Poetics, 2005, 33 (3): 163—178.

[205] Pettigrew, A. M., Woodman, R. W. and K. S. Cameron. Studying Organizational Change and Development: Challenges for Future Research[J]. Academy of Management Journal, 2001, 44, (4): 697—713.

[206] Portes, A. Social Capital: Its Origins and Applications in Modern Sociology[J]. Annual Review of Sociology, 1998, 24:1—24.

[207] Poutziouris, P. The Views of Family Companies on Venture Capital: Empirical Evidence from the UK Small to Medium-size Enterprising Economy[J]. Family Business Review, 2001, 14, (3):225—239.

[208] Putnam, R. D. The Prosperous Community: Social Capital and Public Life[J]. American Prospect, 1993, 13, (1): 35—42.

[209] Putnam, R. D. Bowling Alone: America's Declining Social Capital[J]. Journal of Democracy, 1995, 6, (1): 65—78.

[210] Macneil, I. R. Contracts: Adjustment of Long-Term Economic Relations under Classical, Neoclassical and Relational Contract Law[J]. Northwestern University Law Review, 1978, 72, (6): 854—902.

[211] Nahapiet, J. and S. Ghoshal. Social Capital, Intellectual Capital, and the Organizational Advantage[J]. Academy of Management Review, 1998, 23, (2): 242—266.

[212] Niemelä, Tarja. Interfirm Cooperation Capability in the Context of Networking Family Firms: The Role of Power[J]. Family Business Review, 2004, 17, (4): 319—330.

[213] Realo A., Allik, J. and B. Greenfield. Radius of Trust: Social Capital in Relation to Familism and Institutional Collectivism[J]. Journal of Cross-Cultural Psychology, 2008, 39, (4): 447—462.

[214] Schulze, W. S. and E. Gedajlovic. Whither Family Business? [J]. Journal of Management Studies, 2010, 47(2): 191—204.

[215] Schulze, W. S., Lubatkin, M. H. and R. N. Dino. Agency Relationships in Family Firms: Theory and Evidence[J]. Organization Science, 2001, 12, (2): 99—110.

[216] Schulze, W. S., Lubatkin, M. H. and R. N. Dino. Altruism, Agency, and the Competitiveness of Family Firms[J]. Managerial and Decision Economics, 2002, 23, (4—5):247—259.

[217] Schulze, W. S., Lubatkin, M. H. and R. Dino. Toward a Theory of Agency and Altruism in Family Firms[J]. Journal of Business Venturing, 2003, 18, (4): 473—490.

[218] Shanker, M. C. and J. H. Astrachan. Myths and Realities: Family Businesses'

Contribution to the US Economy—A Framework for Assessing Family Business Statistics[J]. Family Business Review, 1996, 9(2): 107—123

[219] Sharma, P., Chrisman, J. and J. Chua. Strategic Management of the Family Business: Past Research and Future Challenges[J]. Family Business Review, 1997, 10, (1):1—35.

[220] Sharma, P. An Overview of the Field of Family Business Studies: Current Status and Directions for the Future [J]. Family Business Review, 2004, 17, (1): 1—36.

[221] Shleifer, A. and R. W. Vishny. A Survey of Corporate Governance[J]. Journal of Finance, 1997, 52, (2): 737—783.

[222] Strauss, A. L. and J. M. Corbin. Basics of Qualitative Research: Techniques and Procedures for Developing Grounded Theory[M]. Los Angeles: Sage Publications, Inc., 1990.

[223] Suddaby, R. From the Editors: What Grounded Theory is Not[J]. Academy of Management Journal, 2006, 49, (4): 633—642.

[224] Turner, J. H. The Formation of Social Capital[A]. Dagupta, P. and I. Serageldin. Social Capital: A Multifaceted Perspective[C]. Washington, DC: The World Bank, 1999.

[225] Villalonga, B. and R. Amit. How do Family Ownership, Control and Management Affect Firm Value? [J]. Journal of Financial Economics, 2006, 80, (2): 385—417

[226] Williamson, O. E. Transaction-Cost Economics: The Governance of Contractual Relations[J]. Journal of Law and Economics, 1979, 22, (2): 233—261.

[227] Williamson, O. E. The Theory of the Firm as Governance Structure: From Choice to Contract[J]. Journal of Economic Perspectives, 2002, 16(3): 171—195.

[228] Williamson, O. E. The Economics of Governance[J]. American Economic Review, 2005, 95(2): 1—18.

[229] Yli-Renko, H., Autio, E. and H. J. Sapienza. Social Capital, Knowledge Acquisition, and Knowledge Exploitation in Young Technology-based Firms[J]. Strategic Management Journal, 2001, 22, (6—7):587—613.

[230] Zaheer, A., McEvily, B. and V. Perrone. Does Trust Matter? Exploring the Effects of Interorganizational and Interpersonal Trust on Performance[J]. Organization Science,1998,9, (2):141—159.

[231] Zaheer, A. and N. Venkatraman. Relational Governance as an Interorganizational Strategy: An Empirical Test of the Role of Trust in Economic Exchange [J]. Strategic Management Journal, 2004, 16, (5): 373—392.

[232] Zahra, S. A. International Expansion of U. S. Manufacturing Family Businesses: The Effect of Ownership and Involvement [J]. Journal of Business Venturing, 2003, 18, (4): 495—512.

[233] Zingales, L. Corporate Governance. in: New Palgrave Dictionary of Economics, Second Edition [M]. London: MacMillan, 1998: 497—503.